CAMBRIDGE LIBRARY COLLECTION

Books of enduring scholarly value

Travel and Exploration

The history of travel writing dates back to the Bible, Caesar, the Vikings and the Crusaders, and its many themes include war, trade, science and recreation. Explorers from Columbus to Cook charted lands not previously visited by Western travellers, and were followed by merchants, missionaries, and colonists, who wrote accounts of their experiences. The development of steam power in the nineteenth century provided opportunities for increasing numbers of 'ordinary' people to travel further, more economically, and more safely, and resulted in great enthusiasm for travel writing among the reading public. Works included in this series range from first-hand descriptions of previously unrecorded places, to literary accounts of the strange habits of foreigners, to examples of the burgeoning numbers of guidebooks produced to satisfy the needs of a new kind of traveller - the tourist.

Reise in den Orient

Reise in den Orient (1846) is the German biblical scholar Constantin von Tischendorf's recollection of his journey to Egypt, Israel and Greece at the beginning of the 1840s. The work is a travel diary that vividly describes Tischendorf's meeting with mythological places and impressive men, and a learned account of the Christian history of the area. Volume 1 describes his encounter with Ibrahim Pasha and the humanism of Mehmet Ali. Tischendorf undertakes research in the Library of the Patriarch of Alexandria and visits the pyramids, only to compare them with one of the great German cathedrals. At the Monastery of Saint Catherine on Mount Sinai, Tischendorf makes an extraordinary and significant discovery – a fourth-century manuscript, one of the main witnesses to the Septuagint. Thereafter he sets off for Jerusalem and en route takes delight in the fascinating and ancient traditions of the Bedouins, and their camels.

Cambridge University Press has long been a pioneer in the reissuing of out-of-print titles from its own backlist, producing digital reprints of books that are still sought after by scholars and students but could not be reprinted economically using traditional technology. The Cambridge Library Collection extends this activity to a wider range of books which are still of importance to researchers and professionals, either for the source material they contain, or as landmarks in the history of their academic discipline.

Drawing from the world-renowned collections in the Cambridge University Library, and guided by the advice of experts in each subject area, Cambridge University Press is using state-of-the-art scanning machines in its own Printing House to capture the content of each book selected for inclusion. The files are processed to give a consistently clear, crisp image, and the books finished to the high quality standard for which the Press is recognised around the world. The latest print-on-demand technology ensures that the books will remain available indefinitely, and that orders for single or multiple copies can quickly be supplied.

The Cambridge Library Collection will bring back to life books of enduring scholarly value (including out-of-copyright works originally issued by other publishers) across a wide range of disciplines in the humanities and social sciences and in science and technology.

Reise in den Orient

VOLUME 1

CONSTANTIN VON TISCHENDORF

CAMBRIDGE
UNIVERSITY PRESS

CAMBRIDGE UNIVERSITY PRESS

Cambridge, New York, Melbourne, Madrid, Cape Town, Singapore,
São Paolo, Delhi, Dubai, Tokyo

Published in the United States of America by Cambridge University Press, New York

www.cambridge.org
Information on this title: www.cambridge.org/9781108014762

© in this compilation Cambridge University Press 2010

This edition first published 1846
This digitally printed version 2010

ISBN 978-1-108-01476-2 Paperback

Reise
in den Orient

von

Constantin Tischendorf,

Ritter vom Nordstern, von der Ehrenlegion,
vom Lucchesischen heiligen Ludwig.

Erster Band.

Leipzig,

Verlag von Bernh. Tauchnitz jun.

1846.

Seiner

geliebten Braut

Angelika

dargebracht

am Hochzeitsmorgen.

Vorwort.

Freundlichen Lesern übergeb' ich hiermit den ersten
Theil meiner Reise in den Orient. Die vielseitige Theil=
nahme die meine Wanderungen während ihres Verlaufs
gefunden läßt mich auch für diese Erinnerungsblätter ein
günstiges Auge hoffen. Daß die Haltung meiner Mit=
theilungen keine gelehrte ist, das sagt schon die äußere
Erscheinung des Buches. Ich habe bei weitem mehr mit
dem Herzen als mit dem Kopfe geschrieben. Wer den
Orient bereif't hat, der besitzt an ihm wenigstens das was
der Schweizer an seinen Bergen besitzt; hat er sie nicht
mehr vor Augen, so trägt er sie im Herzen. Ich sage,
daß der Orient „wenigstens“ gleicher Weise fesselt; denn
im Grunde fesselt er noch weit mehr, sobald man nur zu

ihm mit dem rechten Sinne und Gemüthe für die Erin=
nerungen kömmt, die er an des Christenthums und der
Menschheit heilige Vergangenheit bewahrt.

Welches Auge ich selber zu den Anschauungen des
Orients mitbrachte, das wird man dem Geschriebenen
leicht anmerken. Die Eindrücke, die auf dieses Auge die
wirklichen Anschauungen machten, in eine bestimmte Form
zu bleibender Erinnerung zu kleiden: das war meine
Hauptabsicht bei der Abfassung dieser Reise.

Mißlich ist es daß eine solche Reisebeschreibung die
erste Person auf eine gewisse Weise in den Vordergrund
stellt; ich dachte aber daß eine vertrauensvolle Hingabe,
eine offene Unbefangenheit der Erzählung, welche Schrei=
ber und Leser einander gleichsam Aug' in Aug' sehen läßt,
immer noch von vielen gewürdigt wird. Ich habe des=
halb auch mein Buch mit dem Briefe an meinen Bruder
eröffnet, der getreu aus der Zeit stammt von der er sein
Datum trägt.

Was ich mir aber da und dort ungern versagt habe,
das ist der Ausdruck der Dankbarkeit den ich Gönnern
und Freunden hätte darbringen mögen. Ich bitte daher
alle diejenigen denen ich diesen Namen schuldig bin, beim
Durchblättern meines Buches meiner als eines Schuld=

ners zu gedenken, dem keine Erfahrungen theurer gewor=
den sind als die der freundlichen Gunst, die er auf seiner
Reise genossen. Von denen die am heimathlichen Herde
des fernen Wanderers heißen Dank verdienten, muß ich,
indem ich von der hohen vaterländischen Regierung
schweige die mich ihrer besondern Huld gewürdigt, vor
allen drei Männer nennen, den Oberhofprediger Dr. von
Ammon, den Superintendenten Dr. Großmann, den Con=
sistorialrath Dr. Dav. Schulz.

Ueber den Sinn und die Bedeutung meines durch
meine fünfjährige Reise sich ziehenden biblischkritischen
Unternehmens sind mir von Nichtgelehrten oft Fragen
willkommener Theilnahme gestellt worden. Ich habe die
Absicht, um darauf angemessen zu entgegnen, eine „brief=
liche Mittheilung an eine hohe Gönnerin" dem zweiten
Theile meiner orientalischen Reise einzuverleiben.

Noch eine Bemerkung muß ich über die Schreibung
orientalischer Namen und Wörter beifügen. Ich habe
dergleichen nicht mühsam ans Gesetz der arabischen Aus=
sprache und deren Nachbildung angepaßt, da es ja doch
für die Zunge der meisten Leser unbrauchbar wäre und
die Kenner des Arabischen meines derartigen Versuches
nicht bedürfen.

So übergeb' ich denn, wie ich bereits gesagt, mein Buch den freundlichen Lesern. Solchen Lesern das Geleite ins heilige Land geben zu dürfen, darüber freu' ich mich im Voraus.

Leipzig, am 18. September 1845.

Prof. Dr. Tischendorf.

Inhalt.

---

auf den Horeb mit den Erinnerungen an Elias. Der Rigi,
der Vesuv, der Sinai. Die griechische Messe. Der Mosis=
stein. Die Aussicht vom Gipfel. Der Catharinenberg. Der
Wadi Sebaye als Lagerstätte Israels. Das Schwanken der
Namen Horeb und Sinai. Die mosaische Gesetzgebung un=
ter Donner und Blitz. Der Fußtritt des Dromedars des
Propheten und die Literatur darüber. Das Festgelage der
Klosterbrüder in der Felsengrotte.

An meinen Bruder Julius.

So steh' ich am Vorabende eines ernsten Tages: morgen reis' ich ab nach dem Lande des Aufgangs. Ich komme Dir noch einmal ein langes Lebewohl zu sagen; es ist ein freudiges, und doch fällt mir die Thräne nieder aufs Blatt. Freilich ists ein Weg über Klippen, ein schwindelnder Steg über einen Abgrund; da stürzt sichs leichter als sichs geht. Darum bist Du auch nicht müde geworden mich abzumahnen; zu Hause, so schriebst Du, da wartet Deiner ein freundlicher Herd. Nein nein, rief Dir meine Seele zu. Und sieh, die Flügel sind gewachsen. O wie glücklich führt mein Engel mich. Denkst Du noch an jene Octobertage des Jahres Vierzig? Da war kein Auge das glauben mochte woran ich glaubte; da war keine Hand die festigen mochte meine Hoffnungen. Endlich gelang's doch mich an einen Zweig zu halten, wenn er auch verwandt war mit dem Dornstrauche des Fuchses in der Fabel. Am Reformationsfeste reis'te ich ab; nach wenig Monaten gedacht' ich wiederzukehren. Da kamen die Pariser Arbeiten und ihre Erfolge; ich sah Holland, England, die Schweiz, Italien; ich fand eine Ernte, reich über alle Erwartung.

Aber das Herz schlug sehnsuchtsheiß. Wer sichs ein=
mal gesagt: Ich will Jerusalem sehen, welche Stimmen von
Glück und Lust und Liebe könnten Den noch verlocken von
seinem Ziele. Das Harren war lange. Aber ein paar
Worte aus dem grauen Alterthume von einem Manne
der den Geist trug in seiner Brust, die umklangen mich
täglich und nächtlich. Es sind die Worte die Priamos
zur Hekabe spricht, als er allen zurückhaltenden Bitten
zum Trotze ins feindliche Lager gehen will um Hektors
Leiche auszulösen. Freilich mußt Du sie lieber griechisch
lesen als deutsch.

„Halte mich nicht der zu gehen beschloß, noch werde du selber
Zum wehdrohenden Vogel im Haus mir; du redest vergeblich.
Hätt' es ein anderer mir der Erdbewohner geboten,
Etwa ein Zeichendeuter, ein Opferprophet und ein Priester:
Traun, wir nennten's ein Wort der Lüge, wohl werth der
    Verachtung.
Aber, ich hörte ja selber die Göttin und schaut' ihr ins
    Antlitz,
Jetzt werd' ich gehn, und ich halte mein Wort. Hat das
    Schicksal den Tod mir
Zugetheilt bei den Schiffen der erzumschienten Achaier,
Will ich es" ...

Da kamen endlich die ersehnten Briefe. In Gedanken
bin ich schon wieder heimgekehrt; die Phantasie trug mich
schnell durch alle Länder meiner Wanderung. Ich hab'
auch im Geiste schon Dein Willkommen gehört; Herz an

Herz geruht; das glückliche Auge gespiegelt in Euren freudeglänzenden.

So geh' ich fort mit fröhlichem Vertrauen; es kann kein Wahn sein der mich blendet. Fragst Du noch was ich will? Ists nicht genug die Pyramiden sehen? Den Sinai sehen? Jerusalem sehen? Göthe sagte von Neapel, wer es gesehen der könne nie ganz unglücklich werden in seinem Leben. Neapel hab' ich genossen; aber wie glück= lich werd' ich sein, hab' ich die Pyramiden, den Sinai, Jerusalem gesehen. Und noch bestimmter weiß ich was ich will. Wie anders muß das Studium der Bibel ge= lingen, hab' ich das heilige Land mit seinen Denkmalen und seinen Menschen ins lebendige Auge gefaßt. Die Geschichte der Kirche hat keinen Schauplatz der großarti= ger wäre als das Morgenland. Und ist nicht jetzt eben der Orient begriffen in seinen großen Entwicklungen, poli= tisch wie religiös? Das will gesehen, geprüft, erfaßt sein.

Auch für meine manuscriptlichen Forschungen fehlt mir die Hoffnung nicht. Von dort hat Europa seine Reich= thümer; manche Klöster haben noch heute ihre Winkel. Niemand suchte neuerdings so bestimmt wie ich; auch hab' ich Mißtrauen gelernt an denen die gearbeitet vor mir. Fände sich aber in der That nichts, so läßt sich dann mit Nachdruck weiter bauen auf dem was wir haben.

Blieb ich ohne Heimkehr, nun so weiß ichs: ich ging unter in einem redlichen Streben. Der Krieger muß blei=

ben auf dem Schlachtfelde; Du kennst mein Schlachtfeld. Dann hätt' ich auf dem Wege zum irdischen Jerusalem gefunden das himmlische. Die blühende Erde ist schön; der heilige Himmel muß schöner sein. Steht mir hier die harrende Hütte, steht sie mir dort: ich will sie heiter suchen. So leb' wohl, mein Geliebter; so lebt wohl, Ihr Lieben alle im Vaterhause. Gedenkt meiner wann mich in die Weite trägt die dunkle Fluth, wann ich wandere auf der fremden Erde; ich gedenk' Eurer wo ich auch bin mit treuem Herzen.

Malta, am 26. März 1844.

Der Lykurg, das französische Postschiff, ließ sich am 13. umsonst in Livorno erwarten; die Heftigkeit widriger Winde hatte ihn nach Elba verschlagen. Es sah sich sorgenvoll hinaus auf die wilde See; vor meinen Augen lagen zwei Schiffe in Trümmern. Am 14. Nachmittags endlich erschien der Ersehnte, die Dampfröhre noch bis an die Spitze mit Meerschaum bedeckt. Er blieb so fern vom Strande daß die Fahrt in der bescheidenen Barke an seinen Bord furchtfremde Segler wollte.

Die beiden nächsten Tage brachten uns eine glückliche Fahrt. Da genoß ich den Reiz des Seereisens; ich wandelte mit ungetrübtem Auge und sicheren Schritten das Verdeck auf und ab. Der blaue Himmel oben, die noch dunklere blaue Fluth unten; zur Seite die fliehenden Gestade: ich grüßte sie mit dem schmerzlichen Lächeln im Auge. Mitten in dieser engen Haft hat man das Gefühl einer Freiheit wie man es sonst selten hat. Vor Civitavecchia und Neapel hielten wir stundenlang. Aber kaum hatten wir die Rauchsäule des Vesuvs im Rücken, so verfiel das Meer wieder in seine Sturmsgedanken. Darum faßte ich

am 19., als uns Lavalette in seinen prächtigen Hafen
aufnahm, auf acht Tage festen Fuß auf Malta.
Wie merkwürdig ist dies Land durch seinen Boden,
durch sein Leben, durch seine Schicksale. Ueberschaut man
die Insel von einem der Höhepunkte, so sieht man manche
Strecken in ihrer ursprünglichen Gestalt, in der des nack=
ten Felsen; denn das durchgängig flach aufliegende Erd=
reich ist vom nachbarlichen Sizilien geholt worden. Dem=
ohngeachtet hat Malta eine reiche Vegetation. Die Palme
wächst schon stattlich neben der Olive; die Orangen sind
von besonderer Köstlichkeit. Von der Pracht seiner Rosen
hört' ich leider nur erzählen; doch prangen Gärten und
Fluren schon mannichfaltig. Wehten nicht täglich kühlende
Winde, so wäre die Hitze sehr groß. Es kömmt mir schon
ganz afrikanisch vor, wenn auch immer jene Parlaments=
acte Malta dem europäischen Erdtheile einverleibt hat.
Das Klima der Insel gilt für äußerst gesund, womit
ihre außerordentlich glückliche Produktivität zusammenhän=
gen mag. Sie ist nämlich so produktiv daß sie ihren eige=
nen Söhnen nicht Raum genug am väterlichen Herde
bieten kann; sie bereichert mit ihnen die Küsten Asiens und
Afrika's. Neuerdings dachte man daran die maltesischen
Colonisten vorzugsweise nach dem Peloponnes zu lenken,
nur aber unter einer besonderen Garantie der griechischen
Regierung. Der Gedanke hatte keine Folge weil die grie=
chische Regierung nicht für jedwede Möglichkeit einstehen

mochte. Ich glaube, diese Malteser wären die rechten
Leute für Griechenland, das unter seinen unglücklichen poli=
tischen Träumereien den Boden nach dem Pfluge seufzen
läßt.

Die Bevölkerung vereinigt sehr verschiedene Elemente
in sich. Die Frauen mit ihrem bräunlichen Teint, mit
ihren dunklen brennenden Augen, mit ihren perfiden Man=
tillen von schwarzer Seide, die vom Kopfe bis tief herab
reichen: die gehören, das sieht man auf den ersten Blick,
der Insel ursprünglich an. Leicht harmoniren dazu die
Italiäner; die reizende Neapolitanerin in meinem hôtel del
Mediterraneo scheint ganz an ihrem Platze. Aber da sind
auch steife Engländer in großer Zahl, und zwar als die
Herren der Insel. Die schottische Garnison, in ihrer Er=
scheinung oben nördlich unten südlich, die friert's hier we=
nigstens nicht an die nackten Beine. Doch nicht jeder Zug
der nordischen Protektoren paßt wie dieser zur Insel. Da=
her macht sich gegen dieselben, troß der dem Palaste des
Gouverneurs gegenüber in Gold leuchtenden Inschrift:
Magnae et invictae Britanniae Melitensium amor et Eu-
ropae vox has insulas confirmat, 1814, eine gewisse
Opposition des maltesischen Nationalsinns geltend. Den
Engländern, fliehen sie auch noch in so ferne Erdenwinkel,
haftet bekanntlich ohnehin an Stirn und Aug' und Herz ihrer
Heimath Luft und Himmel; aber auf Malta vernachläs=
sigt man die Anschmiegung ans fremde Element auffällig.

Wie mißlich ists daß der gegenwärtige Gouverneur nicht einmal italiänisch versteht. Das Italiänische nämlich ist herrschend in der Schrift und im vornehmen Verkehre, während das Maltesische, ein arabischer Dialekt, auf den vertrauteren Umgang sich beschränkt. Auf den Wunsch der Malteser, ihnen den vorigen Gouverneur länger als die gewöhnliche Frist zu belassen, wußte der englische Staatsminister nichts anders zu entgegnen als daß der Stellen wenige, der Wartenden viele seien.

Franzosen befinden sich wenige auf der Insel. Im Ganzen ist der englische Einfluß durch keinen andern beeinträchtigt, obschon in neuerer Zeit namentlich Ein Versuch dazu gemacht wurde. Dies geschah als die russische Flotte nach der Schlacht bei Navarin in Malta sich erholte. Man erzählte mir daß von Seite der russischen Marine ein so großer Aufwand, ja selbst solche Schenkungen unter das Volk gemacht wurden daß die hiesige Regierung sichs angelegen sein ließ, das immer und immer säumende Auslaufen der russischen Flotte zu beschleunigen. Man erinnerte sich dabei des überaus freundlichen Entgegenkommens der russischen Regierung bevor sich die Insel von Neuem Englands Schutze übergeben. Natürlich vergißt Rußland nicht daß der Kaiser Paul des Johanniterordens Großmeister gewesen, und nur durch seine Ermordung verhindert worden der englischen Anmaßung gegenüber seine Rechte geltend zu machen.

Die wahre Glanzperiode die Malta gehabt ruht jetzt
noch in Aller Angedenken, obschon die gegenwärtige Ge=
neration nur den Nachschimmer derselben aus eigener An=
schauung kennt; ich meine die Zeit der Ritter des heiligen
Johannes von Jerusalem. Ursprünglich nämlich eine Co=
lonie der Carthaginienser, dann bald Rom bald Byzanz
zugehörig, darauf aus den Händen der Gothen befreit
durch Belisar, im neunten Jahrhundert in der Gewalt
der Sarazenen, die im elften der tapfere Normanne
Ruggiero vertrieb, wodurch es an Sizilien kam, wurde
Malta im sechzehnten Jahrhundert von Carl V. den
Johannisrittern geschenkt, als diese durch Soliman II.
die Insel Rhodus verloren hatten. Ich sage geschenkt,
denn sie hatten jährlich nichts als einen Falken nach Pa=
lermo zu liefern. Bald darauf bestanden diese edlen Ritter
unter Lavalette ihren glorreichen Vertheidigungskampf ge=
gen Mustapha. Zwanzig Jahre später erbauten sie die
herrliche Johanniskirche, die durch ihre Marmorpracht,
durch ihre Grabdenkmäler der Ordensgroßmeister, durch
ihre eroberten Fahnen und Flaggen noch heute die ver=
gangene Größe vor Augen stellt. Dieser Ritterorden paßte
vortrefflich zu dem religiösen Sinn der Maltefer, der schon
aus ältester Zeit bekannt ist. Jetzt besitzt die Insel nur
noch Einen der Ritter; er trägt zwar kein tapferes Schwert,
doch trägt er noch das Kreuz auf der Brust. Er erzählte mir
gar angelegentlich von dem unvergleichlichen Hospitale,

an deſſen Dienſt er ſelbſt noch Theil genommen. Funf=
zehnhundert Kranke wurden darin verpflegt; es galt kein
Unterſchied der Religion; ſervirt wurde Alles auf Silber.
Freilich wußte er mir noch mehr von Bonaparte zu er=
zählen, der jene ſechs Tage nach der ſchmähligen Ueber=
gabe der Feſtung in ſeinem Hauſe zugebracht, und zwar
ohne eine einzige Nacht ſeine Uniform abzulegen.

Aber ich eile zu einer andern Erinnerung der Malte=
ſer, die ihnen ungetrübter geblieben als die an ihre Rit=
terzeit; ſie iſt ihnen aber auch wie ans Herz gewachſen,
nämlich die Erinnerung an den Apoſtel Paulus. Wer
die Apoſtelgeſchichte geleſen, weiß daß Paulus auf ſeiner
ſtürmiſchen Fahrt von Cäſarea nach Rom an der Inſel
Melite Schiffbruch litt. Dieſes Melite iſt Malta, obſchon
man nach dem Vorgange des Conſtantin Porphyrogenne=
tes die Identität beider im vorigen und auch noch in die=
ſem Jahrhunderte ernſtlich und gelehrt in Zweifel gezogen.
Man wollte Meleda an der illyriſchen Küſte dagegen gel=
tend machen. Aber dieſer Angriff, namentlich vom Bene=
diktiner Giorgio unternommen, wurde aufs Ritterlichſte
zurückgeſchlagen. Was die Angreifenden am meiſten her=
vorhoben, das war die ausdrückliche Erwähnung des
abriatiſchen Meeres in Lucas Reiſebericht, 27, 27: „da
aber die vierzehnte Nacht kam und wir in Adria fuhren um
die Mitternacht.” Allein was wäre leichter als das Meer
um Malta mit dem Begriffe des abriatiſchen zu verei=

nigen, zumal da wir bestimmt wissen daß man ehedem gewöhnlich das ganze Meer zwischen Griechenland und Italien mit diesem Namen belegte. Dagegen läßt sich durch keine Künstelei der Auslegung die Folge der Erzäh= lung von der Ankunft in Syrakus und in Reggio bewäl= tigen; der Ausdruck des Hinabsteuerns ist dabei von kei= nem störenden Belange. Einen andern Grund des Zwei= fels fand man darin daß es jetzt durchaus keine gifti= gen Schlangen auf Malta giebt. Das hat mich aller= dings verwundert; es gibt daselbst wohl, und zwar sehr reichlich, eine kleine Art von Schlangen, über eine Elle lang; aber sie ist nicht giftig. Der fromme Glaube der Malteser weiß sich leicht zu helfen; darnach hat die ge= sammte Race durch die von Paulus ins Feuer geschleu= derte das Gift verloren. Nichts wäre freilich für eine gewisse Auslegungsweise einfacher als unter solchen Um= ständen jenem Wunder das Wunderbare abzustreifen. Allein die Eingebornen, gute Kenner der einheimischen Thiere, sind es ja selbst gewesen, die bei Lucas die Furcht aussprechen und auf den wunderbaren Hergang ihren Glauben gründen. Ich meine, die Schlichtung der Sache hat nicht mehr als den Schein von Schwierigkeit. Uebrigens fand ich aber weder in der Paulsgrotte noch sonst irgendwo etwas von jenen Schlangenaugen und Schlangenzungen, deren Heilskraft von frommen Reisenden so sehr gepriesen worden; die mögen doch wohl aufgehört haben.

Zur Paulsgrotte unternahm ich eine Sonntagsfahrt
in lieber Begleitung. Wir fuhren von Lavalette nach der
Citta vecchia, die größtentheils aus stattlichen Landhäu=
sern besteht. Dabei lernt' ich eine besondere Art von Leu=
ten kennen die Carriere machen, nämlich die Malteser
Kutscher, die, da ihre zweiräbrigen Wagen keinen Sitz für
sie haben, trotz Hitze, Sturm und Wetter nebenher galop=
piren. Jener Grotte mag' ich ihren Paulinischen Ruhm
sehr streitig zu machen. Sie soll Paulus während seines
dreimonatlichen Aufenthalts beherbergt haben. Aber wie
konnte dem schiffbrüchigen Paulus, der sogleich als Wun=
derthäter erkannt und verehrt wurde, der auch dem Gou=
verneur den kranken Vater rettete, eine solche Grotte zur
Wohnung geboten werden. Man sagt ihr nach daß sie
nie kleiner werde trotz aller daraus gebrochenen Steinchen.
Das hab' ich ungeprüft gelassen.

Bei weitem interessanter ist mir die Paulsbai. Daran
läßt sich, wie ich glaube, in der That die Stelle des Schiff=
bruchs erkennen, die Lucas genau bezeichnet als „einen
Ort der von beiden Seiten Meer hatte." Der Nordost=
wind, den auch Lucas vorher nannte, trieb das Schiff an
diese Felsenzunge, deren äußerste Spitze zwei Riffe bilden,
die nach der Heftigkeit der Wogen bald mehr bald weni=
ger getrennt erscheinen, aber allerdings durch die unterm
Wasser fortlaufende Felsenwurzel zur Zunge selbst gehören.
Nahe dabei steht der Paulsthurm, und etwa zwei Stünd=

chen davon liegt das Casale Nazzara. Dies Dorf soll seinen Namen von der durch Paulus begründeten Ge= meinde der „Nazaräer" erhalten haben.

So bin ich schnell auf dem rechten Terrain meiner Reise. Vorm Jahre stand ich in Puzzuolo da wo einst Pau= lus festen Fuß auf italischem Boden gefaßt. Jetzt seh' ich ihn mitten im Kampfe der Wogen; er steht wie ein uner= schütterlicher Fels im Meer. „Diese Nacht ist bei mir gestanden der Engel meines Gottes," das rief er den ver= zagten Schiffern zu; das Engelwort selber klang wie ein ewiges Fest durch seine Seele. Drum blitzte ihm der ret= tende Leuchtthurm für jede Nacht; drum stand ihm in jedem Sturm der Hafen offen. Im Angesichte dieses Meeres, da denkt sichs schön an Paulus. Zwei Jahrtausende sind geschwunden; es schwand mancher Glanz, manche Größe; aber dem Meere gleich brauf't noch heute Sein Wort durch die Welt ohne Rast ohne Ruh: es trägt das Herz ins Eiland aller Eilande.

Alexandrien, am 6. April 1844.

Am 28. März früh bei guter Stunde verließ ich auf
dem Scamander das merkwürdige Inselland, das mir durch
ein herzliches, liebreiches Entgegenkommen recht theuer ge=
worden. Die dunklen Mächte der Gewässer hatten keinen
Sinn für meine Bedürfnisse. Kurz nach unserer Abfahrt
begrub ich mich in mein Zimmer; der Scamander liebte
den Tanz. Mein junger seevertrauter Schiffsarzt war
freilich ungehalten über seinen Clienten. Er verordnete
mir ein tüchtiges Stück Schinken und ein Glas Bordeaur.
Da mir aber dieser Versuch von Bravour ohne allen Zwei=
fel mißlungen wäre, so zog ich es vor mich an der Tafel
als eine nature faible repräsentiren zu lassen. Am 31.
März kurz vor Mitternacht warfen wir Anker. Das
Schiff stand, die See war ruhig. Da sprang ich wie vom
Geiste getrieben vom Lager auf und stieg aufs Verdeck.
Ich war in Griechenland. Wie wunderlieblich war der
Anblick. Syra lag vor uns; der Vollmond schaute her=
nieder; an den steilaufsteigenden hochröthlichen Felsen der
Insel lehnten sich, wie zu einer Pyramide zusammenge=
drängt, die weißen Häuser an. Viele Schiffe rasteten im

Hafen, am Gipfel der Maften ein einfames Lichtlein, das durch die gefräufelte dunkelblaue Fluth einen langen Schim= mer zog. Sei gegrüßt, du schönes Griechenland, rief ich hinüber; „du felger Boden, schön mit jedem Lob geschmückt!" Wie eine Jungfrau im Festkleide, schweigend und doch be= redt, sah ich es vor mir. Eine Schaar Träume lagerte darüber; was mochten sie dem jungen Griechenland ins Ohr flüftern.

Das waren die letzten Augenblicke des Pfalmfonntags. Seit vier Tagen hinter die Coulissen verschwunden, jetzt plötzlich um Mitternacht träumerisch auf und abschreitend auf der Bühne, nahm ich mich aus wie ein Nacht= wandler.

Am Morgen darauf eilte ich auf die Insel. Da war Alles neu für mich. Ich sah zum erften Male dies bunte Gemisch griechischer Trachten, diese schmuck und stolz ein= herschreitenden Palikaren mit den Waffen in ihren wei= chen Kleidern. Darunter wandelt der fränkische Rock wie ein Fremdling. Auch ohne die rothen und blauen Bänder nebft Kreuzen auf der Bruft schien jeder Einzelne sagen zu wollen: Auch ich bin ein Held. Freilich keiner von Marathon oder Salamis. Die Septembertage glänzten ihnen noch in den Augen. Als Deutscher konnt' ich mich nicht daran erfreuen; wer könnte sich am Undank erfreuen.

Unter meinen Reisegefährten lernte ich jetzt einen jun= gen Artillerielieutenant aus der Schweiz kennen, der als

Gouverneur in ein vornehmes Haus nach Odessa ging. Ich war entsetzt als er mir sagte daß er auf dem dritten Platze stationirt war. Welche Resignation gehört zu einem solchen Posten. Auch macht' ich hier die Bekanntschaft eines jungen französischen Arztes, der sich seit mehreren Jahren in Cairo niedergelassen, aber seiner Gesundheit halber eine Erholungsreise nach Paris unternommen hatte, woher er jetzt eben zurückkehrte.

Am Nachmittage bestieg ich den Dante; er sollte mich nach Egypten bringen. Von da an befand ich mich ziemlich vereinsamt in der Cajüte; nur ein junger russischer Fürst war mit mir. Dafür bot das Verdeck eine reiche sonderbare Gesellschaft. Da hatte nämlich ein türkischer Sclavenhändler seine Leute und fünf Sclaven um die Dampfröhre herumgeschichtet. Unter den Sclaven erregten besonders Interesse ein hübscher weißer Knabe und ein dunkelschwarzes Mädchen. Ich verwunderte mich sehr daß ein französisches Postschiff mit einer solchen Fracht sich befassen konnte. Uebrigens hatten wir kaum diese Passagiere, die direkt aus einem türkischen Schiffe zu uns angefahren kamen, an Bord genommen, so zog unser Schiff die bleichfarbige Pestflagge auf, wodurch unser weiterer Verkehr mit Syra an strenge Regeln gewiesen war.

Des Abends hatten wir einen schauerlich schönen Himmel; ein Gewitter war im Anzuge. Man traf auf dem Verdecke alle Vorkehrungen um es zu empfangen. Die

Sclaven und andere Passagiere des vierten Platzes blieben ganz in ihrer Position; nichts als eine wenig dichte
Decke lag zu ihrem Schutze bereit. Bald erfüllte sich unsere Erwartung; das Gewitter entlud sich. Eine solche
Scene läßt sich nicht wiedergeben. Das Schiff schaukelte
wild auf den empörten Wogen; ich klammerte mich fest
an mein Bett an; was nur irgend in der Cajüte umfal-
len konnte, das fiel um; ein Mal übers andere klirrten
Gläser, Tassen, Teller. Der Blitz leuchtete durch die nächtlichen Räume; der Donner krachte durch das knisternde
Gebälk; der Regen stürzte in schwerer Last aufs Schiff
nieder und drang selbst in die Cajüte ein. Fast glaubte
ich gar an eine Gefahr für unser Dampfschiff. Noch diesen Morgen hatte keins der beiden vor Syra liegenden
französischen Postschiffe rechte Lust zur weiteren Fahrt gezeigt; unser Dante, wie mir die Offiziere selbst gestanden,
hatte bereits viel gelitten. Aber in einer solchen Lage lernt
man Resignation. Meine Seele klammerte sich fest an
meinen guten Engel an. Hätte er mich, so sagt' ich mir,
meinem ersehntesten Zielpunkte so nahe geführt um mich
hier sammt allen meinen Hoffnungen in ein einsames
Meergrab zu versenken?

Alles lief gut ab. Am Morgen erkundigte ich mich
bei meinem Begleiter, der eben vom Verdeck herab kam,
sogleich nach den armen Sclaven. Ich hatte sie recht be-
klagt, als die schreck chen Regengüsse fielen. Freilich hatten

I. 3

fie bies kalte nächtliche Bad aushalten müffen; aber fie
waren ſchon wieder fröhlich; nur die Negerin wurde ſtark
vom Fieberfroſt geſchüttelt.

Am 3. April des Abends ſpät kamen wir vor Alexan=
drien an. Da hatten wir noch eine böſe Nacht zu über=
ſtehen. Der Hafen von Alexandrien iſt nämlich zu ge=
fährlich um im Dunkel der Nacht einlaufen zu können;
darum kreuzte unſer Schiff viele Stunden lang vor dem
Eingange und machte, ſo oft es ſich umwendete, die aller=
unangenehmſte Bewegung. Wie froh war ich als wir
am Morgen die Anker warfen. Der Hafen war überaus
belebt; auf den Schiffen fielen mir die vielen ſchwarzen
Arbeiter auf. Schlanke Minarets ſtiegen über die Häuſer
empor; zur Linken blinkten die Reſidenzgebäude des Vize=
königs, nahe davon wo einſt der wunderbare Leuchtthurm
geſtanden; zur Rechten waren am Quai hin geräuſchvolle
Marinebauten; Palmen ſchauten da und dort hervor; fern
im Hintergrunde erhob ſich einſam die Pompejusſäule.
Aber welches Gewühl und welch ein Lärm umringte uns
als wir den Fuß auf den Quai geſetzt hatten. Kamele
und Eſel lagen oder ſtanden um uns in Menge; feiſte
Türken in bunte Seide gekleidet ſtrotzten neben den brau=
nen Beduinen, bedeckt mit ihrem einfachen ſchmuzigen
Hembe; der zierliche Turban, der rothe Tarbuſch, der frän=
kiſche Hut untermengten ſich. Wir waren bereits auf dem
Schiffe vom Gaſtwirthe des hôtel d'Orient in Beſchlag

genommen worden; er beseitigte schnell die Schwierigkei=
ten der Douane, und sofort galoppirten wir auf muthigen
Eseln durch die Türkenstadt hinein auf den sogenannten
europäischen Platz. Dieser große schöne Platz, von lauter
stattlichen neuen Häusern umgrenzt, eine Schöpfung
Ibrahim Pascha's, macht besonders dann einen festlichen
Eindruck wenn, wie es den Tag nach meiner Ankunft ge=
schah, von den Consularwohnungen die Nationalflaggen,
die auf den platten Dächern über einem Treppenthürm=
chen errichtet sind, in ihren bunten Farben weithin durch
die Lüfte flattern.

Ich besuchte sogleich einige Consuln, den Sardini=
schen, den Französischen, den Dänischen. Sodann freut'
ich mich den Protomedikus Alexandriens Grassi wieder zu
sehen. Wir hatten uns im letzten October in Oberitalien
begegnet. Sein Gegenbesuch wurde freilich nicht eben gut
im Gasthause aufgenommen. Seit wenigen Tagen näm=
lich waren gegen dreißig Pestkranke gestorben, und die Pest
ist Grassi's Lieblingsbeschäftigung. Er geht sogar ernstlich
mit der Realisirung jenes zuerst von Bulard gefaßten
Planes um, diese Geißel des Orients völlig auszurotten.
Er hatte mich bereits in Italien zum Proselyten für seine
Ansicht gemacht, daß nur die unmittelbare Berührung mit
dem Kranken die Ansteckung herbeiführe; drum nahm ich
auch ohne Anstand seine Einladung an mit ihm den In=
spektionsbesuch bei einem so eben neu angemeldeten Pest=

3*

kranken zu machen. Ich bedauere daß ich durch die Be=
sorgnisse des Gastwirths unsere Uebereinkunft hintertrei=
ben ließ.

In die muhamedanische Bevölkerung war ein beson=
deres Leben eingezogen, dadurch daß nach langer Pause
einige Löhnung von der Regierung ausgezahlt worden
war. Daher kam ein Beschneidungsfestzug nach dem an=
dern über unsern Platz. Ein mit seidenen Tüchern und
Teppichen geschmücktes Kamel trug den Helden des Festes,
fast immer Knaben von bereits sechs Jahren; Frauen wim=
merten ihre musikalischen Eingebungen dazu; eine große
Trommel wurde tüchtig geschlagen; ein Tamburin und
ein paar schreiende Pfeifen fehlten nicht. Ein oder zwei
gelenke Leibeskünstler spielten Hauptrollen dabei. Um den
Festzug im engern Sinne wandelte noch eine Masse Volks
voll Jubel. Den Verhüllungen der Frauen konnt' ich am
wenigsten Geschmack abgewinnen; doch nehmen sich die
isolirt durch die weißleinwandene Gesichtsmaske durchbli=
tzenden dunklen Augen schelmisch genug aus. Ihre heu=
tige Festmusik hatte seltsamer Weise keinen Unterschied von
den Klagelauten die sie des Tags darauf bei einem Lei=
chenzuge von sich gaben.

Des Abends noch macht' ich einen Spaziergang in
einen herrlichen Palmengarten. Was ist das für eine
Pracht. Mit welchem Stolze, mit welcher Hoheit steht
die Palme da; aber doch wiegt sie anmuthig im Säuseln

des Abendwindes ihre Zweige, gleich als wollte sie ver=
traulich kosen.

Am Freitage besucht' ich die sogenannten Nadeln der
Cleopatra. Dieser aufrecht stehende hellrothe Granitobe=
lisk, belegt mit den Namen Thothmoses III. und Rameses,
jener beiden Schöpfer der wundervollsten Bauten Egyp=
tens, und sein am Boden liegender Genosse bilden ein
wahres Trauerpaar. Welche Zeiten voll Lust und Glück
mögen sie gesehen haben. Einst mögen sie, zwei treue
Brüder, geprangt haben vor dem Palaste der reizenden
Königin. Noch tragischer erschien mir die dunkelrothe
Granitsäule, genannt die Säule des Pompejus oder viel=
leicht richtiger die des Diokletian*. Sie steht auf einer
isolirten Anhöhe, hinter sich bleiche Sandhügel und den
See Mareotis, vor sich unermeßlichen Schutt und einen
türkischen Gottesacker. Aber mit Lust schweift das Auge
weiter und ruht auf dem neuen Alexandrien: da feiert der
Tod die Auferstehung, und ruht auf dem weithin glän=

---

* Man hat sich oft gefragt wie diese Säule zum Namen der Pom=
pejusfäule gekommen. Von Prokesch sagt, sie sei wie das Grab des
Themistokles am Gestade des Piräus zum berühmten Namen gekommen.
Schöner klingts freilich, läßt man bei dieser Säule den Pompejus seine
stolze Seele aushauchen. Uebrigens scheint mir die von Villoison und
Wilkinson gelesene Inschrift, welche die Errichtung zu Ehren Diokle=
tians durch den Eparchen Egyptens Publius nachweist, noch nicht eine
andere frühere Beziehung auf Pompejus nothwendig auszuschließen,
wenn es nicht an jedem alten Zeugnisse dafür fehlte.

zenden Spiegel des Meeres, wo das Leben unersättlich
schäumt und seit den geschwundenen Jahrtausenden noch
keine Sekunde geschlummert hat. Diese Säule und jene
Obelisken: das ist Alles was von der berühmten Pracht der
Alexanderstadt geblieben ist. Die riesigen Katakomben, eine
wahre Todtenstadt, mit dem daran stoßenden Bade der
Cleopatra, das seinen Namen ohne allen Grund führt,
rufen weniger die vergangene Pracht als die vergangene
Größe zurück. Der Eindruck derselben, der Einem den
Blick ins heitere Farbenspiel des Lebens überkleidet mit
Trauervorhängen, war für mein Auge nicht neu und drum
weniger unheimlich; doch war ich froh ihn in die Seele
wieder einzusargen. Wie freut' ich mich des Sonnen=
strahls, obschon er eben dem Mittag entgegenbrannte, als
ich wieder heraustrat aus diesem nächtlichen Schauplatz
der Verwüstung. Aber der Besuch paßte für den Char=
freitag. Nur mögen die Todten, deren Gebeine hier ruhn
— wohl hatte mancher Märtyrer darunter seinen eigenen
blutigen Charfreitag — nun längst sich ergehen im Strahle
der ewigen Ostersonne.

Die Marmorsäulenstraße, vom Thore der Sonne bis
zu dem des Mondes — wer kann sich diese Herrlichkeit
ganz denken? — ist nur noch an Substruktionsresten und
am Laufe ihrer Cisternen erkenntlich. Vom Serapistem=
pel, der einst ein Wunder der Baukunst auf dem Erdkreis
prangte, läßt sich kaum noch sehen wo er gestanden. Aber

Schutthaufen gibts über Schutthaufen. Daraus mag noch mancher Rest der großen, schönen Vergangenheit, noch mancher Kunstschatz hervorgehen können, wenn auch keine Manuscripte der Ptolemäerbibliothek. Dafür wandeln in unvergänglicher Lebensfrische über dies wüste Leichenfeld die Namen eines Eratosthenes, eines Clemens, eines Origenes.

Das ist der Triumph des Geistes über die Materie. Städte verschwinden mit ihrer Macht die jeden Trotz gebrochen, mit ihrem Glanze der das Auge geblendet, mit ihrer Größe die gegrenzt ans Wunder; Städte, gebaut in Jahrhunderten von den Händen der Tausende. Du stehst auf ihren formlosen Trümmern und fragst: Wo sind sie gewesen? Ein Denker nannte kaum eine dürftige Hütte sein; aber er trug den Gott in seiner Brust: der Gedanke den er gedacht und gefaßt ins treue Wort, der steht durch alle Zeiten unerschütterlich wie ein Gebirg, der strahlt wie ein ewiger Stern durchs Reich der Geister.

Cairo, am 12. April 1844.

Gegen früheren Wunsch sah ich mich veranlaßt Alexan=
drien sehr bald zu verlassen. Es war am Morgen des
Ostertages als ich mich einer Barke anvertraute, um zur
alten Hauptstadt der Chalifen den Nil hinaufzusteuern.
Am Abende vorher hatte sich zum ersten Male in diesem
Jahre der schreckliche Chamsin erhoben; was ich für Abend=
roth hatte halten wollen, war nichts anderes gewesen als
der aus der Wüste aufgewühlte und um die ganze Atmo=
sphäre gelagerte hochröthliche Sandstaub; noch nach 6 Uhr
des Abends war die Hitze drückend geblieben; des Nachts
hatte mir der heulende Sturm den Schlaf verkümmert:
aber diesen Morgen wars als ob auch die Sonne Egyp=
tens das heilige Ostern feiern wollte. Es war so heiter
daß es Alle überraschte, und ein Wind blies der die Nil=
fahrt möglich machte. Das war ein ganz neues Unter=
nehmen für mich. Dadurch daß ich mit jenem aus Paris
nach Cairo heimkehrenden Arzte reiste, wurde es mir leicht.
Wir waren auf mehrere Tage verproviantirt, auch das
Küchengeräth und der Koch fehlten uns nicht. In unserer
Barke hatten wir außerdem noch sieben Araber als Matrosen.

Als wir die Barke bestiegen, trafen wir sie beim Mahle. Im Kreise gelagert, strichen sie mit den Fingern, die ein sehr blankes Aussehen hatten, ihren Bilav aus einer großen Familienschüssel. Dies blieb auch im Verlaufe unserer Fahrt die Haupterquickung für ihren Gaumen. Nur holten sie sich mehrmals von den Feldern der Nilufer ein grünes Kraut, das sie mit großer Genugthuung verzehrten, während ich es nur für den Magen der Vierfüßler hätte bestimmt geglaubt. Zum Abschiede von uns ließen sie sichs angelegen sein mit einem tüchtigen Stücke Hammelfleisch beschenkt zu werden; auch verschmähten sie keineswegs ein Glas von unserem Weine.

Meine erste direkte Unterhaltung mit unseren Arabern bestand in der bedeutungsvollen Frage: Waue deiib? (Haben wir guten Wind?) Das Wort deiib (gut) leistete mir lange vorzügliche Dienste, und ich glaube, es mußte einen günstigen Eindruck machen, daß der Fremdling nichts besser zu sagen wußte als das Wort gut. Außerdem sind es zwei andere Wörter mit denen der Ankömmling in Egypten besonders schnell Bekanntschaft macht; es sind die ersten und die letzten die um seine Ohren klingen; sie enthalten im Compendium eine Charakteristik des Orients. Das eine heißt bukra (morgen), das andere backschisch (Trinkgeld). Alles was der Orientale auf morgen verschieben kann, das thut er sicherlich nicht heute; von der Zeit hat er einen anderen Begriff als wir. Das Wort

badfchifch scheinen die Kinder unmittelbar nach „Vater"
und „Mutter" zu lernen. Es ist werth ihr Abc zu'heißen.
An die Gefahren unserer Nilreise dachte ich nicht eher
als bis wir, nahe bei der Ausmündung des Canals in
den Nil, einer Barke begegneten die so eben vom Winde
umgeworfen worden war. Diese Barke war nur um ein
weniges kleiner als die unsrige. Sechs Männer, jeden=
falls gute Schwimmer, trugen ans Land den siebenten
Passagier, eine Frau die ertrunken war. Diese traurige
Anschauung hatte wenigstens die Folge für uns daß wir
unseren Matrosen ohne Sträuben erlaubten in eine Bucht
zu ziehen, sobald ihnen an gefährlichen Stellen der Strom
zu heftig dünkte.

Die Ufer des Nils sind nicht mit den Ufern der Seine
oder mit denen des Rheins zu vergleichen. Aber sie haben
ihre eigenthümliche Schönheit; mein Auge schwelgte in
manchem neuen Genusse. Den Canal entlang erquicken
die weiten flachen Ebenen mit ihrem Grün und ihren vie=
len Ortschaften. Bei hereinbrechendem Abend erreichten
wir Hatfeh. Akaziengruppen bildeten wie die Vorposten
dazu; es machte mit seinen Palmen, Pappeln und Syko=
moren, mit seinen blanken Fabriken und hohen Minarets,
einen gar freundlichen Eindruck. Dazu dufteten uns Oran=
gengärten aus naher Ferne an. Wir stiegen aus um die
Oeffnung der Passage von den Canalswächtern zu erlan=
gen. Es gelang leicht durch die vertrauliche Zusprache

und einen inhaltsvollen Händedruck meines Reisegefähr=
ten. Wir durchwanderten den engen Bazar, und kauften
Orangen und Datteln ein.

Jetzt aber nahm uns auf in seine stolzen Wogen der
heilige Strom. Versunken in die Erinnerung an jene fer=
nen dunklen Zeiten die uns allen mit den Tagen der eige=
nen Kindheit verwachsen sind, sah ich hinein in die maje=
stätische Fluth. Aber schnell brach der Abend herein; ich
merkte heute zum ersten Male daß in Egypten die Dämme=
rung fehlt. Der herrliche Anblick von Fuah war uns
schon stark umdunkelt. Am nächsten Morgen sahen wir
daß wir eben gar nicht viel weiter noch gekommen waren.
Der Wind, so versicherte uns unser Reis, hatte gänzlich
gefehlt. Die Farbe des Nilwassers war so lichtschlamm=
gelb wie der flavus Tiber zu Rom. Ich war begierig es
zu kosten. Wer wüßte nicht wie berühmt seine Vortreff=
lichkeit ist. Mein Arzt sagte mir daß es am gesundesten
sei ohne alle Abklärung, wie man sie durch irdene oder
steinerne Flaschen, auch durch Versetzung mit bitteren Man=
deln vornimmt. Und in der That hatte es trotz seines
verdächtigen Aussehens durchaus keinen unangenehmen
Beigeschmack.

Jetzt hatten wir fast fortwährend noch reizendere Ufer;
das Grün der Wiesen und Kleefelder war viel dunkler
und üppiger als am Canal; hie und da prangte ein Pal=
menwäldchen oder auch eine Gruppe dunkler Sykomoren,

etwa um das weiße Grabdenkmal eines arabischen Heili=
gen zu beschatten. Außer den erbfarbigen Dörfern, die
ohne ihr weißes oder rothweißes Minaret sich öfters kaum
bemerklich machen würden, erhoben sich auch einzelne statt=
liche Häuser. So besonders zu Terraneh, dessen herr=
schaftliches Haus, vom Italiäner Cibara gebaut, wie ein
vornehmer Europäer von der baumreichen Höhe herab=
schaute in den breiten Strom. Hoch stand der Nil eben
nicht. Daher kam's wohl auch daß wir noch mehrere fest
gefahrene Barken, darunter zwei mit Wolle beladene, un=
terwegs trafen; während wir von anderen völlig verun=
glückten noch manche Reste auftauchen sahen. Wir selber
geriethen mehrmals auf Untiefen; aber unsere Matrosen
sprangen ohne Säumen mitten ins Wasser hinein um uns
wieder flott zu machen.

Eine besondere Lebendigkeit gewinnt die Nilschifffahrt
durch die Sitte der Araber; alle ihre Arbeiten mit Ge=
sang zu begleiten. Freilich vergißt man dabei das was
wir Gesang nennen, aber dennoch hört' ich gern, diese
einförmigen Tonweisen. Ihr Text war wohl immer
religiös. Allah oder Ya Allah, das große Wort des
Orients, klang überall durch. Ueberhaupt fand ich bei
diesen Leuten eine gewisse religiöse Haltung. Jeden=
falls wirkt dazu das häufige Gebet. Es machte mir
oft einen erhebenden Eindruck, sah ich, namentlich in dem
Augenblicke wo die sinkende Sonne mit ihrem röthlichen

Goldschimmer den Himmel anhauchte, unsere eigenen Ara=
ber und alle andern die etwa am Ufer wandelten, plötzlich,
wie auf Eingebung eines Engels, ihre Arme kreuzen und
wieder gen Oben heben, und niederknieen und zur Erde
fallen. Die Araber mögen auch darin die Sitte der Juden
angenommen haben daß sie besonders gern am Ufer der
Gewässer beten. Sie glauben daß dadurch ihre Seele
reiner werde und geheiligter.

Am vierten Morgen stiegen wir aufs linke Ufer zu
unserer Rechten aus, da wo der Nil eine große Krüm=
mung macht. Nachdem wir eine Strecke lang durch rei=
zende duftende Fluren, belebt von zahllosen Vögeln, ge=
wandert waren, gelangten wir an eine Sandstrecke, die
ziemlich hoch über dem Flusse lag. Aengstlich sah sichs
hinunter zu ihm; denn dreißig bis vierzig Fuß tief lag
der feine Sand wie hingehaucht; es schien als könnte da
ein hinabgleitender Schritt unmöglich einen rettenden Halt=
punkt finden. Mein Begleiter sagte daß ich mir von dieser
Sandstrecke einen Begriff von der Wüste machen könnte;
sie gehörte in der That zur libyschen Wüste, die in ihrer
Habsucht hier bis an den Heil und Leben spendenden Nil
einen Arm ausgestreckt hatte. Aber wunderbar schauten
mitten aus hohen Sandschichten dichte und fette Sträucher
heraus.

Uebrigens hielten wir auf der ganzen Nilfahrt nicht
selten an; jeden Morgen, wo ich immer froh war mein

hartes Lager und die den Nilbarken inwohnenden nächt=
lichen Peiniger zu verlaffen, befanden wir uns bei einem
Dorfe. Da hatte jedes Mal für unsere Araber des Abends
der Wind fehlen müffen. Wir kauften jeden Morgen wenn
sonst nichts wenigstens frische Milch und Eier. Für unsere
Araber gab's in allen Dörfern freundliche Bekannte;. im=
mer mußten wir zum Abschied drängen. Arm und schmuzig
sahen wohl diese Fellahs aus die wir an den Ufern sahen,
die Männer wie die Frauen; aber ich glaube, ihr eigenes
Auge sieht nicht wie das unsrige. Sie entbehren nicht
was wir vermiffen. Unter den Männern sah ich manche
Gesichter voll eines angenehmen Ausdrucks von Kraft.
Die Sonne hatte sie immer dunkelbraun gebrannt, was
vortrefflich zu ihren Zügen harmonirte. Die Frauen sahen
nur in der Ferne hübsch, wenn sie mit ihren Wafferkrügen
auf dem Kopfe in graziöser Haltung dahin wandelten.

Um Mittag des vierten Tages erblickten wir die Spitzen
der Pyramiden. Ich hielt sie anfangs für die Mast= und
Segelspitzen von Fahrzeugen in der Nähe vor uns; aber
es waren die Pyramiden. Der Gedanke ergreift wunder=
bar: Sieh da die Pyramiden! Wer hat sie nicht gesehen
mit dem geistigen Auge, diese unvergänglichen Pyramiden,
diese geheimnißvollen Denkmale einer längst verklungenen
großen Zeit; wie glücklich fühlt' ich mich daß ich sie sah
mit dem leiblichen Auge! Nur behielt bis jetzt freilich
noch die Phantasie volle Freiheit, an die uns sichtbaren

Gipfelspitzen einen ganzen imposanten Körper anzu=
setzen.

Als der Abend hereinbrach und wir noch nichts von
Schubra sahen, hatten wir die Hoffnung schon aufgegeben
noch vor Nachts nach Cairo zu gelangen. Da erhob sich
plötzlich ein sehr günstiger Wind, obschon so heftig daß
immer nur ein paar Zoll fehlten um unsere Barke auf der
einen Seite ins Wasser zu tauchen; bald flogen wir bei
dem in reichem Lichtglanz prangenden Schubra vorüber;
zwischen acht und neun, nachdem uns unsere Araber etwa
vierzig Schritt weit durch seichtes Wasser auf ihren Schul=
tern getragen hatten, stiegen wir wohlbehalten in Bulak
ans Land. Nun kamen wir freilich zur unrechten Zeit
nach Cairo, weil wir das Thor schon verschlossen fanden
und die Parole nicht kannten; allein mein Begleiter wußte
den Knoten zu lösen. Er rief der Wache durchs Thor zu,
er komme in seiner Eigenschaft als Hakim Baschi (ein erster
Arzt) geraden Weges von Mehemed Ali aus Schubra,
wohin er plötzlich gerufen worden sei. Sobald die trotz
allem Mangel an Legitimation (jeder Arzt trägt ein Staats=
abzeichen) gläubige Wache das Thor geöffnet hatte, paf=
firten wir ohne Weiteres ein.

Im Gasthause, grand hôtel de l'Orient, traf ich mei=
nen früheren Reisegefährten von Syra nach Alexandrien.
Er erzählte mir sogleich daß es hier zu Lande eine ganz
eigenthümliche Baumfrucht gebe. Gehen Sie nach Schubra,

sagte er mir, da können Sie sie hängen sehen. Das war nämlich der Scheik eines benachbarten Dorfes von Cairo, der, weil er einen in sein Dorf geflüchteten Bewohner eines andern Dorfes — natürlich wegen des Druckes der solidarischen Haftung * — nicht sofort ausgeliefert oder in sein Dorf zurückgeschickt hatte, mochte er nun dessen An= wesenheit kennen oder nicht kennen, ohne allen Prozeß strangulirt und auf drei Tage an einem Baume der herr= lichen Schubra=Allee zur Schau aufgehangen worden war. Dieser Vorgang überraschte mich aufs Höchste. Denn wenige Tage zuvor hatte mir der französische General= consul in Alexandrien erzählt, wie er, sobald Mehemed Ali jene Verordnung erlassen hatte, zu ihm gegangen sei und ihm vorgestellt habe, daß dergleichen grausame

---

* Mit dieser solidarischen Haftung verhält sichs so. Jedes Dorf hat seine bestimmten Abgaben. Kann nun der Eine den ihn betreffen= den Antheil nicht abtragen, so nimmt man ihn unbedenklich vom näch= sten Nachbar, oder hat auch dieser nichts, vom darauf folgenden, und so fort. Dabei kömmts sogar vor daß Verstorbene noch besteuert bleiben. Die Zurückgebliebenen oder auch nur die Heimathsverwand= ten müssen für ihn bezahlen. Der Fiskus kann nichts verlieren: das ist Staatsmaxime. Diese Maxime wurde kürzlich auch auf eine fast noch sonderbarere Weise befolgt. Bei einem Transporte Hornvieh nach Unteregypten waren kurz vor der Ankunft und bei der Ankunft selber die meisten gestorben. Die Aerzte erklärten das Fleisch für un= genießbar. Wie sollte nun der Fiskus entschädigt werden? Die Aerzte mußten für ihre abgegebene Erklärung büßen. Es klingt allerdings unglaublich; erzählt ward es mir aber von mehreren glaubwürdigen Männern zu Alexandrien.

Maßregeln seinem Rufe in Europa ungemein nachtheilig sein müßten. Darauf habe ihm Mehemed Ali versprochen, die Verordnung als bloßen Schreckschuß zu betrachten und nie in wirkliche Ausführung zu bringen. Lavalette hatte sich gratulirt zu diesem siegreichen Acte seiner diplomatischen Autorität; dies war also das Nachspiel dazu: dieser, wie mir von mehrern Seiten versichert wurde, sonst brave Scheik, wie er mitten auf der lebhaftesten und herrlichsten Cairiner Straße am Baume hing.

Tags darauf ritt ich mit dem österreichischen Generalconsul nach Schubra. Wir hatten in Begleitung des Dragomans Sr. Hoheit kaum einige Schritte im Garten gethan, so trafen wir auf Mehemed Ali, der mit einigem Gefolge lustwandelte. Als er unser ansichtig geworden, blieb er stehen; ich wurde ihm sogleich vorgestellt. Er firirte mich nach seiner Sitte mit scharfem Auge und sagte, er werde uns sogleich rufen lassen. Mehemed Ali hat sehr edle, scharf markirte Züge, zu denen sein langer weißer Bart vortrefflich steht. Zwischen den Augen hat er eine mehr als ernste Falte, die mich wünschen ließ ihn nicht zum Feinde zu haben. Nach der Frische seines Aussehens hält man ihn noch für jünger als er ist. Unter seinen Kleidern fiel mir sein feines Pelzgewand ins Auge. Er hatte an sich weder Schmucksachen noch auch ein Zeichen seines Ranges. Auf dem Kopfe trug er keinen Turban sondern ein rothes Fes.

I.   4

Etwa fünf Minuten mochten wir uns in diesem Gar=
tenparadiese, das nicht leicht Seinesgleichen hat, ergangen
haben, so ließ uns Mehemed Ali zu sich rufen. Wir
nahmen neben ihm auf seinem Divan Platz. Er hieß
mich aufs Freundlichste durch seinen Dragoman willkom=
men, während er dem Generalconsul sagen ließ, ihn heiße
er nicht willkommen, denn er sei vom Hause. Als ich ihm
mein Verwundern aussprach, daß er seine Residenz in
Schubra eben zu einer Zeit verlassen wollte wo dieselbe
den reizendsten Aufenthalt von der Welt gewährte, ent=
gegnete er, wir in Europa seien ganz anders daran als
er. Bei uns geschehe was die Regierung anbefehle; er
hingegen möge immerhin befehlen, ohne sein persönliches
Einschreiten geschehe nichts. Er wollte nämlich zu seinen
Ackerbauern bei Alexandrien gehen und ihre Arbeiten über=
wachen. Wir sprachen dann nach einer Tasse Kaffee von
vielerlei. In Betreff der Goldwäscherei in Oberegypten
hat Mehemed Ali Vorsicht und Mißtrauen gelernt. Die
Reichthümer, die durch eine Verbesserung des üblichen
rohen Verfahrens gewonnen werden könnten, sollen über=
aus groß sein; allein alle bis jetzt von Europäern für den
Vicekönig darin gemachten Versuche hatten keine andere
Folge als seiner Generosität hohe Summen zu kosten. Er
erzählte uns weitläufig, daß er sich jetzt viel mit der Ver=
größerung seiner Pferderacen beschäftige und daß er zu
diesem Behufe große Mecklenburger Pferde bestellt habe.

Bei diesem Kapitel machte er eine witzige Bemerkung. Es fragte sich nämlich, ob die Größe des Beschälers oder die der Stute vorzugsweise in Betracht kömmt bei der Vergrößerung der Race. Mein Begleiter meinte: die Stute; Mehemed Ali war der entgegengesetzten Ansicht. Da nehmen Sie doch, sagte er, meinen Stiefsohn Ibrahim und seine Mutter. Der ist doch groß genug und seine Mutter ist klein. Diese Bemerkung war um so überraschender weil bekannter Maßen die Orientalen sehr selten, und vollends gar gegen Europäer, das schöne Geschlecht ins Gespräch ziehen.

Im Allgemeinen sprach Mehemed Ali sehr gern und gut. Als wir den Greis verließen, mochten wir wohl gegen zwei Stunden bei ihm zugebracht haben.

Mehemed Ali.

Kein Name des Orients ist seit dem Beginne dieses
Jahrhunderts öfter genannt worden in den europäischen
Zirkeln als der Name Mehemed Ali's. Unsere Sympa=
thie für den Orient, die uns aus der Kindheit im tiefsten
Herzen ruht, mußte sich aufs Lebhafteste mit einem Manne
beschäftigen der das Licht eines neuen Tages über das
alte Pharaonenland heraufbeschworen hat. Wie viele
Stimmen, in englischer, in französischer, in deutscher Zunge,
sind erklungen über dieses Phänomen. Hören wir sie aber
in ihrer grellen Disharmonie, wie die Einen bis zum Him=
mel erheben den großen Reformator, wie die Andern ver=
dammend niedertreten das tyrannische Ungeheuer: so hat
uns jenes Land der unergründlichen Geheimnisse mit die=
sem Manne das neueste Geheimniß dargeboten. Der
Zwiespalt der Urtheile dauert bis diese Stunde fort. In
demselben Augenblicke wo der Verfasser der Briefe eines
Verstorbenen die Person Mehemed Ali's durch den Glanz
seiner Darstellung in das schmuckeste Festgewand kleidet,
lauten die Correspondenzen vom Nil wie unversöhnliche
Anklageacten gegen den fluchbeladenen Barbaren.

Ich bin fern von der Anmaßung diesen Streit schlich=
ten zu wollen. Einen ganz anderen Beruf dazu hatten
Männer wie Eduard Rüppell, bei der langen Dauer sei=
nes Aufenthalts in den egyptischen Staaten, bei seinem
genauen Studium der geschichtlichen Entwickelungen und
des gegenwärtigen Bestands Egyptens, bei seiner Schärfe
und zugleich Gerechtigkeit im Urtheile. Doch hatt' ich im
Verlaufe von drei Monaten manche Gelegenheit zur Be=
obachtung, und mancher Aufschluß wurde mir von Män=
nern gegeben die mit dem Lande seit Jahren vertraut sind.
Seit meiner Rückkehr aus dem Oriente bin ich bereits zu
oft in den Fall gekommen mich über Mehemed Ali zu
äußern, um nicht wünschen zu müssen mein eigenes Ur=
theil hier über ihn niederzulegen.

Vor vierzig Jahren kommandirte Mehemed Ali vierhun=
dert albanesische Soldaten: das war seine ganze Bedeutung.
Unwillkürlich kömmt mir dabei die Erinnerung an den jetzi=
gen Fremdenaufwärter im St. Catharinenkloster des Sinai,
einen würdigen Greis mit feinen griechischen Zügen und
einem schönen weißen Barte, der in derselben Zeit tausend
Mamelucken befehligte. Welche Carriere liegt nun zwi=
schen jenem Albanesenobersten von 1803 und dem egypti=
schen Vicekönig von 1845. Die türkischen Statthalter
von Egypten wie Kosruf und Kurschid Pascha waren
wohl, trotz ihrer offiziellen Vertretung der Pforte, nur
schwache Gegner für ihn im Vergleich zu den Mamelucken,

die wie unzerſtörbare Feſtungsmauern den ehrgeizigen
Planen des jungen Albaneſen gegenüber trotzten. Aber
in wenig Jahren hat er ſie, wenn auch immer zumeiſt mit
den Waffen blutiger Intrigue, zu vernichten gewußt. Zu
welchen Kämpfen und Schlachten hat ihn die Pforte ge=
trieben, um der Muhamedaner heiliges Land den Wecha=
biten abzuringen und um ſich ſelber zum arabiſchen Für=
ſten aufzuwerfen: er hat's, trotz der Aufrührer im Schooße
ſeines eigenen Reiches, glücklich hinaus geführt. Auf welche
Ländermaſſen hat er in Oberegypten ſein Auge zu werfen
gewagt: er hat ſie den wildempörten Schaaren der Ein=
geborenen ſiegreich abgekämpft. Er wollte Syrien haben:
er nahm es. Und dies alles vor den Augen des Divans,
der den rebelliſchen Vaſallen vom Beginne ſeiner großen
Laufbahn an mit Ernſt überwacht hat, mit Hinterliſt um=
ſtellt hat, mit dem Schwerte offen bekriegt hat. Allerdings
hat ihn die Treuloſigkeit ſeines europäiſchen Bundesge=
noſſen und die Uebermacht europäiſcher Waffen um den
Beſitz Syriens verkürzen müſſen; aber Conſtantinopel ſel=
ber hat ihm keine Niederlage beigebracht.

Und was thut Mehemed Ali während dieſer kriegeri=
ſchen Bewegung nach Außen im Innern ſeines Landes?
Er ſchafft ſich eine über Alles koſtſpielige Marine — wenn
auch nur für den gebieteriſch drängenden Augenblick —,
eine Marine wie ſie der Orient noch nie gehabt hat; er
disciplinirt ſeine Truppen nach europäiſchem Muſter; er

seßt sich in friedliche Beziehungen zu den wilden Hrden
der Wüste; er cultivirt den Boden durch Anpflanzung von
Baumwolle, Indigo, Zuckerrohr, sowie durch den Seiden=
bau in Syrien; er verschönert sein Land mit reizenden
Anlagen, mit herrlichen Bauten; er hebt die Fruchtbarkeit
der Erdstriche durch Wasserleitungen, deren imposanteste
von unberechenbarer Wichtigkeit noch fort und fort seine
Sorge fesselt; er übersäet die Ufer des Nils mit Fabrik=
gebäuden; er legt eine Menge Schulen an für die Künste
des Krieges und des Friedens; er stiftet Krankenhäu=
ser; er führt die Kuhpockenimpfung ein; er beruft die
Landeshäuptlinge zu berathenden Versammlungen. Heißt
das nicht das Außerordentliche leisten? Heißt das
nicht an einer großartigen Wiedergeburt des Orients
arbeiten?

Freilich hat er zu dem Kopfe voll solcher Plane, voll
so seltener Talente nicht das Herz eines christlichen Hu=
manisten, womit er — das glaub' ich sicher — nie zu sei=
nen Resultaten gekommen wäre. Sein Auge weint nicht
wenn es Blut sieht, gerechtes oder ungerechtes. Er hat
eine eiserne Hand; jeder Schlag läßt einen Todten auf
dem Plaße. Der Meuchelmord lastet leicht auf seiner
Seele, und die Noth eines bedrückten Volkes kümmert ihn
wenig, wenn nur Alles seinen großen leßten Zwecken dient.
Die Unterdrückung des Sclavenhandels ist ihm gleichgil=
tiger als Guizot und Aberdeen. Allen seinen Untertha=

nen schreit er unerbittlich ins Ohr was Napoleon seinen
Fürsten und Königen zurief: Deine ersten Pflichten ge=
hören mir an; jenes Fürstenwort: Der Staat bin ich, das
hat er vollkommener noch ausgeprägt als jener Ludwig
der es gesagt.

So haben wir wohl Recht Mehemed Ali die Krone
der Menschlichkeit vorzuenthalten, wie sie fürs Haupt eines
christlichen Herrschers unerläßlich ist, will er nicht zum
fluchwürdigen Tyrannen gestempelt sein. So haben wir
Recht schmerzlich ergriffen die Größe zu betrachten, die
über so viel traurige Leichen ihren Triumphbogen errichtet.
Aber nehmen wir auch den Orient so wie er ist. Dort
sucht heute der Verfasser der Briefe eines Verstorbenen
nicht mit Ungrund das europäische Mittelalter. Stehen
wir auf diesem Boden, so werden wir gerecht sein im Ur=
theil über seine Grausamkeiten: Hatten doch die Grau=
samkeiten unseres Mittelalters noch das vor denen des
egyptischen Machthabers voraus daß sie sich in den Mantel
des religiösen Eifers hüllten, den sie nicht anders als
blutroth trugen. Und stand nicht vierzig Jahre lang für
Mehemed Ali selber das Gift in seinem eigenen Palaste
bereit? Hing nicht für ihn selber der Strang fertig zu
allen Stunden? Blitzte nicht das Schwert der Empörung
wiederholt mit kühner Hand gegen ihn geschwungen?
Dafür freilich suchen wir umsonst die Parallele im heuti=
gen Europa; ebenso für die trotz aller blutigen Strenge

Mehemed Ali's maß- und schamlosen Betrügereien der egyptischen Beamtenwelt.

Will man die Klagen beurtheilen mit denen manche europäische Reisende die armen Fellahs bejammern: so gilt es die Kenntniß dieser eingebornen Bevölkerung Egyptens mit ihrer hartnäckigen Indolenz, die für kein mahnendes Wort ein Ohr hat, so gilt es auch ein Absehen von unserem Begriffe von Wohlhabenheit bei Leuten denen die Freiheit vom Bedürfnisse viel höher steht als aller Luxus.

Und wiederholt man immerfort daß doch nichts als die Selbstsucht Mehemed Ali's thätig sei bei allem was er thue, daß er ja alles Land sein eigen nenne, daß er ja alle Fabriken besitze, daß er ja der Universalspeculant sowie der alleinige, der Alles monopolisirende Kaufmann sei: so darf man dabei nicht übersehen, wie Mehemed Ali alles was er gewinnt aufs große Ganze verwendet, und damit, möcht' ers auch selbst nicht wollen oder wenigstens nicht zunächst oder entschieden beabsichtigen, eine Zukunft vorbereiten muß die Egypten in den Genuß einer neuen schönen Aera versetzen wird.

Ein Unstern kann freilich über Egypten mit dem Tode seines Vicekönigs aufgehen. Ein Ibrahim Pascha möchte wohl mit hartem Tritte über die zarten Saaten schreiten die einer pflegenden Hand bedürfen. Doch ist es sehr fraglich, in wie weit Egyptens Geschick in seiner Faust wird ruhen. Es könnte ihm leicht die Rolle eines Abdel

Kaber zugedacht fein. Und dann werden die Früchte von
Mehemed Ali's Wirken· ihrem vollsten Gedeihen entge=
genreifen.

Man hat Mehemed Ali als den Schutz und Hort der
muhamedanischen Orthodoxie angesehen, oder wenigstens
erzählt daß er den Ruf eines solchen im Oriente genießt.
Von anderer Seite hat man dieses Prädikat Mehemed
Ali's gänzlich geleugnet, und sich dabei namentlich auf
sein eigenmächtiges, gottloses Verfahren gegen die Güter
der Moscheen gestützt. Allein das Einziehen dieser Güter,
das freilich, nackt betrachtet, der Act einer gewaltsamen
Hinterlist war, trug zuerst den Anstrich der Rechtfertigung
in der liederlichen und betrügerischen Verwaltung derselben
von Seite der Geistlichen; sodann aber hat Mehemed Ali
vor Kurzem sein sämmtliches Besitzthum zu Waqf erklärt,
wodurch er es unter den über Alles mächtigen Schutz der
Moscheen stellte und für den Fall des Aussterbens seiner
Familie die Moscheen selber zu seinen Universalerben ein=
setzte. Das war wohl eine·der glücklichsten Maßregeln
in der Politik Mehemed Ali's. Außerdem mag der muha=
medanische Fürst am Nil ebenso freisinnig und aufgeklärt in
religiöser Anschauung sein als der heutige Rex christianis-
simus am Seinestrome; er hat aber auch dem Letzteren seine
kluge Schonung der orthodoxen Kirchenelemente abgelernt.

Wozu man aber dem Humanismus von Herzen gra=
tuliren muß, das ist die durch Mehemed Ali verbreitete

religiöse Toleranz. Nirgends in den Ländern des Muha=
medanismus ist der Christ als solcher so hoch geachtet als
in Egypten. Natürlich ist dabei von großem Belange daß
so viele europäische Christen, namentlich Franzosen und
Italiäner, in den Diensten Mehemed Ali's stehen und zum
Theil hohe Stellungen bekleiden. Egypten ist durch Me=
hemed Ali der einstigen Bekehrung zum Christenthume
unzweifelhaft entgegengeführt worden, so wenig es auch
im Augenblicke geschehen kann daß derselbe in der Sache
der Renegaten offen und entschieden gegen die Entschlie=
ßungen der hohen Pforte verfahre.

Ich erinnere mich bei diesem Anlasse einer mir von
einem Diplomaten in Cairo gemachten interessanten Mit=
theilung. Es lag demselben der Fall vor, die Renegation
eines früheren Unterthanen seiner Regierung bei Mehemed
Ali zu vertreten. Mehemed Ali sagte: Lassen Sie ihn nach
Hause reisen. Das hieß natürlich den Knoten zerhauen
aber nicht lösen. Denn in diesem Falle kam Mehemed
Ali's Schutz in keinen Betracht. Es versteht sich daß der
Renegat in Egypten bleiben wollte. Darauf rieth nun
Mehemed Ali, derselbe möchte sich nur weder in Cairo
noch in Alexandrien aufhalten, weil er für die ruhige Dul=
dung von Seite der Population dieser Hauptstädte nicht
einstehen könnte. Er leugnete dabei daß er bereits von
Constantinopel in Betreff der neuesten Beantwortung der
Renegatenfrage benachrichtigt worden sei. Beim Weg=

gehen begegnet der Generalconsul dem Minister, der die
betreffende Note der hohen Pforte an Mehemed Ali
eben noch bei sich führte. In der Voraussetzung, Me=
hemed Ali habe sie dem Generalconsul bereits wissen
lassen, theilte er demselben wortgetreu ihren Inhalt mit.
Das war ungefähr die besondere Ausdrucksweise der
Note:

Es hätten sich früher wiederholt schändliche Subjekte
gefunden, die erst hinübergetreten in den Schooß der Kirche
des Propheten, dann wieder hinausgetreten seien um die
heiligen Geheimnisse zu verrathen und zu entweihen.
Diese habe der Sultan früher köpfen und aufknüpfen las=
sen. Nun habe er aber beschlossen diese Strafe nicht mehr
über sie zu verhängen; man wolle vielmehr diese meineidi=
gen Auswürflinge der Menschheit, die es nicht werth seien
daß man ihnen das Leben nehme, ihrer Schande und ihrem
Elende preisgeben. Sie möchten nun immerhin zu den
Ihrigen zurückkehren und das Gift des Meineids hinein
in ihre Gemeinschaft tragen.

Man darf, glaub' ich, diese Worte nicht eben als den
Ausdruck der aufrichtigen Gesinnung des Divans in der
Sache selber nehmen, obschon sein Zelotismus groß genug
ist; aber seine Politik gegen Mehemed Ali spiegelt sich
darin ab, die ihm eine erzwungene Condescendenz gegen
die europäischen Großmächte als einen Act freier Entschlie=
ßung und religiösen Gutachtens darstellt. Der alte schlaue

Herr wird freilich den Stil der Pforte so gut wie ein Anderer zu beurtheilen gewußt haben. In seinen politischen Beziehungen zu den europäischen Großmächten ist Mehemed Ali immer schlau genug gewesen um in dem Zwiespalte derselben seinen Vortheil zu suchen. Daß ohne diesen Zwiespalt der Orient schon lange eine andere Gestalt gewonnen haben würde, das ist ihm klar, und die Gewißheit daß demohngeachtet das türkische Reich unaufhaltsam der großen Katastrophe entgegeneilt hat ihr volles Gewicht in den Berechnungen seiner Politik. Recht wohl weiß er, daß sein eigenes Königthum nicht die letzte Stelle einnimmt auf der großen Proscriptionsliste. Wenn er nun schwankend und perfid geworden gegen seine europäischen Freunde, so folgt er damit eben so sehr seinem Kopfe als seinem Herzen.

Klug berechnet war gewiß sein Plan, gegen Rußlands auf dem Papiere wohl schon gemachte Eroberungsschritte ein Bollwerk dadurch aufzuwerfen daß er über Syrien hinaus bis an Persiens Grenzen seinen Arm ausstreckte und so zugleich für den Muhamedanismus wie ein großes Asil bildete. Er hatte volles Recht dabei auf Englands Allianz zu rechnen; denn wollte England neben seinem Interesse das Interesse Mehemed Ali's gelten lassen, so mußte es sich als seinen natürlichen Bundesgenossen erkennen. Aber England sah mit anderen Augen. Das türkische Reich konnte durch die Zurücknahme Syriens

keine Rettung finden gegen seinen Todeskampf; drum war
es unbedenklich das gelobte Land an seine alten Bedrücker
zurückzugeben. Mehemed Ali hingegen konnte wohl durch
eine glückliche Verfolgung seines Planes eine Bedeutung
gewinnen, die fremde Speculationen mit Nachdruck gestört
hätte. Erst als er sich in seinen Erwartungen von England
getäuscht sah, dachte Mehemed Ali an die französische
Allianz. Die Erfahrung an diesem Bundesgenossen hat
ihm die Augen, wenn es anders dessen beburfte, vollends
geöffnet. Denn derselbe Gedanke der die Politik Englands
vom Schutzbündnisse mit dem Vicekönig abgehalten hatte,
der hat wohl auch Frankreich geleitet als es die Sache
seines Verbündeten schonungslos preisgab.

Jetzt so nahe seinem Abschiede von der goldenen Sonne,
mögen ihm wohl die Sorgen um so schwerer auf dem
Herzen lasten, je umwölkter sein Blick in die Zukunft ist.
In allen Verhandlungen mit England, gilt es auch dem
Anscheine nach nur geringe Interessen, ist er mehr als
bedenklich. Er fürchtet zu sehr die langen Finger dieser
Gäste. Wenn er römische Geschichte kennt, so wird er
gewiß an die Römer denken, die immer nur irgendwie eingeladen und ins Land genommen sein wollten wo sie bald ihre
Adler aufzupflanzen gedachten. Außerdem fehlts Mehemed
Ali auch nicht an diplomatischen Freunden, die ihm mit
bunten Reden in den Ohren liegen; obschon die Politik
da häufig in den Dienst kaufmännischer Speculation tritt,

wobei man ihm die Entdeckung goldener Berge vorspiegelt
und sich indessen die eigenen Taschen füllt. Was jene letzte Ueberraschung am egyptischen Hofe in
den Juliustagen 1844 betrifft, so ist ihre Beurtheilung frei=
lich schwer. Man hat eine Manifestation des alten Fuch=
ses, man hat ein neues Kunststück des geübten Taschen=
spielers darin erkennen wollen. Durchläuft man die Ge=
schichte seines Lebens und namentlich die ersten entschei=
denden Schritte in seiner Carriere, so fehlt es allerdings
nicht an Analogie. Hat er sich doch in dem Augenblicke
wo er zuerst sein stolzes Auge auf den Thron Egyptens
warf in die Maske harmloser Resignation versteckt und
damit am glücklichsten den Sturm der Ereignisse hervor=
gezwungen. Allein anderer Seits ist es Thatsache, daß sich
schon seit einiger Zeit auffällige Spuren eines angegriffe=
nen Geistes bei ihm gezeigt haben. Vielleicht darf man
damit zusammenstellen, daß er auf nachdrücklichen ärztlichen
Rath unlängst seinen Harem entlassen hat. Und so mag
wenigstens ein Anfall von Melancholie, der sich außerdem
noch mehr erklärt durch die ihm dargebrachten Aufschlüsse
über den traurigen Zustand des Landes, zu einer solchen
Aeußerung seiner Politik wesentlich mitgewirkt haben.

Cairo, am 8. Mai.

Um bald vertrauter zu werden mit der alten Saraze=
nenstadt, mußte ich mein Hotel mit seinem europäischvor=
nehmen Anstrich, noch schmackhafter für den Beutel als
für den Magen, so bald als möglich verlassen. Ich hatte
dort allerdings von meinen Fenstern aus eine erquickliche
Aussicht auf den schönen Esbekiehplatz, von Akazien und
Sykomoren umrankt und geschmückt mit der Erinnerung
an die dort gefeierten Mameluckenfeste, an Bonaparte, der
hier im Palaste Elfy Bey's wohnte, und an Kleber, dem
hier der türkische Fanatismus mit dem Dolche jenes Su=
leyman die tapfere Brust durchbohrte. Zugleich hatt' ich
damit vor meinen Augen eine der preiswürdigen Schö=
pfungen der gegenwärtigen Regierung; denn erst durch sie
ist dieser Platz vor den jährlichen Ueberschwemmungen
gesichert und zu dieser freudigen Erscheinung gebildet
worden.

Wenige Tage nach meiner Ankunft in Cairo zog ich
in die Casa Pini, Nachbarin des englischen Consulats,
in einer ächt Cairiner Straße. Denn schon die Begeg=
nung mit einem Eselritter kann in Verlegenheit bringen;

ein beladenes Kamel schreitet nur mühsam durch *. Eine
Aussicht hab' ich hier nur vom flachen Dache aus, wo ich
nicht versäume bisweilen gegen Sonnenuntergang zu luft=
wandeln. Da hab' ich um mich die unzähligen Minarets,
die nebst einzelnen Palmen aus dem Häusergewühle fröh=
lich emporstreben. Auch seh' ich kleine Gartenanlagen
mit stattlichen Bäumen auf einigen Nachbardächern. Dicht
neben mir treff' ich regelmäßig einen oder zwei der katho=
lischen Klosterbrüder in ihren Kapuzinergewändern.

Da viele Häuser in gewissem Sinne oben offen sind,
so könnten die Muezzin oder Gebetsausrufer von den
Mabnehs der Moscheen herab wohl manche stille Fami=
lienfreude beäugeln, wären sie nicht fast alle blind. Aber
eben ihre Blindheit mag eine Empfehlung zu ihrem Posten
sein. Denn die Mitfreude an seinem häuslichen Herde
oder auch nur die harmlose Mitschau seiner Frauen über=
wacht der Egyptier aufs Eifersüchtigste. Uebrigens mach=
ten mir diese Muezzin, obschon ihre Stimme keine deutsche

---

* Vor Kurzem dachte man darauf viele enge Straßen dadurch zu
erweitern daß man die steinernen Aufsätze vor den Thüren und alle
Vorsprünge bei den Parterrelocalen wegnähme. Da kam von den Be=
theiligten einer über den andern zum Polizeiminister um Beschwerde
zu führen. Der Polizeiminister ruft den Polizeidirektor, und setzt ihn
zur Rede darüber wie er so ungeschickt seine Maßregel habe ausführen
können daß jetzt die Leute mit lauten Klagen zu ihm kämen. Er scheint
nämlich geglaubt zu haben daß man sicher wie der Dieb bei Nacht und
Nebel seinem Befehle hätte nachkommen können.

I.   5

Choralbildung hat, einen ernsten Eindruck mit ihrem
„Außer Gott ist kein Gott" und was sie sonst noch Herr=
liches singen. Das laute Gebet, von den vielen hundert
Minarets besonders in den Augenblicken gerufen wo die
wildschäumenden Wogen dieser Welt der tausend und einen
Nacht wie eingeschlummert ruhn', umgürtet das orienta=
lische Leben wie mit einer heiligen Tempelmauer. Die
Muezzin sind dem Muhamedaner unsere Glocken. Wir
in unserem christlichen Europa messen kaufmannsmäßig
Stunde für Stunde nach ihren Vierteln, damit ja die
Geschäfte der bürgerlichen Gesellschaft in voller Regel
laufen. Aber wie selten klingen unsere Glocken noch durch
das erdenschwere Treiben der Werkeltage, um ihre schönen
Gebeteslaute wie himmlische Versöhnungsworte darüber
auszusprechen.

Jetzt spring' ich schnell einen Augenblick auf den Bazar,
der in meiner Nähe ist: da schlürft sich das Leben Cairo's
in vollen Zügen. So heftig auch die Sonne brennt, so
reitet sich's doch kühl durch die engen ungepflasterten Stra=
ßen, deren hohe Häuser, häufig mit vorspringenden Eta=
gen, die heißen Strahlen hemmen. Der Bazar selbst,
ungefähr zehn Schritte breit, ist oben größtentheils mit
lichten Tüchern geschlossen, die von einem Dache zum
andern hängen. Zu beiden Seiten haben wir die Kauf=
läden mit soviel Köstlichem und Lockendem und Schönem.
Da sitzen die Verkäufer mit untergeschlagenen Beinen,

gern die Pfeife im Munde und in der Hand eine Tasse
Mokka, die sie mit dem nachdenklichsten Ernste zu behan=
deln wissen. Kaffeehäuser trifft man überdies bei jedem
Schritte; ich sehe sie eben so selten leer als die Moscheen.
Der Zusammenfluß so vieler Nationen des Orients
ruft mir jenes Pfingstfest zu Jerusalem vor Augen. Da
gibts Araber voll einer träumerischen Ruhe; Türken in
gedankenloser Selbstgenügsamkeit; Perser, den Stolz in
den Augen, die Pracht im Gewande; Armenier mit ihren
männlich schönen Zügen und dunklen Bärten; Kopten mit
ihren braungelblichen Gesichtern, voll düstern Mißtrauens;
griechische Mönche in ihren schwarzen Talaren, im ver=
rätherischen Blicke die Falschheit; Beduinen, malerisch mit
ihrem Keffijeh und Hanfstrick um die Stirn, die Freiheit
der Wüste in allen Bewegungen; hübsche Negerknaben,
die sich ganz behaglich fühlen unter ihrem rothen Tarbusch
und in dem schmucken Kleide, womit sie ihre Herren ge=
ziert haben; Fellahweiber, mit einem schmuzigen Hemde
über ihren weiten Hosen, große Ringe in den Ohren, häufig
auch in der Nase, und viele Goldstückchen um den Hals.
Plötzlich drängt sich durchs Gewühl ein Engländer mit
seiner Lady zu Esel. Ein fränkischer Arzt, den Säbel an
der Seite, kömmt geritten auf prächtigem Schimmel; sein
Vorläufer weiß ihm Platz zu machen. Jetzt zieht ein
Harem ins Bad. Gehüllt in schwarzseidene Mäntel von
Kopf bis zu Fuß, das Gesicht verborgen hinter dem weißen

5 *

Vorhange bis auf die Augen: so ziehen diese Frauen auf
hübschgezäumten Eseln, gelenkt von den Seis, schweigsam
und geisterhaft durch die bunte Menge. Die Badehäuser
selber machen nach den Moscheen die festlichste Figur.
Noch vor einer Barbierstube muß ich stehen bleiben.
Da vergehen Einem die Gedanken, sieht man so einen
Kopf einseifen und dann mit dem Scheermesser zu einer
blanken Mondscheibe abglätten, nur daß in ihrer Mitte
die Mahometslocke flattert.

Auf dem Rückwege geh' ich beim englischen Hotel vor=
bei. Da kömmt eben eine Caravane von Suez mit Passa=
gieren aus Indien an. Hundert Kamele stehen noch ge=
packt unabsehlich in Reih und Glied. So eine soldaten=
mäßig aufgestellte Schaar dummer Gesichter macht einen
originellen Eindruck.

Der Staub wäre zu dieser Jahreszeit eine schrecklich
drückende Last, wandelten nicht unausgesetzt durch die Stadt
wohl mehr als tausend Esel mit geöffneten Wasserschläu=
chen zur Besprengung: eine Maßregel die der Gesund=
heitspolizei viel Ehre macht; denn sie ist der Augenkran=
ken halber, die sich hier in trauriger Menge finden, von
der größten Wichtigkeit. Ist doch selbst die Zahl der völlig
Erblindeten in Cairo so groß daß ganze Länder damit
nicht vergleichbar sind. Eins der Privilegien dieser Blin=
den hat mir gefallen: sie allein dürfen des Abends und
des Nachts ohne Laterne auf den Straßen sein. Die Ecken

und Winkel der Straßen nämlich sowie die offenen Gär=
ten sind sehr häufig ihr alleiniger häuslicher Herd. Wie
oft bin ich, kam ich spät nach Hause, unterwegs auf her=
umliegende Leiber gestoßen die vorzugsweise blinden soge=
nannten Einwohnern zugehörten. Uebrigens beschäftigt
man sich dennoch sehr viel mit der Bildung der Blinden
in Cairo. Der Posten der Muezzin ist nicht der einzige
der ihnen offen steht.

Am 12. April ging ich auf die Citadelle. Mein Cairi=
ner Dragoman ritt mir zur Seite, in seinem langen wei=
ßen Hembe, das er über seinen sonstigen Staat geworfen,
in seinem rothen Tarbusch mit herabwallender blauer Quaste,
unter dem seine kleinen dunklen Augen voll Verschmitzt=
heit hervorblitzten. Unsere Esel trugen uns über viele
jener unartigen Hunde hinweg, die trotz aller Passage mit=
ten auf der Straße liegen blieben. Das riklek dschemalek
und wie alle die andern oft mit schmeichelhaften Redens=
arten gewürzten Einladungen zum Ausweichen heißen, die
der Seis oder Eseltreiber ohne Pause ins Gedränge hin=
einschreit, klingt Einem lange darauf noch in den Ohren.
Oft hab' ich mich eben so sehr über die Unerschütterlichkeit
dieser Eselsbefehlshaber als über die achtsame Behendigkeit
gewundert mit der man auf ihren Ausruf dem ungläu=
bigen Franken Platz macht.

Soldaten auf der Wache trafen wir mit dem Strick=
strumpfe in der Hand, während ihr Gewehr aus einem
Winkel zusah: ein gemüthliches Bild. Freilich taugen
jene widerspenstigen Fellahsöhne mit einem abgehackten
Zeigefinger, mit ausgebrochenen Vorderzähnen, mit einem
ausgerissenen Auge, besser zum Strickstrumpfe als zur Flinte.
Mehemed Ali thut sehr recht daß er solchen unsinnigen
Selbstverstümmelungen die Befreiung vom Soldatendienste
versagt.

Wir besuchten als wir auf die Höhe kamen zuerst die
Menagerie mit vier Löwen, einer Tigerkatze und einigen
Hyänen, die hier im Lande ihrer Heimath doch noch einen
andern Eindruck machen als bei uns auf der Leipziger
Messe. Dann stiegen wir hinab in den merkwürdigen
tiefen Jussufsbrunnen; nur mußten wir warten bis die
Beschauerin, die bei unserer Ankunft darin war, das Ter=
rain geräumt hatte; obschon eine ganze Gesellschaft genug
Raum gefunden hätte.

Die Citadelle auf dem Abhange des Mokattam ist ein
lang gestreckter, sehr fester Bau. Viele aufgepflanzte Ka=
nonen richten ihre Drohung auf die Stadt; in Cairo gibts
keine Pariser Deputirtenkammer. Vor Allem aber waren
es zwei Stücke die meine Aufmerksamkeit fesselten: die in
trauriger Vereinzelung da stehenden Granitsäulen vom
einstigen Palaste jenes Salahedbin der die Citadelle be=
gründet hat, und die unvergleichlich prächtige Alabaster=

moschee Mehemed Ali's, die wie ein neues Wunderwerk
Egyptens hinüber zu den alten, den Pyramiden, ihr zau=
berhaft glänzendes Auge trägt. Wohl ruht zu den Füßen
der Citadelle dieses „Meer der Welt" in seiner groß=
artigen Fülle und Schönheit, diese „siegreiche" Fürstin
der Städte, die sich, ein neues Memphis, aus den Trüm=
mern des alten ihren prunkenden Thron erbaut hat. Ich
verlor mich in der Fülle, in dem Reichthume ihres An=
blicks. Aber wie die Magnetnadel den Sternen des
Nordens, so flieht hier das Auge wo es nur kann den
Pyramiden zu. Und von der Citadelle aus gesehen, üben
sie ihre volle Gewalt auf den bewundernden Frembling aus.

Nahe zu den zwei Seiten der Aussicht auf die Stadt
ruhen ernste Bilder; im Süden und im Nordosten dehnen
sich, nur getrennt durch den Mokattam, die großen Tod=
tenstädte mit so vielen schönen Denkmalen und Moscheen
aus. An beide Todtenstädte schließt sich die Wüste an;
so liegen sie da wie ein heiliges Merkzeichen mitten zwi=
schen dem lustigen Rausch des Augenblicks und dem Ernste
der unabsehlichen Ewigkeit. Besonders zogen mich im
Nordosten die mit starken Thürmen hervorragenden Grab=
denkmäler der Kalifen an, merkwürdige Ueberreste des
altsarazenischen Baustils. Als ich später diese stumme und
doch zugleich so berede Welt der Todten durchwanderte,
besuchte ich unter Anderem das Familienbegräbniß Mehe=
med Ali's, eine doppelte Kapelle die durch zwei Kuppeln

von oben ein düsteres Licht empfängt. Die marmornen Sargmonumente, die sich in der Mitte hinziehen, sind einfach und würdig. Von den frischen Palmenzweigen die drauf ruhten durft' ich einige Blätter brechen. Die orientalische Farbe bringen namentlich hinzu die prachtvollen Teppiche, die zu beiden Seiten der Monumente ausgebreitet liegen.

Auch bei dem einfachen Grabsteine Burckhardts bin ich gestanden. Er ist einen schönen Tod gestorben. Mitten heraus aus seinen Forschungen nach den Geheimnissen einer ehrwürdigen Vorwelt und eines geheiligten Bodens hat ihn sein Engel gerufen in die Hallen des ewigen Schauens. Aber seine Gebeine hat er gelassen im Lande der unverweslichen Todten, nahe den unvergänglichen Grabtempeln der Pharaonen; in demselben Lande wo er seinem eigenen Namen eine weithin schimmernde Pyramide des Ruhms erbaut.

Ibrahim Pascha.

Bei Ibrahim Pascha war ich. Clot Bey, der durch seine Zuvorkommenheit so gern die Wanderer am Nil zu seinen Schuldnern macht, begleitete mich zu ihm. Im ersten Augenblicke ging unsere Unterhaltung nicht recht von Statten; es fehlte der Dragoman des Pascha, und Clot Bey ist kein starker Arabist. Ich hatt' es aber zu

meiner Verwunderung schon gesehen, wie selbst Consuln
von mehr als zwanzigjähriger Thätigkeit in Egypten nicht
ohne den Dragoman sich zu verständigen wußten. Ein
Mißverständniß hatten wir als Ibrahim Pascha fragte,
bis in welches Alterthum die ältesten Urkunden der Bibel
hinaufreichen. Schon vorher hatte ich gehört daß er sich
für meine theologischen Reisezwecke interessirte. Ich sagte
ihm, bis ins vierte Jahrhundert. Darauf verwunderte er sich
daß wir nichts Aelteres hätten, da doch sie selber Doku=
mente aus der Zeit des Propheten besäßen. Natürlich
beeilt' ich mich den Irrthum zu berichtigen; es ist möglich
daß er die Rechnung unserer Jahrhunderte falsch gefaßt
hatte. Sehr erwünscht war mirs aber daß diesen Augen=
blick eben der Dragoman eintrat. Der Pascha sagte mir
sogleich durch ihn, daß man in wenig Jahren am egypti=
schen Hofe keines Dragomans mehr bedürfen würde; denn
die jungen Prinzen lernten alle Italiänisch und Fran=
zösisch. Ich entgegnete ihm daß die Sprache, die er zu
Land und zur See schon längst so vortrefflich zu sprechen
gewußt, auch in Europa eine allgemein verständliche ge=
wesen. Zur goldenen Zeit Egyptens, fuhr er fort, müßten
drei Plagen fehlen: die Schreiber, die Dolmetscher und die
Pest. Der Dragoman mußte mir diese Uriaszeile über=
bringen; doch schien er sichs nicht eben zu Herzen zu nehmen.

Unter Anderem sprach er vom Prinzen Albert, dem
Gemahl der Königin Victoria. Er hatte gelesen daß der

Prinz bei seinem Besuche im Vaterhause auf sein Fami=
lienerbtheil verzichtet habe. Ich sagte dazu daß England
die beste Erbschaft am Prinzen selbst gethan. Daran
knüpfte er eine nach seinem Geschmacke wohl sehr gute
Bemerkung über die berühmten Talente der Prinzen aus
den Sächsischen Fürstenhäusern.

Ibrahim Pascha hat bei weitem weniger edle und feine
Gesichtszüge als sein Stiefvater, der Vicekönig. Der
Soldat läßt sich in seinem Ausdrucke nicht verkennen,
obschon er ein beständiges heiteres Lächeln um den Mund
hat; aber auch dieser Zug entbehrt der Feinheit.

Ein schönes Besitzthum Ibrahim Pascha's ist die Nil=
insel Roda. Sie bildet einen großen reichen Garten, mit
dessen Anlage scharfe Geschmackskritiker freilich nicht zu=
frieden sind. Ich traf ihn in der vollsten Ueppigkeit seines
Blumenflors. In einem der fürstlichen Gebäude, das ganz
nach europäischem Geschmacke gebaut ist, besuchte ich den
schwedischen Consul, den Griechen Anastasy, mit seinen
beiden lieblichen Pflegetöchtern. Von seinen Festern aus
hatten wir gerade vor uns die Pyramiden von Gizeh;
man glaubte sie ein Stündchen entfernt. Im Garten sah
ich auch die schöne Giraffe, die der Consul dem Könige
von Schweden zum Geschenk senden wollte. Dieser Tausch
wird dem delikaten Thiere schwerlich behagen.

Aber die ehrwürdigste Erscheinung der Insel bildet
jener alte Thurm, wofür man ihn aus der Ferne hält,

ober vielmehr jene achteckige Marmorfäule mitten in einem
überbauten Brunnenbaffin, genannt Mekkias ober der Nil=
meffer. Er ftebt mit bem Strombette auf gleichem Niveau
unb gibt nach ben Maßen bie an ibm angebracht find
genau bas Steigen unb Fallen bes Nils an. Er foll
früher bem Auge bes europäifchen Frembling$ gebeim=
nißvoll entzogen worben fein. Wenn er auch nicht uralt
ift, wie man bisweilen gemeint hat, fo ftebt er boch nach=
weislich über taufenb Jahre auf feinem Poften, als Pro=
phet von Segen unb Unfegen für bas Nilthal.

Uebrigens bezeichnete mir mein Dragoman bie Infel
Roba als ben Babegarten jener Tochter bes Pharao bie
im Schilfe bes Nils Mofes „bas zierliche Knäblein" ge=
funben. Die Tradition konnte kein befferes Terrain wäh=
len; freilich müßte bann, was wohl auch bas Wahrfchein=
lichfte ift, Memphi$, nicht Zoan, bie bamalige königliche
Refidenz gewefen fein.

Klofterwanberungen in Cairo.

Sehr begierig war ich bie Klöfter zu Cairo zu befuchen.
Einen vortrefflichen Begleiter hatte ich am Dragoman
bes öfterreichifchen Confulats, einem Kopten von Geburt.
Im katholifchen Klofter trafen wir nur einen einzigen
Mönch; er war von ber liebenswürbigften Gefchäftigkeit.
Wir mußten burch eine Menge Erquickungen für ben

Gaumen paſſiren ehe wir zur Bibliothek vordringen konn=
ten, die bei ihm in keinem guten Anſehen zu ſtehen ſchien.
Als wir endlich hineintraten, war allerdings ein ſtarker
hart aufliegender Nebel über ſie gefallen. Von Manu=
ſcripten, ſagte er mir, haben wir nichts. Doch fand ich
einige arabiſche von geringem Werthe.

Einen intereſſanten Mann lernt' ich am armeniſchen
Biſchof kennen. Er gefiel ſich beſonders in dem Gedanken
der friedlichen Vereinigung aller chriſtlichen Parteien.
Dieſer Zug iſt allerdings ſo natürlich, lebt man mitten
unter den muhamedaniſchen Gegnern des Kreuzes, aber
doch iſt er ſo ſelten. Denn die ſchroffe Abgeſchloſſenheit
der chriſtlichen Confeſſionen von einander tritt gerade im
Oriente aufs Unangenehmſte hervor. Ich dachte daran
mir für einen Autographenfreund im Vaterlande ein paar
Zeilen vom Biſchofe zu erbitten; er hatte aber eine ſelt=
ſame Furcht vor aller Oeffentlichkeit ſeiner Meinungen;
ſelbſt ein Bibelſpruch, den er ſchreiben könnte, ſchien ihm
verfänglich. Unter ſeinen Manuſcripten hielt er beſonders
einige einem neueren Manuſcript beigebundene Blätter
für ſehr alt; er war aber nicht im Stande ein einziges
Wort davon zu leſen, da der Schriftcharakter derſelben ein
ganz ungebräuchlicher war *.

---

* Unter den armeniſchen Fragmenten die ich aus dem gelobten
Lande mitgebracht habe befinden ſich mehrere Pergamentblätter die mit
demſelben uralten Schriftcharakter belegt ſind.

Als wir ins griechische Kloster der Sinaiten zu Cairo kamen, waren sämmtliche Brüder in der Kapelle. Wir traten also gleichfalls zum Gottesdienste ein. Kerzenlicht gab's in Fülle; der Gesang, woraus mir das von Mehreren nach einander abgesungene „ho tu paradoxu thanatos" im Gedächtniß geblieben, war so lächerlich mißklingend daß sich die Chorknaben nur mit Gewalt des lauten Lachens erwehren konnten. Wie betrübt verläßt man eine solche Andacht. Das Kyrie eleison, unzählige Mal wiederholt, umrahmte die ganze Ceremonie.

Nach dem Schlusse derselben wurde uns etwas von den eben geweihten Broden gebracht; außerdem präsentirte man uns noch vor dem Kaffee Honig und Wasser. Man kann in Paris einen ganzen Tag Besuche machen ehe man zu so viel Magenfreuden kömmt als in Cairo bei jedem Schritte in ein Haus. Stehende Gewohnheit ist der Kaffee und die Pfeife. Sehr häufig aber, namentlich bei Griechen, wurde mir vorher noch Honig oder ein sehr süßes Compot aufgetragen. Auch das steht bei den Orientalen und den Kennern ihrer Sitte fest daß vor dem Kaffee und der Pfeife nie eine Hauptsache, etwa gar die Angelegenheit um deren willen man gekommen, ins Gespräch gefaßt wird. Die Geschäfte gewinnen dadurch eine gewisse Behaglichkeit; man ist gar nicht mehr der volle Fremdling, sitzt man da mit der Pfeife im Munde, die Tasse in der Hand.

Als ich nun endlich nach den Manuscripten fragte, sagten sie mir daß sie selber gar keine besäßen, wohl aber würd' ich deren viele und gute auf dem Sinai finden. Ihre eigene Bibliothek enthalte nur Druckwerke, diese aber seien zu meiner Disposition. Ich bat den vor meinen Augen stehenden Wandschrank mit Büchern zu öffnen. Eine halbe Stunde mochte vergangen sein ehe der Schlüssel dazu gefunden und die Oeffnung bewerkstelligt war. Die Bibliotheken in diesen Klöstern sind reine Zierrathen; sie vertreten dort die Stelle welche bei uns die Nipptischchen der Frauen einnehmen. Ich nahm einige Bücher hervor und fand — lauter Chirographa. Verwundert sagt' ichs ihnen; aber mit noch mehr Verwunderung hörten sie's und beschauten sich's. Chirographon? Chirographon? fragten sie und schienen fast einiges Mißtrauen zu hegen. Eine alte Handschrift war ihnen eine völlige Neuigkeit; nur kannten sie dergleichen recht wohl par renommée. Denn kaum hatten sie durch mich ihren Reichthum an Manuscripten erfahren, so träumten sie auch von dem unschätzbaren Werthe derselben. Ich untersuchte nach die= sem Bücherschranke noch einen andern in einer Kapelle des Klosters, der mir eine noch weit reichere Ausbeute bot.

Ich bin seitdem schon wieder in diesem Kloster gewe= sen; man hat mir aufs Freundlichste ein Studirzimmer eingeräumt. Der weitere Verlauf dieser Studien gehört nicht hierher. Ich hatte aber mit meinen Funden in dieser

Bibliothek die erste fröhliche Genugthuung gewonnen gegen die ungläubigen Abmahnungen von meiner Reise, von der man, wenigstens im Vaterlande, nach so vielen Vorgängern nichts Neues erwarten wollte. Ein Mann meines Fachs von weitklingendem Namen ist allerdings vor zwanzig Jahren in diesem Kloster gewesen; sein Bericht davon lautet mit kahlen Worten, „es enthalte keine Handschriften von literärischem Interesse."

Der griechische Patriarch von Alexandrien und seine vermauerte Bibliothek.

Von mehreren Seiten kam mir das Gerücht zu von einem manufcriptlichen Schatze, der vor zwanzig Jahren aus Antiochien nach Cairo gelangt sein sollte. Eine ganze Bibliothek sollte es sein, nach Cairo als Pfand gegeben und befindlich in dem unmittelbaren Besitze des Patriarchen. Kein der Sache kundiges Auge hatte je diese Manufcripte gesehen; um so mehr erzählte man sich Wunderdinge davon. Bald trat der unglaubliche Zusatz zum Gerüchte daß diese Bibliothek vermauert sei. Der österreichische Generalconful versuchte aufs Gütigste mich zur Enthüllung des Geheimnisses zu führen. Fürs Geeignetste hielt er es, das Anliegen direkt an den Patriarchen zu bringen, von dem er persönlich sehr wohl gekannt war. Wir fuhren deshalb des Sonntags in Begleitung eines gebornen Griechen nach Altcairo, wo der Patriarch resibirt wenn er von Alexandrien abwesend ist.

Nachdem uns eine bejahrte Haushälterin desselben vorläufig bestens empfangen, auch mit Kaffee und Pfeife bewirthet hatte, erschien der Patriarch in einem Hauskleide, das vornehm genug war um seinen hohen Rang zu verrathen. Der Pabst Gregor XVI. ging viel einfacher, als er mich in einer Privataudienz empfing. Der Patriarch, der jetzt in seinem ein und neunzigsten Lebensjahre steht, hat viele Würde in seinem Aeußeren; sein auf die Brust herabfallender weißer Bart kleidet ihn sehr gut; seine Statur übersteigt das gewöhnliche Maß. Wir wechselten einige freundliche Worte. Unter Anderem sagt' ich ihm, daß der erste Geistliche meines Vaterlandes eben so wie er ein Wunder in seiner Erscheinung sei, indem er den Angriffen des höchsten Alters eine unnehmbare, sturmesfreudige Festung entgegen halte.

Schnell rückten wir der Sache näher. Der Generalconsul sagte ihm, daß ich ein tüchtiger Hellenist sei, obschon ich nie in Griechenland gewesen. Darauf ließ der Patriarch ein gedrucktes griechisches Buch in folio bringen, ich glaube, es war ein Band Chrysostomus, und ersuchte mich drin zu lesen. Ich stand in der Meinung, er wünsche zu hören wie wir ungriechische Griechen das Griechische aussprechen, und las ein paar Zeilen nach meiner Leipziger Aussprache vor. Dies Examen hatt' ich aber zu meinem

Bestürzen überaus schlecht bestanden; man kann es unbedenklich für einen Repuls ausgeben. Der Patriarch entgegnete nämlich auf diese Probevorlesung, ich hätte es
noch nicht eben weit im Lesen gebracht. Wir mengten
in unsere eilige Berichtigung einige Heiterkeit; aber das
Unglück war nicht gut zu machen. Ich sprach einiges
Griechische mit, aber das geringste Versehen in der neu-
griechischen Aussprache oder auch eine Accentverletzung —
ich hatte mich in den letzten Jahren gewöhnt das Griechische nach der Quantität zu betonen — rügte er hart
zur Bestätigung seines Urtheils. Es schien als habe der
Patriarch das feine Ohr einer Pariser Salondame. Nun
war es freilich schwer ihm begreiflich zu machen, daß meine
manuscriptlichen Studien von irgend einem Belange sein
könnten. Mein Coder Ephrämi Syri rescriptus ver-
klang wie ein gutmüthiges Mährchen. Als er davon
hörte, fiel er sogleich ein, wie ich denn das Geschriebene
lesen könnte da ich nicht einmal mit dem Gedruckten aus-
käme.

Der Consul wurde verstimmt und sagte ihm, er möge
das ganz auf sich beruhen lassen; unser großes Anliegen
sei nur, zur Einsicht seiner verborgenen Bibliothek zu gelangen. Als er wissen wollte was wir darin so begierig
suchten, theilten wir ihm mit daß ich mirs zur Aufgabe
gemacht habe die alten Urkunden des Neutestamentlichen
Originaltextes mit eigenen Augen einzusehen, um aus

beren Zusammenstellung einen Text zu schöpfen der dem
Buchstaben, wie er aus der Hand der Apostel gekommen,
so nahe als möglich träte. Aber, versetzte er, wir haben
ja doch alles was wir brauchen; wir haben die Evange=
listen, wir haben die Apostel *; was fehlt uns noch? Der
Begriff der Kritik mochte zum ersten Male in seinen ein=
unbneunzig Jahren an seine Ohren klingen. Auf unsere
Erläuterungen war er bedenklich und mißtrauisch. Enblich
machte er auch geltend, daß die Bibliothek vermauert und
nur mit großen Kosten zu öffnen sei. Dagegen erklärten
wir uns freudig bereit die Kosten der Oeffnung zu tragen.
Demohngeachtet nahm er nicht mehr als einen gewissen
Schein von Zustimmung an. Wir verließen ihn bald.

Daß ich ihm die Hand nicht geküßt hatte, was meine
beiden Begleiter thaten, mochte mich nicht eben in seine
Gunst gesetzt haben. Ich erinnerte mich bei dieser Gele=
genheit und bei mancher andern, wo ich diesen Respekts=
beweis von Geistlichen gegen Bischöfe darbringen sah, an
jenes edle Wort das der Patriarch von Constantinopel
einst einem jungen Geistlichen zugerufen, der ihm die Hand
küssen wollte: „Wir brauchen Prediger, keine Schauspie=
ler.“ Das Bedürfniß scheint sich geändert zu haben; auch
an der Tiber gibts kein Echo von jenem Patriarchenwort.

Vom Patriarchen gingen wir zu Soliman Pascha.

---

* τὸ εὐαγγέλιον καὶ τὸν ἀπόστολον.

Soliman Pascha ist von Geburt Franzose und hat sich
durch die Organisation der Armee Mehemed Ali's große
Verdienste um Egypten erworben. Wie sehr Mehemed
Ali seine Verdienste anzuerkennen wußte, beweist der fürst=
liche Rang womit er denselben bekleidet hat. Freilich ist
er ums Evangelium ärmer geworden; er hat sich an den
Koran verkauft; wohl mag er sich damit für sein Gewissen
manche Stunde des Fluchs erkauft haben.

Bei ihm hatt' ich es mit keinem alten Palimpsesten,
auch mit keinem Griechisch zu thun. Er wußte kaum daß
ich aus Sachsen war, so hatte er eine angelegentliche
Frage auf dem Herzen. Kennen Sie, fragte er mich,
zwei Apothekerstöchter in M.....? Ich war freilich nicht
so glücklich so liebe Bekanntschaften in M..... zu besitzen;
aber Soliman Pascha erzählte mir nun mit einer liebens=
würdigen Ausführlichkeit, wie er unter Napoleon in Sach=
sen gewesen und zu M..... im Hause eines Apothekers
kleine unschuldige Abenteuer gehabt. Das läßt sich freilich
keine eigentliche alte Liebe nennen; aber doch gehört's zu
den unverwelklichen Vergißmeinnicht der alten Liebe. Ein
Mann, noch dazu von französischem Blut und Militair,
der dreißig Jahre in der vollen Praxis der orientalischen
Sitte verlebt hat, denkt noch mit einer herzlichen Behag=
lichkeit an zwei Apothekerstöchter an der Elbe, denen er kurz
vor der Leipziger Völkerschaft mehr oder weniger seine
Galanterien dargebracht.

Noch einen anderen Franzosen traf ich in Cairo der unter Napoleon in Sachsen gewesen, und zwar als Regimentsarzt. Er hatte, wie alle seine Freunde wußten, die schwache Seite von nichts lieber als von Sachsen zu sprechen, und war sehr vergnügt als wir uns eines Abends bei Clot Bey unter den Granaten seines Gartens zusammen fanden, wo er mit vollem Rechte seinen Sympathien für Sachsen ein lebendiges Wort gönnen durfte.

Auf unserem Heimwege nach Cairo erzählte mir mein Begleiter von einem vor mehreren Jahren in Alexandrien aus dem Mauerschutte ausgegrabenen Schatze, einer alten griechischen Kirche, deren Wände eine Art Palimpsest enthielten. Es befanden sich nämlich darauf Malereien, deren eine über die andere ausgeführt war, zugleich mit griechischen Inschriften. Der österreichische Generalconsul hatte so viel daraus erschlossen, daß die ursprünglichen Malereien, Darstellungen aus dem Leben der Heiligen, erst übertüncht und verdrängt, dann wieder durch ähnliche ersetzt worden waren. Eine tiefere Untersuchung wurde ihm verkümmert; bei der Rückkehr von einem kurzen Ausfluge nach Cairo fand er sämmtliche Reste zerstört. Gewiß darf man zur Erklärung dieses Palimpsesten an die Zeit und den Verlauf des Bildersturms denken, der hiernach auch zu Alexandrien getobt haben muß.

Aber ich kehre zur vermauerten Bibliothek des Patriarchen zurück. Wir zogen mehrere angesehene Griechen

von Einfluß in unſer Intereſſe; demohngeachtet wollte
nichts gelingen. Denn als eine neue Feindin ſtellte ſich
uns eine dogmatiſche Beſchränktheit mit ihren Vorurtheilen
gegenüber, die hinter meinen kritiſchen Arbeiten über den
heiligen Text ich weiß nicht welche Gefahr für den ſtatus
quo des griechiſchen Kirchenglaubens witterte.

Endlich ſchlug ſich ein deutſcher Arzt ins Mittel, ein
Mann deſſen Name mir ſchon längſt ungemein theuer ge=
worden. Er benutzte für meine Angelegenheit ſein haus=
ärztliches Verhältniß zum Prokurator des Patriarchen,
wobei noch die demſelben eröffnete Ausſicht von einiger
Mitwirkung war, daß ich nach meiner Rückkehr auf euro=
päiſchen Boden dieſer unzugänglichen vermauerten Pa=
triarchalbibliothek gar wohl einen üblen Denkſtein errichten
würde. Der Prokurator verſprach die Bibliothek für mich
öffnen zu laſſen. Freilich war ich bei dem Acte ſelber nicht
perſönlich zugegen, und die Zahl der mir daraus zur freien
Unterſuchung geſtellten Manuſcripte war ſehr gering, wäh=
rend der übrige Gehalt der Bibliothek angeblich aus meh=
reren tauſend gedruckten Büchern beſtehen ſollte. Ich bin
in der Vermuthung geblieben daß man nicht ganz auf=
richtig geweſen; übrigens haben mir auch jene wenigen
Handſchriften ſehr willkommene Reſultate geliefert*. Ich

* Ich gebe anderwärts nähere Auskunft darüber. Man ſehe die
Wiener Jahrbücher, Jahrgang 1845. Band 2. ff.

brachte deshalb einen ganzen Tag im Hause des gelehrten
Sekretärs des Procurators zu.

Dieser Sekretär war seit Kurzem Ehemann; er hatte
eine sehr jugendliche Frau. Ihre Hauptttheilnahme an
meinem Besuche bestand in nichts Besserem als daß sie
mir eine Pfeife nach der andern, die sie selbst anrauchte,
sowie den Kaffee präsentirte, und bei Tische mich und
ihren Gemahl bediente, ohne die Tafelfreuden selbst in
unserer Gesellschaft zu theilen. Die deutschen Frauen
werden schwerlich die Frau des Sekretärs beneiden.

Die Pyramiden.

Am 16. April bin ich bei den Pyramiden gewesen.
Um unvergeßliche Stunden bin ich reicher geworden.
Tageweit schimmert dem entzückten Auge die Königin der
Pyramiden; eine Stunde auf ihrem Gipfel verlebt, die
schimmert getreu der Erinnerung nach in die fernste
Ferne.

Noch vor Sonnenaufgang wars als ich mit meinem
Ali über den Schutt Babylons an den Nil ritt. An sei=
nen beiden Ufern fanden wir den Markt schon im vollen
Leben; bei Gizeh lagen zu unseren Füßen große aufge=
schichtete Haufen von Bohnen, Hirse, Linsen. Wir ritten
durch eine fröhliche Landschaft, reich an Palmen und Aka=

zien. Viele Getraidefelder waren in der Ernte begriffen; andere standen noch in weiten Strecken, hoch und prächtig. Leicht hatten wir den Kanal überschritten; er war fast wasserleer: Bald hatten wir anstatt des lachenden Grüns den Sand der Wüste unter uns. So ritten wir in freu= diger Haft dem winkenden Ziele näher und näher. Jetzt eilten uns von allen Seiten Gestalten entgegen, verwandte, bekannte wie es schien, und doch hatten wir sie niemals gesehen. Es waren die Beduinen der Umgegend, Leute von kräftigem Schlage, von der Sonne stark gebräunt, in den dunklen Augen ein schönes Feuer. Obschon ich es meinem Dragoman eingeschärft hatte mir nicht mehr als zwei dieser zuvorkommenden Pyramidenführer aufzubürden, so waren doch alle die kamen ganz unabweislich und wandelten ohne Bedenken mit uns fort.

Während unseres vierstündigen Weges gewannen die Pyramiden nichts an imposantem Effekt; fast schien es gar als ob sie dem Kreise der Gewöhnlichkeit näher rückten. Als wir aber nach Uebersteigung der Felsenbasis, deren beträchtlichster Theil im Sande versteckt liegt, am Fuße der größten unter ihnen standen: da hatte dieses Gebirg, ge= schaffen von Menschenhand, eine unvergleichliche Gewalt. Horaz durfte nicht hier stehen als er sein nil admirari schrieb.

Ich weiß nicht wie's kam, ein Gedanke riß mich in diesem Augenblicke fort an den Rhein zum Straßburger

Münster. Es mochte eine Verwandtschaft der begeisterten Stimmung sein, die ich wie hier so einst dort gehabt in der Anschauung von Erwin's wundervollem Bau, zugleich Deutschlands Obelisk und Deutschlands Pyramide. Dort war es bei sinkendem Abend als ich unersättlich hinaufstarrte zu der wolkenhohen Spitze. Sie erschien mir wie das Gebet der deutschen Nation, in herrliche ewige Form gegossen, klar und offen wie das deutsche Auge, kühn und entschieden wie das deutsche Herz. Die Begeisterung die kurz zuvor so viel tapfere Schwerter, so viel theures Blut die Fluthen hinüber gen Jerusalem getragen hatte zum Kampfe fürs verlorene Grab: die war plötzlich wie durchklungen worden von einem Engelwort; fürs irdische suchte sie das himmlische Jerusalem; fürs leere Erdengrab den ewig Lebendigen droben. Dort, im Anschaun jenes Denkmals des begeistrungsvollen christlichen Glaubens, dort wars ein religiöser Schauer der mich in der tiefsten Seele faßte und in dem Auge die Thräne weckte.

Hier stand ich wie getroffen vom Blitzstrahl des Genius; hier staunt' ich an dies uralte Geheimniß. Seit Jahrtausenden haben es die Forscher gesehen in dem blendenden Lichte der Mittagssonne; aber der tiefsinnige Sohn Egyptens hat es gehüllt in seiner Weisheit nächtlichen Schleier. Wie ein riesiger Gedanke ists, geboren in einer großen Zeit aus dem Haupte eines allmächtigen Herr-

schers; wie ein Triumphfest menschlichen Willens, mensch=
licher Kunst über das Reich des Todes und der Vergäng=
lichkeit. Hier fühlt' ich das Auge nicht feucht von Rüh=
rung; in stumme Bewundrung war ich festgebannt; es
war als säh' ich vor mir den menschlichen Geist mit him=
melumspannenden Flügeln des Cherubs.

Andere Gedanken mochten meine Beduinen haben; sie
betrachten ihre Pyramiden als theure Großväter, die es
nicht verlernen können den lockeren Enkeln eine Münze
der Fröhlichkeit in die Tasche zu stecken. Das könnte man
ihnen wohl nachsehen; denn sie allein theilen mit den
Pyramiden ihr weites ödes Vaterland; sie hangen beide
mit gleicher Treue am Sande der Wüste. Aber was sie
zu einer sehr unangenehmen Gesellschaft macht, das ist ihr
Backschischjubel — ich meine den Jubel nach Backschisch —
der mitten im besten Momente nur mit halbgeschlossenem
Auge schlummert. So hängen sie sich, trotz ihrer Behen=
digkeit, wie Bleigewichte an die Schwingen der geistigen
Betrachtung.

Wir hatten vor uns die zweihundert und sechs terras=
senförmig über einandergelegten Quadern von weißgrauem
feinem Kalkstein*, deren manche über drei Fuß Höhe haben.
Wir stiegen ohne Säumen hinauf; vier Beduinen, zwei
vor mir und zwei hinter mir, ließen sichs nicht nehmen

---

* v. Schubert nennt ihn Nummulitenkalk.

mir behilflich zu sein. Die Werkstücke sind allerdings zu
groß um sie, zumal in europäischer Kleidung, mit Leichtig=
keit zu übersteigen. Zwei Mal rasteten wir unterwegs,
obschon ich keine außerordentliche Ermüdung spürte. Nach
einigen zwanzig Minuten hatten wir die Plattform erreicht,
nahe an fünfhundert Fuß über dem Felsengrunde der Py=
ramide. Auf dieser Plattform, einer Quadratfläche, findet
eine Gesellschaft von zwanzig Personen bequem Raum.
Wahrscheinlich hatte die Pyramide ursprünglich keine Platt=
form sondern lief in ihre Spitze aus; doch macht sich da=
gegen die Vermuthung geltend, es habe auf dieser Pyra=
mide, wie auf ähnlichen Monumenten Oberegyptens, an=
fangs ein Koloß gesessen*. Auch war ihr ganzer Stu=
fenbau früher von einem geglätteten marmorartigen Stein
überkleidet. So hat die Cheopspyramide noch Herodot
gesehen, und die zweite, die nach Cephren benannte, trägt
noch heute an ihrer obersten Spitze die Reste eines solchen
glänzenden Ueberzugs.

Da stand ich denn auf dem Gipfel der größten Pyra=
mide und durchmaß mit meinem Auge einen weiten Um=
kreis von dieser merkwürdigen, wundervollen Egyptus.
Welch eine Aussicht hatt' ich nach allen Seiten. Im Nord=
osten lag die Kalifenstadt mit ihren alten Mamelucken=

---

* Schon Wansleb (im Jahre 1673) behauptete, man sähe
auf der Plattform noch die Höhlen in denen der Koloß befestigt ge=
wesen.

schlössern, mit ihren schlanken Minarets, mit ihren Pal=
menkronen; mit ihrer Citadelle die eben so prächtig ist als
mächtig. Sie lehnt sich an den Mokattam, der wie ein
Greis mit seinem weißen Scheitel darüberschaut. Nach
Osten wie nach Westen starrte mich an die grenzenlose
Wüste mit ihrer Nacktheit, mit ihrem blendenden Sande;
nur da und dort zogen sich Strecken kargen Gesträuchs
wie Wolkenschatten hin. Nach Norden ruhte das Auge
mit Erquickung aus auf dem glücklichen Nilthal, mit sei=
nem dunklen Grün, mit seiner Bäume Pracht, mit seinen
goldreichen Feldern. In seiner Mitte hat es den heiligen
Nil, den Alles ernährenden, den Spender des Lebens.
Wie ein Lieblingskind Gottes schlägt es sein dankbares
Auge zum Himmel auf. Eingeschlossen ringsum vom
starren Wüstensaume, liegt es da wie ein fröhliches Ge=
denkemein von einem fernen lieben Freunde. Im Süden
endlich ruhen die Ruinen von Memphis; sie schlummern
Todten gleich; die Wüste hat sie eingesargt. Daneben
trauert das Mumienfeld, ein wahres Schlachtfeld des
Todes. Aber noch ragen drüber empor, gleichwie starke
treue Brüder, gerüstet gegen jeglichen Trotz, die Pyrami=
den von Abusir, von Sakkara, von Daschur.

Wie Kinder der Schmerzen mögen sie selber geboren
worden sein, diese Pyramiden, geboren unter den Händen
eines bedrückten Volkes; seine Thränen hangen dran und
seine Seufzer. Aber ein adlerkühner Gedanke blitzte auf

in einer Menschenbruſt; er wollte unter den Wechſeln der
Schickſale ein ewiges Denkmal bauen. Da gewann das
Geſtein der Wildniß die herrliche Form; da thürmte ſich
aufs Gebirg, von Gott gebaut, ein zweites Gebirg. Wohl
ſtammt es von der Menſchen Hand, und iſt doch dem
menſchlichen Auge ein Wunder.

Was haben ſie geſehen, dieſe Pyramiden, im Laufe
der Jahrtauſende. In ihrem Umkreiſe ſchweben der großen
Pharaonen Geiſter; ſollten ſie auch ihre Leiber nicht bergen
in ihrem Innern. Sie haben Joſeph und ſeine Brüder
geſehen; ſie ſind Zeugen geworden vom Auszuge ins ge=
lobte Land und Zeugen vom Strafgerichte am verſtockten
Pharao. Die tiefe Weisheit Egyptens haben ſie geſehen,
ſeine Kunſt, ſein Glück, ſeine Macht; aber ſie ſahen auch
ſeine Sonne untergehen.

Herodot, der Vater der Geſchichte, ſaß zu ihren Füßen,
und Alexander der Welteroberer.

Kaum leuchtete die Fackel des Chriſtenthums über dieſe
Städte, über dieſe Wüſten: da fand es auch die auf=
opferungsvolle Begeiſterung der Eremiten, da fand es
auch die ſiegesfreudige Wiſſenſchaft der Alexandriniſchen
Väter.

Trotz dem wich bald das Kreuz des Erlöſers dem
Halbmonde des Propheten. Ein neues Memphis ſtand
auf; es prangte die Kalifenſtadt am Mokattam, dem Islam
ein heiliges Centrum.

Bald darauf kämpfte die Barbarei mit der Cultur.
Und endlich folgten aufs lange schöne Fest die Schauer
einer trüben Nacht.

Aber wieder ein Lichtstrahl schien eh' das letzte Jahrhun=
dert schied. Du haut de ces pyramides quarante siècles
vous contemplent, so rief Bonaparte seinem Heere zu; da
mußte es siegen. Folgte nicht der Unstern von Abukir, so
hatte vielleicht Egypten seine Wiedergeburt dem großen
Sohne der französischen Revolution zu danken.

So hab' ich mich recht in der Betrachtung der Gegen=
wart und der Vergangenheit ergangen, als ich auf dem
Gipfel der Pyramide stand. Noch heute freu' ich mich
daß ich den herrlichen Moment mit voller Seele genossen.
Was hilft's auch, klingt die Glocke den Festlaut, wenn das
Herz fehlt wo er wiederklingt.

Als ich herabstieg, hatt' ich wieder die hilfreiche Hand=
leistung meiner vier Beduinen. Ich fand das Hinabsteigen
nicht nur beschwerlicher als das Hinaufsteigen sondern
an manchen Stellen fast gar gefährlich. Glücklich auf
dem Grundfelsen angekommen, besuchte ich das Innere
der Pyramide. Bekanntlich führt dazu einer der unan=
genehmsten und schwierigsten Wege. Ich glaub' es dem
verehrten von Schubert * vollkommen, daß er lieber das
Aeußere der Pyramide drei Mal und eben so oft den tief=

---

* Vergl. seiner Reise 2. Band S. 200.

ſten Bergſchacht im Vaterlande habe beſteigen mögen, als
dieſen Weg noch einmal wiederholen.

Die beiden ſchrägen, engen, niederen Gänge, von denen
der eine hinabwärts der andere aufwärts führte, waren
mir, obſchon ſie keine andere als eine ſehr gezwungene
Haltung des Körpers zuließen, noch erträglicher als eine
Strecke Wegs, wo ich auf ſchmalen Mauervorſprüngen
zu beiden Seiten etwa die Hälfte des Fußes ſetzte und
auf dieſe Weiſe emporſtieg *.

---

* Schon der Pater Sicard (zu Anfang des 18. Jahrh.) hat von
den Wegen im Innern der Pyramide mit einiger Genauigkeit berichtet.
Ich nehme die nachſtehenden Angaben deſſelben aus Paulus Samm=
lung der merkwürdigſten Reiſen in den Orient 4. Th. S. 341. 342.

„Man geht durch einen Kanal hinein, der abhängig iſt und 85 Fuß
in der Länge und 3 Fuß 6 Zoll in der Breite hat. Bei dieſem Kanal
findet man einen anderen der aufwärts geht. Er iſt 96 Schuh lang und
3 Schuh 4 Zoll hoch und breit. Am Ausgang dieſes zweiten Kanals
iſt rechts ein eingetrockneter Brunnen. Er läuft bergab, und iſt am
Ende mit Sand verſchüttet. Von dieſem Brunnen läuft ein ebener
Gang, 113 Schuh lang und 3 Schuh im Quadrat breit, der mit einem
Zimmer endigt welches 18 Fuß in der Länge, 16 in der Breite hat, und
bis zum Anfange der nach Art eines Eſelsrücken gebrochenen Wölbung
21 Schuh hoch iſt. Gegenwärtig iſt in dieſem Zimmer weder Grab noch
Leichnam. Beides iſt ſchon vor mehreren Jahrhunderten weggenom=
men worden.“

„Man geht auf dem nämlichen Wege zurück bis auf die Höhe des
zweiten Kanals; von da ſteigt man über ein 136 Fuß langes Glacis,
auf jeder Seite iſt eine Bank, jede mit 28 Oeffnungen; das Glacis iſt
6 Schuh breit, und bis zum Grund der eſelsrückenförmigen Wölbung
24 Schuh hoch. Am hohen Ende des Glacis iſt ein ebner Platz, und
dem Boden deſſelben gleich läuft ein mit Granit bekleideter Kanal, 21

Nach sehr alten Nachrichten und zwar denen Makrizi's, Masubi's, auch Abballatif's, wurde diese Oeffnung in die Pyramide unter Mamun, Sohn des berühmten Harun al Raschid, bewerkstelligt, nachdem man denselben von dem Plane abgewendet hatte, eine der Pyramiden aus Neu= gierde zu zerstören. Doch ist Silvestre de Sacy aus gu= tem Grunde zu der Annahme geneigt gewesen, daß Ma= mun die Oeffnung schon vorfand und vielleicht nur weiter verfolgte.

Uebrigens war das Resultat wenig lohnend. Wir ge= langten wohl in eine weite Kammer, genannt die Kammer der Königin, die unsere vier Fackeln spärlich erleuchteten; auch sahen wir darin einen leeren Sarkophag; aber wir blieben ohne jeden großartigen Eindruck. Nur das Be= wußtsein hatten wir, im Herzen des angestaunten Welt= wunders zu sein. Die Beduinen wollten mich noch höher zu einer andern Kammer oder noch zu zwei anderen füh= ren; doch zog ich vor, den aufgestörten großen Fleder= mäusen das Terrain zu räumen.

Schuh lang, 3 Schuh 8 Zoll breit, und 3 Schuh 4 Zoll hoch. Von diesem Kanal geht man in den zum Begräbniß bestimmten Saal. Die= ser ist 32 Fuß lang, 16 breit und eben so hoch. Das Pflaster, die Decke und Mauern sind mit Granit bekleidet. Auf dem Boden, 4 Schuh 4 Zoll von der Mauer weg, steht der Sarg. Er ist von Granit, aus einem Stück gehauen und ohne Deckel. Er ist 7 Schuh lang, 3 Schuh breit, einen halben Schuh dick und 3 Schuh hoch. Wenn man darauf schlägt, klingt es wie eine Glocke.“

Deſſen darf man aber wohl gewiß ſein, daß das Innere dieſer ſo wie der anderen Pyramiden noch intereſſante
Geheimniſſe verbirgt. Wenn man auch immer die Beſtätigung finden wird daß ſie ihrer Hauptbeſtimmung
nach als königliche Gräber erbaut worden ſind, ſo wird
ſich dabei doch noch manche Beſonderheit des Baues und
auch die Rückſicht auf ſekundäre Zwecke ergeben. Den
großen Kanalbauten in der Tiefe, die ſchon Herodot und
Plinius angeben, wird man gewiß immer noch mehr Klarheit abgewinnen.

Die zwei anſehnlichſten Nachbarpyramiden, die des
Cephren oder des Senſuphis und die des Mykerinos oder
des Moſcheris, begnügt' ich mich beſcheiden von außen
und von unten zu genießen, wenn gleich einer der
Bebuinen ſehr bereitwillig war vor unſeren Augen die
zweite, gegen vierhundert Fuß hohe, die des Cephren, zu
erklettern.

An Material unterſcheiden ſich die beiden letzteren nicht
weſentlich von der erſten; denn ein Irrthum war's daß
man früher glaubte, die dritte Pyramide ſei aus dem
prächtigen ſchwarzröthlichen Granit erbaut woraus nur
ihre Ueberkleidung beſtand. Die Koſtbarkeit dieſer Ueberkleidung war ſehr verführeriſch; doch fällt ihre gewaltſame
Wegnahme erſt in die letzten Jahrhunderte; noch jetzt liegen Ueberbleibſel davon am Fuße der Pyramide, während
bei der zweiten ein Reſt des ehemaligen farbigen Marmor-

überzugs noch heute wohl erhalten herab vom Gipfel
schimmert. Uebrigens sind bekanntlich mehrere der anderen
Pyramiden Egyptens aus Back= und Ziegelsteinen erbaut,
und unter den kleineren von Daschur ist auch eine aus Zie=
geln derselben Art errichtet wie sie die Israeliten nach dem
ausdrücklichen Berichte der Bücher Mosis gefertigt haben.
Diese Ziegeln bestehen nämlich aus Erde oder vielmehr
aus Nilschlamm, der mit kleingehacktem Stroh zu festerem
Halt vermischt und an der Sonne gehärtet ist.

Die zwei ersteren Pyramiden, in geringer Entfernung
von einander und mit gleichen Seitenflächen dem Auge
entgegentretend, scheinen von gleicher Größe zu sein. Daher
konnten auch die arabischen Dichter, „in der Trunkenheit
ihrer Begeisterung," wie Abdallatif sehr richtig hinzusetzt,
beide „ein Zwillingspaar gewölbter Brüste" nennen, die
sich über dem Busen Egyptens erheben.

Bekanntlich ist man auch in das Innere der zweiten
Pyramide eingedrungen, und schon das erste neuere Un=
ternehmen der Art durch Belzoni 1816 war nicht ohne
Ausbeute. Der große von ihm in einem Zimmer aufge=
fundene Sarg enthielt Gebeine eines Apis. Er traf auch
eine Inschrift, welche einen früheren Besuch daselbst durch
einen Kalifen bezeugte.

Die dritte trägt auf einer ihrer vier Seiten Spuren
einer roh zerstörenden Hand an sich. Abdallatif war
Augenzeuge davon wie im Jahre 1196 der Kalif Osman

Ben Juffuf „auf thörichten Rath" mit außerordentlichen
Kräften die Zertrümmerung der Pyramide unternommen.
Er erzählt daß von dem Krachen der herabstürzenden Fel=
senstücke die Berge bebten und die Erde dröhnte. Dennoch
mußte es nach acht Monaten schwerer Kosten und un=
säglicher Arbeit beim mißlungenen schwachen Versuche
bleiben.

Unter den kleineren thurmhohen Pyramiden waren
mir die Trümmern derjenigen am interessantesten, die des
Cheops königliche Tochter vom Gelde ihrer Liebhaber er=
baut haben soll. Ich dachte dabei: Was läßt sich wohl
heutzutage mit solchen Liebesopfern bauen. Diese gewiß
vorsündfluthliche Galanterie setzt voraus vorsündfluthliche
Liebesnetze, auch dergleichen Liebespfeile. Welche Phan=
tasie mag ihre Bilder colossal genug davon schaffen. Im=
mer ist Herodots Nachricht ein schöner Beitrag zur ver=
lorenen Riesenchronik der Vorzeit.

Ob Herodot Recht hat die Königin der Pyramiden
dem Cheops zuzuschreiben, oder Manetho der sie dem
Pharao Suphis zuschreibt: darüber sind die Forscher noch
nicht einig, obschon man in einer neuerdings aufgefunde=
nen inneren Kammer den Namen des Letzteren in Hiero=
glyphen entziffert hat. Immer nimmt sichs vortrefflich
aus alle drei größeren Pyramiden, so wie es Herodot
thut, als Familienstücke zu betrachten, da Cephren des
Cheops Bruder und Mykerinos des Cheops Sohn gewesen.

Dazu tritt dann noch die zerstörte Liebhaberpyramide von
der Tochter des Cheops.

Eine gar interessante Nachricht danken wir Herodot
über die Baukosten der Cheopspyramide, die sich auf dem
platten Marmorüberzuge zu seiner Zeit noch aufgezeichnet
vorfanden. Darnach haben hunderttausend Menschen wäh=
rend eines Zeitraumes von dreißig Jahren die Pyramide
zur Ausführung gebracht und dabei für sechzehnhundert
Talente (etwa anderthalb Millionen Thaler) Zwiebeln,
Knoblauch und Rettig verzehrt.

Bis auf welches Alterthum die Erbauung derselben
zurückgeht, ob aufs dritte Jahrtausend vor Christus, ob
aufs vierte oder auf ein noch früheres: darüber werden
wohl baldigst Bunsen und Lepsius die giltigsten Auf=
schlüsse darbieten.

Auch die Hieroglyphen auf den Pyramiden, von denen
Abdallatif angibt, obschon wahrscheinlich nicht ohne orien=
talische Hyperbel, daß allein die der beiden größten zehn=
tausend Blätter füllen würden, während sie später so oft
übersehen worden sind, auch diese Hieroglyphen werden
gewiß durch den letztgenannten neuesten Forscher der ge=
lehrten Welt vollkommen vermittelt werden.

Wenn auch naiv doch natürlich genug war es, daß
fromme Pilgrime sehr frühzeitig in den Pyramiden die
Getraidekammern Josephs wiedererkannten. Gregor von
Tours im sechsten Jahrhundert erklärte sogar aus dieser

7*

Beſtimmung die Art des Baues. Er ſagt nämlich, ſie ſeien
oben ſo eng gebaut damit nur durch eine kleine Oeffnung der
Waizen hineingeworfen würde, während ſie unten Unermeß=
liches in ſich faßten. Dazu kam der frommen Anſchauung
noch die Wiſſenſchaft ſelber, wie es ſchien, zu Hilfe. Denn
das griechiſche Wort pyros, welches Waizen oder Getraide
bezeichnet, findet ſich in dem Namen der Pyramide wieder.

Noch einer Ueberraſchung muß ich gedenken die ich
nahe beim Eingange in die Cheopspyramide hatte. Dort
prangt nämlich in Farbenſchmuck die Hieroglypheninſchrift
woburch Lepſius mit ſeiner Expedition unlängſt den Ge=
burtstag des Königs Friedrich Wilhelm IV. gefeiert hat.
Das iſt ein ſinniger Ausdruck eines feſtlichen Gedankens.
Das deutſche Vaterland darf eben ſo ſtolz ſein als ſich
innig freuen, wenn die Erwartungen von den Reſultaten
der preußiſchen Expedition in Erfüllung gehen, wenn ſo=
mit das überraſchendſte und klarſte Licht über die geheim=
nißvolle Vorwelt am Nil aus der Liberalität eines deut=
ſchen Fürſten, aus dem Scharfſinne beharrlicher deutſcher
Forſcher gewonnen werden wird. Dann wird auch dieſe
Inſchrift von den ſpäteſten Jahrhunderten noch mit dank=
barem Auge geſehen werden.

Nachdem ich die Pyramide in einer Viertelſtunde um=
gangen hatte, ſtaunt' ich den ungeheueren Sphinx an, den
die Sandwüſte faſt gänzlich bis auf den Kopf in ihren
gierigen Rachen gefaßt hat. Dieſe geniale Schöpfung

schließt würdig die Gruppe dieser Bauwunder; nur darf
man ihr nicht zu nahe treten, weil dann die Verstümme=
lungen, besonders die fehlende Nase, stören. Es läßt sich
jetzt nicht mehr gut mit Abdallatif davon sagen: „Er
scheint zu lächeln und Einem freundlich zuzuwinken." Doch
begreift man trotz aller Verunstaltungen noch heute die
Bewunderung, die selbst Denon, jener competenteste der
Kritiker, dem Sphinx gezollt hat, und zwar besonders dem
graziösen, sanften Gesammtausdrucke des Kopfes, sowie der
lebensvollen Weichheit und Lieblichkeit des Mundes. Ab=
dallatif konnte gar wohl auf die Frage, was das Wun=
derbarste gewesen von allem, was er gesehen, immer die
Antwort geben: Abu 'lhâul's Gesicht*. Und auch Denon
sagt, daß zur Zeit einer solchen Schöpfung die Kunst auf
einer hohen Stufe der Vollendung gestanden haben müsse,
und daß man Unrecht gehabt habe immer nur den groß=
artigen Umfang dieses Monuments anzustaunen, da die
vollendete Ausführung desselben noch anstaunungswürdi=
ger sei.

Der Kopf dieses aus einem einzigen Felsen ausgehaue=
nen Riesen hat ungefähr zwanzig Fuß Länge. Nach Pli=
nius liegt in ihm der König Amasis begraben, während
er nach dem in den hieroglyphischen Zeichen daran gele=
senen Namen seinen Erbauer, den Pharao Thothmes IV.,

---

* So nennen die Araber diesen Sphinx. Abu 'lhâul heißt der
Staunenswerthe, eigentlich Vater des Staunens.

aus dem funfzehnten Jahrhundert vor Christus, abbildlich darstellen soll. Daß er in der That unterirdisch mit den Pyramiden in Verbindung gestanden und von den Prie= stern, die von dort aus in seinen Kopf gelangten, zu Ora= keln benutzt worden ist, werden künftige Untersuchungen noch klarer darthun.

Wohl würde man den Versuch der französischen Expe= dition, diesen großen Todten aus seinem Sandgrabe zu erlösen, längst erneuert haben, müßte man nicht fürch= ten daß die Wüste ihren Raub unerbittlich zurückfordern würde.

Ich hatte mir den Besuch der südlichen Pyramiden= gruppe sowie der Ruinen von Memphis für eine besondere Wanderung aufgehoben. Drum kehrte ich in gerader Rich= tung nach Cairo zurück. Mein Dragoman, der so oft bei den Pyramiden gewesen, führte mich auf dem Heim= wege in Unkunde des richtigen Weges durch ein hohes Waizenfeld; er entschuldigte sich damit daß fast alljähr= lich durch die Nilüberschwemmungen die Wege sich ver= änderten.

Aber den Abschied von den Beduinen, meinen Pyra= midenführern, hab' ich vergessen. Ich bezahlte ihrer fünf. Kaum waren sie von uns gegangen, so sahen wir wie sie sich zum Spiele zusammensetzten. Mein Dragoman sagte mir daß sie die Gewohnheit hätten so zu spielen daß die sämmtlichen Trinkgelder einem einzigen zufallen.

Bei guter Stunde des Nachmittags war ich wieder in
meiner Casa Pini. Am Tage darauf fühlte ich in den
untern Extremitäten eine außerordentliche Ermüdung. Ich
glaube daß nichts dazu mehr gewirkt hatte als die zuvor-
kommende Hilfeleistung meiner Beduinen, durch die ich
mich zu ganz unnöthiger Beschleunigung hatte verführen
lassen. Mein Dragoman, der langsamer und ohne Bei-
hilfe hinterdrein gegangen war, hatte keine ähnlichen Folgen davon.

Am Tage vor meiner Nilreise nach Terraneh hatt' ich
ein kleines Abenteuer. Ich wollte Herrn v. L. besuchen;
seine kleine ausgewachsene verschmitzte Schwägerin machte
sich den Scherz mich in Abwesenheit des Herrn v. L. zu
seiner Frau zu führen, die in ihrem Zimmer von acht orientalischen und zwar wohl lauter levantinischen Frauen
umringt saß. Herr v. L. hatte mir früher erzählt, daß er
selber nicht in das Zimmer seiner Frau treten dürfe wenn
diese den Harem eines Pascha oder eines anderen Großen
bei sich sieht. Ich war daher nicht wenig überrascht als
ich in diesen Kreis eintrat, und wurde es noch mehr
als bei meinem Eintritte diese Frauen sämmtlich vom
Divan, worauf sie mit untergeschlagenen Beinen saßen,
hastig herunter traten um mich stehend zu begrüßen.

Ich erfuhr später daß diese Artigkeit eine allgemeine Re=
gel ist. Ich nenne es Artigkeit; sie hängt aber mit der
großen Ehrerbietung zusammen, mit der nach Gesetz
und Gewohnheit die Frau dem Manne im Oriente be=
gegnet.

Unter diesen Frauen befanden sich mehrere gar hübsche
Gesichter. Durch die reiche Fülle ihrer Formen erinnerten
sie an die gepriesene Rebekka, deren bedeutungsvoller Name
nach dem Geschmacke der Orientalen noch heute einen vor=
züglichen Liebreiz bezeichnet. Meine Nachbarin verstand
ein wenig Italiänisch. Ich drückte ihr meine Verwunde=
rung aus daß mich die Damen unverschleiert empfingen.
Sie entgegnete, vor uns Franken hätten sie sich nicht zu
fürchten; uns hielten sie für gute Kinder. Ich wußte nicht
ob dies Compliment in der That schmeichelhaft war. Aber
sehen Sie, fuhr sie fort, Eine hat sich doch verschleiert; sie
ist aber auch die Häßlichste. Und sie hatte Recht.

Mit welchem Luxus waren diese Damen geschmückt.
Brillanten trugen sie alle; davon gefiel mir besonders ein
Halbmond der von einer schönen Stirne glänzte. Dieje=
nige die ihn trug beeilte sich ihn abzunehmen, damit ich
ihn aufs Genauste bewundern könnte.

So tragen also die Muhamedanerinnen ihren Halb=
mond wie die christlichen Frauen ihr Kreuz, wie ehedem
die Jüdinnen ihr goldnes Krönlein in der Form der Stadt
Jerusalem. Und so hat sich überall der eitle Frauenschmuck

zum Träger des bedeutungsvollsten religiösen Symbols
gemacht.

Keine Kleinigkeit waren die langen breitgeflochtenen
Zöpfe dieser Frauen. Tausend und noch mehr Goldstück=
chen hingen an einem jeden. Wenn der Seis, galant wie
es das Bedürfniß gebietet, um die Dame auf seinem Esel
den Arm legt, ists kein Wunder daß er begehrlich auf die
Kehrseite seiner Reiterin schielt. Einer von denselben
Frauen die ich hier auf ihrem Abschiedsbesuche bei Frau
v. L. sah wurde in der That beim Ritte nach Hause der
Zopf um einige Goldstückchen geschmälert. Dabei sind
diese Zöpfe nicht immer von falschen oder künstlichen Haa=
ren. Es ist bekannt daß die Orientalinnen die besonderste
Pflege auf ihre langen schönen Haare verwenden. Ich
berufe mich dafür zum Ueberflusse noch auf ein vollgiltiges
Zeugniß, auf das der Lady Montague, die, wie sie ver=
sichert, nirgends schönere Haarköpfe gesehen hat als im
Morgenlande. Ich habe, sagt sie ausdrücklich, bei einer
Dame hundert und zehn lange Locken gezählt, die alle
natürlich waren. Die Lady setzt noch hinzu daß über=
haupt alle Arten der Schönheit im Oriente allgemeiner
seien. Darüber möchten die Urtheile verschieden aus=
fallen.

Uebrigens sieht man aus diesem reichen Schmucke, in
den sich die Schönen und Unschönen des Orients kleiden,
daß das Elend worin sie schmachten wenigstens ein glän=

zendes ist. Denn als ein Elend möchten doch wohl die Frauen des emancipationslustigen Deutschlands das sociale Verhältniß der hiesigen Frauen charakterisiren — ich spreche jetzt besonders von den Haremsfrauen — bei ihrer gefängnißartigen Abgeschlossenheit vom öffentlichen Leben, von der geistigen Cultur, ja selbst vom Lichte der Sonne. Nichts aber mag eine reichere Quelle des Unglücks für dieselben sein als der Zwang, mit anderen Frauen den Besitz des Gatten zu theilen. Daher bietet auch die Frau Alles auf um keine Nebenbuhlerin zu erhalten. Stammt sie aus einer vornehmeren Familie als ihr Gatte, so bindet sie denselben durch die Furcht vor der Rache ihrer Angehörigen. Man darf übrigens nicht glauben, daß zwei oder mehrere Frauen eines Harems zusammen zu wohnen pflegen; so weit geht nicht leicht jemals die Eintracht. Selbst Leute der geringeren Classe suchen — wenn sie, was nicht eben immer der Fall ist, mehr als eine Frau haben — die Trennung der Gemächer zu ermöglichen.

Bei dem Allen besitzen die Frauen im Oriente vielleicht noch eine größere Gewalt über ihre Männer als die unsrigen. Man weiß wie fest der Orientale am Genusse hängt; wie er seine liebsten Stunden im häuslichen Heiligthume, diesem unantastbaren Asile, vertändelt und verträumt; wie er den Glanz seines Hauses in keinem Stücke mehr sucht als in der Herrlichkeit seines Harems und in dem Schmucke seiner Frauen. Auch haben die Frauen hier gewisse Rechte

an den Ehemann, die anderwärts wenigstens nicht auf
eine ähnliche offizielle Weise geltend gemacht werden. Jetzt
gerade besitzen die ehelichen Klägerinnen ihren Hauptan=
walt an der Tochter Mehemed Ali's, der Wittwe jenes
berüchtigten Defterdars, den ganz kürzlich als Gouverneur
vom Sennaar der eigne Schwiegervater vergiften ließ*.
Während der Muhamedaner bedenklich zweifelt, ob er auch
der Frau eine vernünftige Seele so gut wie sich selber zu=
schreiben soll, scheint er indessen um so mehr die Rechte
ihrer leiblichen Erscheinung hochzuachten. Daher kömmts

---

* Von diesem merkwürdigen Manne, Mohammed Bey, gewöhnlich
als Defterdar bezeichnet, hört' ich Vieles erzählen. Er hatte in Cairo
zur gewöhnlichen Gesellschaft in seinem Zimmer auf seinem Divan
einen Löwen und eine Tigerin, beide ohne alle Fessel. Er selber soll in
seiner Gesichtsbildung eine auffällige Aehnlichkeit mit einem Tiger ge=
habt haben. Auch seine Besuche empfing er in dieser unheimlichen Ge=
sellschaft, wobei es natürlich zu mehr als einem Abenteuer kam.
Seine herzlose Grausamkeit gegen eine seiner schwarzen Frauen,
die er als sie einen geringfügigen Auftrag vergessen hatte auf der Stelle
mit dem Pistol das er im Gürtel trug niederschoß, zog ihm einst einen
gefährlichen Aufstand seiner schwarzen Leibgarde zu. Sie wollten sich
seiner sogleich bemächtigen; er entsprang aber in ein Seitengemach,
von wo aus er hinein in den Garten um Hilfe schrie. Ibrahim Pascha
half ihm mit einem Bataillon Soldaten aus der Klemme. Nicht einer
der Garden ergab sich eher als bis er durchbohrt war. Ein Beispiel von seiner Rechtspflege muß ich erzählen. Eine Milch=
frau verklagte einen Soldaten, der es leugnete ein Glas Milch von ihr
getrunken zu haben. Der Defterdar fragte wann der Soldat die Milch
getrunken habe, und als er hörte: vor wenig Minuten, ließ er ihm auf
der Stelle den Leib aufschneiden. Die Milch fand sich; die Frau erhielt
ihre Bezahlung. Das heißt, ein Exempel statuiren.

wohl auch daß er bei Entlassung seines Harems, wie sie kürzlich Mehemed Ali vornahm, keineswegs verlangt daß sie unverheirathet bleiben. Ein Gegensatz zu unsern Sitten ists daß es für sehr ehrenvoll galt, eine Frau aus dem Harem Mehemed Ali's heimzuführen. Das war Ehrensache der Großen seines Hofes.

Uebrigens würde jeder Orientale der Frau von Staël dieselbe Antwort wie Napoleon gegeben haben, als sie ihn fragte welche Frau ihm die erste der Welt zu sein dünke. Napoleon nannte bekanntlich diejenige die am öftersten Mutter würde. Wie es im Morgenlande vor vier Jahrtausenden war, zur Zeit der häßlichen Lea und der schönen Rahel, so ists noch heute. Die schöne Rahel ohne „Erbauung," ist unglücklich und neidisch über die Mutter Lea, trotz ihres „blöden Gesichtes." Dazu erfreuen sich die orientalischen Mütter, und zwar am allermeisten die der Beduinen und der Fellahs, eines beneidenswerthen Privilegiums daran daß sie die an Eva ergangene fluchbeschwerte Verheißung an sich ohne Erfüllung zu lassen pflegen. Sie wissen daher auch nichts vom europäischen Wochenbette. Daß eine Frau mit dem neugebornen Kindlein im Arme der Karavane sich wieder anschließt, von der sie wenige Stunden vorher mit leerem Arme seitwärts trat: das ist nichts Außerordentliches. Morier erzählt von einer Arbeiterin im Weinberge, die das neugeborne Kind auf dem Rücken zur Bescherung nach Hause trug. Uebri-

gens wäre dem jetzigen entvölkerten Egypten nichts wün=
schenswerther als die Erneuerung jenes Talents wornach
Aristoteles von einer Egyptierin erzählte, daß sie vier
Mal fünf Kinder geboren.

Die koptischen Klöster der libyschen Wüste.

Am achtzehnten April des Nachmittags um Vier ritt ich mit meinem Ali nach Bulak; die österreichische Flagge wehte mir von einer großen Nilbarke entgegen, die bereits den Generalconsul und seine Familie sammt Dienerschaft aufgenommen hatte um sie nach Alexandrien überzusiedeln. Auch ich eilte auf die Barke um eine Strecke Wegs mitzumachen; ich wollte nach Terraneh und von Terraneh aus zu den koptischen Klöstern der libyschen Wüste.

Unsere Fahrt war angenehm; zwei Mal stiegen wir ans Ufer: da gab's die Turteltaube, den Wiedehopf und anderes Geflügel in Menge; wir schossen schnell eine reiche Ausbeute für unsere Küche. Am Zwanzigsten früh schied ich von der lieben Familie, nachdem der Generalconsul mich und mein Vorhaben noch aufs Nachdrücklichste dem Verwalter von Terraneh empfohlen hatte. Das herrschaftliche Gebäude von Terraneh gehört dem Italiäner Cibara, der das Monopol des Natron vom Vizekönig an sich gebracht hat. Es prangt am Saume dieses unansehnlichen Dorfes wie eine zauberhafte Schöpfung. Nachdem ich mich in den duftenden Gärten die es umgeben

genug ergangen hatte, badete ich im Nil; fand aber daß
man in seinem weichen Grunde leicht haften bleibt.
Des Nachmittags um Fünf trat ich mit einer starken
Caravane den Ritt nach der Niederlassung bei den Na=
tronseen, nach Castello Cibara an. Das war meine erste
Wüstenreise; das Ensemble war seltsam genug. Dreißig
Kamele, einige zwanzig Büffel, eine starke Bedeckung be=
waffneter Araber, größtentheils auf Eseln, dabei auch
mehrere Frauen und Kinder: so zogen wir aus. Ich sel=
ber war bewaffnet mit doppelter Brille, deren eine mit
ihren vier blauen Gläsern mein Auge gegen den gefähr=
lichen Widerstrahl der Sonne im Sande schützte, und hatte
den Kopf geschmückt mit großem Strohhute, von dem
herab ein grüner Schleier wehte: so mag ich wohl auch
selbst eine seltsame Figur in der seltsamen Gesellschaft ge=
spielt haben. Ueber den Kanal trug mich ein starker Ara=
ber auf seinen Schultern; auf dem weiten Stoppelfelde
daneben sammelte sich die Karavane. Die Sonne sank
als wir aufbrachen; sehr bald darauf ritten wir über die
unabsehliche in der Abendsonne bleichrothe Sandstrecke der
libyschen Wüste.
Die Nacht war wunderschön; die Sterne, so schien's
mir, leuchteten hier mit noch hellerem Lichte als im euro=
päischen Norden; die Temperatur war angenehm kühl.
Mein muthiger Esel, der vor allen seinen Genossen durch
seine stattlichere Haltung sowie durch sein prächtiges Zaum=

und Sattelwerk hervorglänzte, trug mich oft an den Kopf
der Karavane; aber meine besorgten Wächter ereilten mich
mit bittendem Vorwurfe; ich blieb dann in der vollen Ge=
sellschaft. Nur nahm ich mich vor der Begegnung mit
der Büffelheerde in Acht, die wiederholt in einen feurigen
Tact verfiel. Dagegen hielten sich die Kamele wie ehr=
bare Philister.

Bald nach Mitternacht gönnte sich die Karavane eine
kurze Rast, sie kam mir sehr erwünscht; denn die unge=
wohnte Strapaze hatte mich unbeschreiblich schläfrig ge=
macht. Da lagerten wir uns bei einer Strecke grünenden
Strauchwerks, woran unsere Thiere sich laben sollten,
während ihre Wächter' sich um ein Feuer zu einer Tasse
Kaffee gruppirten. Zwei Stunden mocht' ich, gehüllt in
meine wollene Decke, geschlummert haben, als ich zum
Aufbruche geweckt ward; nach einer Tasse Kaffee bestieg ich
mein wackeres Thier wieder.

Nachdem der Morgen gegraut, sahen wir in der Ferne
zu unserer Linken mitten in der Wüste ein hohes steiner=
nes Mauerwerk und noch weiter ein zweites: es waren
zwei von den koptischen Klöstern; bald blitzte uns auch
einer der Natronseen mit seinem dunklen Rothblau entge=
gen, eine Schaar Flamingos stieg aus seinem Schilfe auf;
zur Rechten zeigte sich das Castello Cibara; hinter dem
Allen aber zog das niedere libysche Gebirg einen hochröth=
lichen Saum. Früh um Neun waren wir am Ziele. Da

fand ich mitten in der Wüste einen gastlichen Raum. Ein
Italiäner, der als Pharmaceut die Bearbeitung des Na=
tron leitet, bewohnt das Herrnhaus oder vielmehr das
Castell, wovon man sich freilich keinen hohen Begriff ma=
chen darf; wir betrachteten uns, die zwei einzigen Euro=
päer unter diesen Söhnen der Wildniß, wie brüderliche Ver=
wandte. Dies Castell geht auf eine alte Construktion
zurück, genannt Kassr, und ist zum Theil aus Natron ge=
baut. Durch Cibara hat das Castell selbst wesentlich ge=
wonnen, und die Bauten um dasselbe danken ihm größten=
theils ihre Entstehung.

Des Nachmittags machten wir einen Ausflug zu den
Natronfeldern und Natronseen. Welch eine wunderbare
Erscheinung. Mitten in dieser nur selten von Gräsern
und Sträuchern unterbrochenen Sandwüste giebt es mehrere
lange Strecken wo das Natron wie krystallisirte Früchte
aus der Erde wächst. Man glaubt ein waldiges Feld voll
Moos, Kräuter und Sträucher von einem starken Reif
überfallen zu sehen. Denkt man sich diesen winterlichen
Anblick unter der egyptischen Sonnengluth, so wird man
begreifen wie seltsam er überrascht. Dieses Natron auf
der Sandfläche wird durch das Austreten der Natronseen
erzeugt. Da das Wasser bald mehr bald weniger Salz=
theile zurückläßt, so sind auch die genannten Bildungen
bald mehr blendend weiß bald mehr mit der Sandfarbe
vermischt. Die Natronseen selbst, ich glaube sechs an der

Zahl, in einem weiten Thale zwischen zwei Reihen niede=
rer Sandhügel gelegen, boten, namentlich die drei die wir
besuchten, durch ihr dunkles Blau und Roth einen schönen
Contrast mit dem bleichen Sande dar. Aus diesen wenig
tiefen Seen bricht man das Natron als eine starke Kry=
stallkruste in großen viereckigen Tafeln ab, die von Farbe
bald schmuzig weiß, bald fleischfarben, bald dunkelröthlich
sind. Die Fellahs stehen bei dieser Arbeit ganz nackt im
Wasser, mit eisernen Stangen versehen. Da sich das Ab=
gebrochene schnell wieder erzeugt, so ist dieser Reichthum
unerschöpflich. Auch wird allerdings von hier aus fast
ganz Europa mit Natron versorgt, was schon seit Jahr=
hunderten geschehen mag; wenigstens erzählt schon Sicard
zu Anfang des vorigen Jahrhunderts, daß damals alljähr=
lich sechs und dreißig tausend Centner Natron für den
Großherrn gebrochen wurden, die demselben sechs und
dreißig Beutel eintrugen.

An dem einen See lag die durch mehrere hundert Fel=
lahs in der letzten Woche gewonnene Ausbeute in großen
Schichten vor; mein Begleiter hatte Ursache mit der Lei=
stung des einen Dorfes unzufrieden zu sein. Der Scheik
des Dorfes stand vor uns. Er tabelte denselben scharf,
und um seinen Worten mehr Nachdruck zu geben, zog er
ihm seine Peitsche aus Elephantenhaut ein paar Mal
über den nackten Rücken. Der Scheik sprang so schnell
wie eine Gazelle in den See, und nahm die weiteren In=

ſtruktionen par distance auf. Aber mit einem ſo barba=
riſchen Lehrſyſteme glaubte es gegen dieſe Fellahs ſelbſt
dieſer Italiäner, der ſonſt von milden Sitten war, halten
zu müſſen.

Von den Seen werden die Natrontafeln, nach einer
bereits an den Ufern ſelbſt vorgenommenen Reinigung,
nach dem Caſtell gebracht, wo es durch verſchiedene Vor=
richtungen zu blendend weißem Pulver wird. In dieſer
Geſtalt geht es in großen Transporten nach Terraneh ab.
Merkwürdig iſt was mir mein Begleiter (Varſi iſt
ſein Name) von dem guten Waſſer dieſer Wüſtengegend
erzählte. Er hat an mehreren Stellen nur wenig in die
Tiefe graben laſſen und faſt überall Trinkwaſſer gefunden,
doch ſo daß es da und dort eine mineraliſche Eigenthüm=
lichkeit und zwar nach verſchiedenen Graden hatte. Da=
mals eben wollte er eine Sendung von ſechſerlei Waſſer
an Mehemed Ali machen; ich koſtete eins davon, das ein
herrliches Trinkwaſſer war. Dieſe Erſcheinung mag wohl
mit dem Umſtande zuſammenhängen daß der Nil früher einen
Abfluß durch die libyſche Wüſte genommen hatte. Oder
wenn dieſer Nilabfluß durch die Wüſte, worauf doch wohl
auch der arabiſchen Geographen ſogenannter Bahr bela
ma (Fluß ohne Waſſer) in dieſem Striche der Wüſte zu=
rückweiſt, nicht außer allem Zweifel ſtehen ſollte, ſo würde
er durch die genannte Erſcheinung eine Beſtätigung ge=
winnen.

8 *

In der kleinen Naturaliensammlung des Herrn Varsi
fiel mir besonders ein schöner Queber auf, wovon nach
Paris erst durch Leon de Laborde Exemplare gebracht
worden sind, während einige Jahre früher Ehrenberg und
Rüppell Exemplare davon nach Berlin und nach Frank=
furt vermittelt hatten. Derjenige, den ich hier sah traf
ziemlich genau mit der farbigen Darstellung in Leon de
Laborde's Reisewerk zusammen. Wahrscheinlich stammt
aber keins der Exemplare in Berlin, in Frankfurt, in
Paris, aus der Makariuswüste oder überhaupt aus der
libyschen Wüste. Laborde giebt an, er sei in der Halb=
insel des Sinai häufig. Arabische Schriftsteller setzten ihn
zwischen Katze und Wiesel; aber das Schwänzchen, das
ihm Bochart in seinem Hierozoikon nach denselben arabi=
schen Autoren geben wollte, das trägt er nur auf dem
Papier *.

Am zweiundzwanzigsten April in aller Frühe unter=
nahm ich von Castello aus meine Wanderung zu den

---

* So beschreibt ihn Laborde: Ces animaux, vifs dans leurs mou-
vements, cherchaient à mordre lorsqu'on les saisissait; leur poil
est brun-jaunâtre, pâlit et alonge chez les vieux; leur forme par la
vivacité des yeux, la tête près des épaules, la croupe rentrée et privée
de queue, se rapproche du cochon d'Inde. Leurs jambes sont
d'égale hauteur, mais la disposition de leurs pieds est particulière;
au lieu d'ongles ou de griffes ils ont trois doigts devant et quatre
derrière, et marchent comme les lapins sur la longueur de la jambe.
Siehe Voyage de l'Arabie pétrée etc. Paris 1830. Seite 47.

nachbarlichen koptischen Klöstern. Außer meinem Drago=
man und dem Sekretär des Castells, einem gebornen
Kopten, Namens Malem Saab, hatt' ich noch acht be=
waffnete Natronswächter mit mir. Eine so starke militäri=
sche Bedeckung hielt man der umherstreifenden Beduinen
halber für nöthig; doch sahen wir deren nirgends, und von
Vierfüßlern begegneten uns nur mehrere graziöse Gazellen
und ein Wildschwein mit seinen Jungen. Dagegen erzählt
Sicard, daß er alle Morgen im Sande auch Spuren von
Bären, Hyänen und Wölfen gesehen. Zu Anfang un=
serer Wanderung sahen wir mehrmals Flamingos, Enten
und andere Wasservögel aus den Seen aufsteigen; sie
waren aber schwer zu schießen.

Der genannten koptischen Klöster sind vier, in einer
Entfernung von wenig Stunden von einander. Kloster=
ruinen und mehr noch Klosterschutt sah ich in der ganzen
Umgegend in Menge. Man erzählte mir daß gegen drei=
hundert koptischer Klöster vor Zeiten in dieser Wüste ge=
standen haben, was Wahrscheinlichkeit durch die historische
Thatsache gewinnt, daß Kaiser Valens gegen das Ende
des vierten Jahrhunderts fünftausend Mönche aus diesem
Wüstenstriche zu Soldaten ausheben ließ. Dem Pater
Sicard erzählte sein Begleiter, der Superior des Maka=
riusklosters, daß man ehemals in dieser Wüste von Scete
und auf dem Gebirge von Nitrien eben so viele Klöster
zählte als Tage im Jahre. Und Ueberreste von funfzig

Klöstern will Sicard auf einer einzigen Strecke selbst un=
terschieden haben.

Von Außen sowie auch im Innern sehen diese Klöster
einander sehr ähnlich. Bald mehr in der Form des Qua=
drats bald mehr in der des Parallelograms liegen sie da,
von ziemlich hohen und gegen hundert Schritte langen
Mauern umschlossen. Aus der Mitte dieser Mauern
spitzen einige Palmen hervor; denn jedes Kloster hat in
seinem Umkreise einen kleinen Garten. Auch hat jedes
Kloster einen Thurm mit einem Glöcklein, der um ein
weniges über die Mauer emporsteigt. Der Eingang, eine
eisenfeste Pforte, ist so niedrig daß auch die Esel auf denen
wir ritten nur ohne Sattel hineinkriechen konnten. Dazu
liegt noch an jeder dieser Pforten ein großer wie ein Mühl=
stein zugerichteter Block Sandstein, um damit im Falle feind=
licher Angriffe den Eingang noch sicherer zu verwahren.

Innerhalb der Mauern sieht man nichts als altes
zum Theil verfallenes Gemäuer, worin die Wohnungen
der Mönche sind.

Der oben genannte Thurm ist immer durch eine in Ketten
hängende Zugbrücke in eine gewisse Isolirung vom Körper
des Klosters gebracht, um selbst noch gegen die ins Kloster
eingedrungenen Feinde ein Asil zu bieten. Uebrigens be=
herrscht der Thurm gerade den Eingang zum Kloster. Im
Thurme selber ist, außer einer Kapelle, einem Brunnen,
einer Mühle, einem Backofen und einer Vorrathskammer —

alles was ein längerer Abschluß im Thurme gegen den Feind erheischt — auch die Kammer der Bibliothek.

Die Kirchen oder Kapellen, deren jedes' drei und noch mehr hat, sind wohl ansehnlicher als die Zellen, doch bleibt auch ihnen der Charakter einer ärmlichen Einfachheit. Hie und da blickt aus dem Mauerwerk bei Zellen= und Kapelleneingängen, ein Stück Marmorsäule, ein Stück Fries oder dergleichen hervor. So hat man aus Trüm= mern vergangener Pracht und Größe die dürftige Gegen= wart erbaut.

Zum ersten Kloster das wir besuchten machten wir etwa acht Stunden Wegs. Wir wurden sehr freundlich empfangen, da mein Kopte recht wohl von den Brüdern gekannt war. Salam oder Salamalek wechselten wir ge= gen einander aus, indem wir dabei die Hand auf Brust und Stirne führten. Dies Kloster trägt vorzugsweise den Namen des heiligen Makarius. Ich sage vorzugsweise, weil dieser ganze Wüstenstrich die Makariuswüste und alle vier Klöster die des Abu Makar genannt werden. Der Brüder trafen wir funfzehn; während einst Sicard nur zwei Mönche und zwei weltliche Diakonen vorfand. Ihre Gesichter waren alle bleich, mehrere krankhaft gelblich. An den Augen litten die meisten; der Vorsteher war gänzlich blind. Die Zellen sind finstere, fast wie in Stein gehauene Kammern und Kämmerchen zur ebenen Erde, ohne Fen= ster; nur durch die Thüre fällt das Licht hinein.

Eine dieser Zellen war mein Gastzimmer. Nachdem es finster geworden, hatt' ich in einem Winkel ein Lämpchen brennen. Ich saß zu ebner Erde; zu meiner Rechten saß mein koptischer Sekretär mit weißem Turban, in seinem seidenen Gürtel ein Paar Pistolen und sein Schreibzeug, Krieg und Frieden; zu meiner Linken saß mein kleinäugiger Dragoman gehüllt in sein langes weißes Hemd, bedeckt mit dem rothen Tarbusch. An beide schlossen sich an zum Kranze sechs koptische Klosterbrüder in ihren dunklen Gewändern nebst dunklem Turban, langen Bärten, leibenden Zügen. Unsere Pfeifen gingen von Hand zu Hand.

Die Klosterkost ist mehr als mager. Fleisch ißt man an sehr wenigen Tagen des Jahres; den größten Theil des Jahres genießt man nichts als Brod, getaucht in eine Brühe von sehr üblem Geschmack, Linsen, Zwiebeln und Leinöl. Außerdem trinkt man Kaffee und raucht die Pfeife. Ich hatte sehr wohl gethan mich mit einigen Hühnern, mit Reiß und einiger Beikost auf diesem Ausfluge zu versehen.

Schon vor Sonnenaufgang erklang das Glöcklein das zur Messe läutete. Sie dauerte über drei Stunden. Die Vorlesungen aus den biblischen Lectionen waren theils koptisch theils arabisch. Was gesungen wurde, kam mir sehr mißtönend vor. Das Kyrie eleison und das Hallelujah wiederholten sich öfters. Die Andacht fand ich äußerst mangelhaft. Man sprach dem Vortragenden mitten im

Acte ins Ohr und empfing auch seine Entgegnung. Der
eine fing ein falsches Stück an, der andere verbesserte ihn:
in Heiterkeit nahm man das Rechte vor.

Der mich begleitende Kopte hingegen war voll Ernst
und Ehrerbietung. Er fiel vor allen Heiligenbildern,
nachdem er gelesen oder erkannt wer es war, nicht blos
aufs Knie sondern so zur Erde daß er mit der Stirne den
Boden berührte. Beim Eintritt in die Kirche übte er dieselbe Ceremonie. Während des Gottesdienstes selbst blieb
er in der angemessensten Haltung; auch las er selbst Etwas vor.

Sehr eigenthümlich war mir die Eucharistie. Statt
des Weines bediente man sich eines dicken Traubensaftes,
den ich anfangs für Oel gehalten. Der fungirende Priester nahm denselben erst mit dem Löffel aus einem gläsernen Kelche, genoß ihn theils selbst theils gab er davon
dem ihm gegenüberstehenden Diakonus; dann strich er
mit den bloßen Fingern das Gebliebene heraus und leckte
es ab, goß demohngeachtet noch Wasser in den Kelch und
aus dem Kelche in den gläsernen Kelchuntersatz; drauf
trank er's mit dem Diakonus aus. Endlich berührte er
mit seinen vom letzten Reste gefeuchteten Händen alle
übrigen Brüder an Stirn und Wangen. An dieser letzten
Ceremonie nahm ich selbst Theil.

Ich stand nämlich bei der ganzen Feier mit den Mönchen außerhalb des Heiligthums, Heikal genannt, innen

am Gitter des Hauptkirchenraums, gestützt wie alle zu
meinen Seiten auf einen hölzernen Stab mit einem gleich
starken, ungekrümmten Handgriffe. Man nennt diesen
Stab den Makariusstab; ich sah auch immer den heiligen
Makarius mit diesem Stabe bildlich dargestellt.

Was mich an der ganzen Meßfeier, wo das Räuchern,
namentlich das vor den einzelnen Heiligenbildern, das
Handküssen beim fungirenden Priester, das Handauflegen
und das Circuliren mit dem Madonnenbilde vorherrschend
ist, hätte erbauen können, das ist schwer zu sagen. Manche
Hergänge sahen altegyptisch aus; einen düstern Anstrich
hatte das Ganze, wozu die Räumlichkeit selber das Ihrige
that. Nur Eine Anschauung hatte etwas Ergreifendes
für mich. Jener erblindete Klosterälteste mit seinem nar-
benvollen aber würdigen Gesicht, seinem langen weißen
Barte, das Haupt bedeckt mit blauschwarzem Turban, gehüllt in eine Kutte von derselben Farbe, barfuß sowie alle
andern: dieser Greis wandelte, indem er seine Metall-
schellen von einem melancholisch grellen Tone zusammen-
schlug und ein jauchzendes Hallelujah sang, drei Mal um
den Altar herum. Er sah aus wie ein Todter, gestiegen
aus der Gruft, der noch träumte von den dunklen Bildern
die er gesehen im heiligen Jenseits.

In der Anlage der Kirche fielen mir zwei Besonder-
heiten auf. Die eine ist der Ofen hinter der Sakristei,
bestimmt zu den gesäuerten und bei jeder Messe frischen

Abendmahlsbroden. Diese Brode sind rund wie ein klei=
ner Kuchen, gerade so groß wie eine hohle Hand, nicht
allzu weiß, oben mit vielen Kreuzen bedruckt. Eins
davon wird auf dem Altare selbst genossen, die andern
werden nach der Messe unter die Brüder vertheilt; auch
ich erhielt das meinige. Die andere Besonderheit ist ein
viereckiges steinernes Bassin im Vordergrund der Kirche,
das zu einer eigenthümlichen heiligen Badeceremonie be=
stimmt ist.

Unter den bildlichen Darstellungen in allen vier Klö=
stern waren die hauptsächlichsten die vom heil. Makarius
und vom heil. Georg. In dem dritten, demjenigen das
den Namen der Syrer oder der Jungfrau der Syrer trägt,
ist der heilige Ephräm in hohen Ehren. - Auch wurde mir
ein Tamarindenbaum gezeigt der aus dem Stabe Ephräms,
als er denselben beim Eingang in die Kapelle außen ins
Erdreich hineingesteckt hatte, wunderbar erwachsen sein
soll*. Im zweiten war der heilige Ambeschun als Patron
dargestellt. Im vierten war außer dem heiligen Georg
auch der heilige Theodor zu Pferd mit dem erlegten Dra=
chen unter sich. Des Klosters Name ist el Baramus**.

* Vergleiche unten Seite 131.
** Russegger erwähnt bei seiner Reise zu den Natronseen nur
zwei dieser Klöster, und nennt das eine Labiat, das andere U=Serian;
während Andreossy in seinen Mém. sur l'Égypte das eine el Bara=
mus, das andere Amba=Bischay nennt. Andreossy's Angabe folgt auch
Ritter in seiner Erdkunde. Dieses Amba=Bischay fällt offenbar mit

Doch ich muß auch davon reden was mein Hauptziel bei diesen Klosterwanderungen war, von den Bibliotheken. Wo die Bibliothek in jedem der Klöster befindlich ist, hab' ich bereits angegeben, nämlich in einer Thurmkammer zu der man durch die Kettenbrücke gelangt. Wohl kein Raum im Kloster ist vor dem Besuche der Klosterbrüder sicherer als dieser. Hier erblickt man, ich rede besonders vom ersten Kloster, die Manuscripte unter und über einander: auf dem Boden sowie in großen Körben liegen unter Staub= massen unzählige Fragmente von alten zerrissenen und verstörten Manuscripten. Nirgends sah ich etwas Griechi= sches: alles ist koptisch und arabisch; im dritten Kloster sah ich auch einiges Syrische; auch ein paar Blätter Ae= thiopisches fand ich. Bei weitem die meisten dieser Ma= nuscripte enthalten Liturgisches, viele Biblisches. Aus dem vierten der Klöster haben Engländer ganz neuerdings eine überaus wichtige Erwerbung von mehreren hundert Manu= scripten fürs brittische Museum gemacht, und zwar mit sehr

---

Ambeschun zusammen, sowie auch das weiter unten, Seite 131, ange= geführte Amba Bischoi. Sicard dagegen gibt genaue Nachricht von denselben vier Klöstern die ich besuchte. Das zweite Kloster nennt er Amba Bischoi (da er französisch schrieb, schrieb er Bichoi; sowie An= dreossy Bichay) oder das des heil. Abisay. Vom vierten, Elbara= mus, gibt er an daß es nach den beiden Schülern des Abts Mose des Aethiopiers, Maximus und Timotheus, seinen Namen erhalten habe. Elbaramus oder Piromaus sei nämlich ein verdorbenes Wort für el Romaus, was Griechen bedeute. Siehe Paulus Sammlung Theil V. Seite 15 ff.

beſcheidenem Aufwande. So Bedeutendes enthalten aller=
dings die noch übrigen Klöſter nicht; doch der Mühe Loh=
nendes gewiß noch vieles. Die Mönche ſelbſt verſtehen
davon äußerſt wenig. Des Koptiſchen iſt wohl kein ein=
ziger unter ihnen mächtig; ſie leſen nur mechaniſch was
in ihren Kirchenlektionen ſteht. Das Arabiſche älterer
Manuſcripte leſen nur wenige. Ueberhaupt iſt es ſchwer
zu ſagen, was dieſe Mönche noch außer ihrem kirchlichen
Gebrauche wiſſen. Deſſenungeachtet iſt es bei ihrem Miß=
trauen ſehr ſchwer, dieſelben, troß der ſie umgebenden
Aermlichkeit, zur Veräußerung der Manuſcripte zu bewe=
gen. Wohl mag dabei das Verbot ihres Patriarchen
imponiren. Einen ſehr glücklichen Fund that ich meines
Theils an einer Menge im Staub vergrabener und ſchon
halbzerſtörter koptiſcher Pergamentblätter, wohl größten=
theils aus dem ſiebenten und ſechſten Jahrhunderte. Dieſe
gönnte man mir ohne Widerſpruch; nur büßte ich für den
in drückender Hiße aufgewühlten Staub mit mehrtägigen
Halsbeſchwerden.

Im zweiten Kloſter ſind nur noch vier Brüder. Der
Kloſterälteſte war ein Greis von hundert und zwanzig
Jahren. Erblindet iſt er ſeit längerer Zeit; in ſeiner engen
dunklen Kammer hält er ſich an einen Querbalken, und
ſingt oder betet laut Tag und Nacht; nur eine Stunde
ſchläft er. Dieſer Lebensabend hat einen ſchönen Zug.
So tief hängt alſo dieſem Greiſe, der vier Menſchenalter

gesehen, ins enge Thal der Erde herein der Himmel mit seinen heiligen Ampeln daß sein von der Welt schon geschiedenes Auge nur noch Gott sieht, daß seine Lippe nur noch betet. Ich besuchte ihn sogleich in seiner Kammer als mich das ununterbrochene laute Gebet aufmerksam gemacht hatte. Als ich Abschied vom Kloster nahm, kam er an seinem Stabe heraus; er sprach mit vollem Verstande, wie's mir schien. Die Segensworte von diesen greisen Lippen haben mich herzlich ergriffen.

Im dritten Kloster, genannt das der Syrer oder der Jungfrau der Syrer, sind über vierzig Brüder. Das ist von allen das schmuckeste und reichste. Deshalb dankte man auch am wenigsten für das nach meinem Bedünken doch gute Geschenk, das ich nach der Sitte beim Abschiede zurückließ. Meine starke Bedeckung, zu der hier noch drei andere Ritter zu Esel gestoßen waren, die mich von der Klostermauer herab mit Freudenschüssen empfingen, hatte allzu hohe Erwartungen erregt. Dazu ist man an die Besuche und an das Gold der Engländer gewöhnt.

Eine Madonna in der Grottenkapelle dieses Klosters gilt für das Produkt des Evangelisten Lucas. Sie ist, sowie ich deren mehrere in Egypten sah, von dunkelbraunem Teint. Mit demselben Rechte wird man sie wohl im Lande der Mohren zu einer Mohrin machen. Wenn, wie es allerdings den Schein hat, nach diesem Bilde dem Kloster seine besondere Benennung nach der Jungfrau gegeben worden

ift, so muß es allerdings von einem alten Künftler ftam=
men. Keinem meiner Araber wurde erlaubt den Fuß in
diefe Grotte zu fetzen. Confultirt wurd' ich in diefem Klofter für alle mög=
lichen Leibesnöthe, deren manche ichon mehrere Jahre alt
waren. Es that mir leid daß ich nicht wenigftens meine
kleine Apothefe bei mir hatte. So gab ich nur homöopa=
thiiche Rathiichläge und adreffirte fürs Weitere an meinen
Freund im Caftello.

Im vierten Klofter,' el Baramus genannt, traf ich
zwanzig Mönche. Hier waren die Zellen am ichwärzeften
und am engften. Der Aeltefte hatte einen fonderlichen
Gebrauch. So oft nämlich unfere Unterhaltung — er
faß neben mir in der Zelle — eine kleine Paufe machte,
fo fervirte er als Einschiebegericht ichnell wieder jene erfte
Begrüßungsformel: Salam, Salam, mit dem Handcere=
moniel.

Wornach ich überall umfonft fragte, das waren ichrift=
liche Nachrichten über die Geichichte des Klofters. Davon
kannte man kein Blatt. So lebt man forglos in den Tag
hinein. Was ift auch für eine folche Exiftenz Vergangen=
heit und Zukunft. Freilich will jedes diefer Klöfter, fragt
man wie alt es ift, feinen Urfprung anderthalb taufend
Jahre zurückreichen laffen. Das möchte wohl mehr von
denjenigen gelten auf deren Trümmern fie erbaut find; die ge=
genwärtigen Conftruktionen find meines Erachtens jünger.

Von Augenkranken ward ich in allen Klöstern um
Rath und Hilfe angesprochen; mehrere gingen sicher der
Erblindung entgegen. Gibt es irgend eine Lebensweise
die geradezu zur Erblindung führt, so ist es gewiß die
dieser Mönche. Ihre Klöster liegen mitten im blendenden
Sande unter der augenfeindlichen egyptischen Sonne.
Ihre Zellen sind dunkle Kammern, des Abends nur von
einem Kerzchen oder Lämpchen erleuchtet. Die Kost des
Leinöls, die sie täglich haben, soll an sich schon Augenübel
erzeugen. Tabak rauchen sie fast sämmtlich und in reich=
lichem Maße. In den düsteren Kapellen endlich, mit stets
brennenden Lampen und Lichtern und dem unaufhörlich
dampfenden Räucherwerk, bringen sie den größten Theil
des Tages und der Nacht zu.

So ist der ganze Zustand dieser koptischen Klosterbrü=
der eine gewiß widernatürliche und unbiblische Pönitenz.
Da schleicht der Geist des Christenthums umher wie ein
düsterer Dämon; mit Gift versetzt er den Freudetrank des
Lebens. Der Weg den er zum Jenseits zeigt ist ein son=
nenloser Schacht; da stirbt sichs mit Leib und Seele jede
Stunde näher und näher der letzten Sterbestunde. Und
doch spannt sich der Himmel über unsern Häuptern aus
mit seinem heiteren Blau. Wie manche Freudenthräne
vergossen fromme Augen die sich erhoben zu ihm, versenkt
in ein heiliges Anschaun. Fragst du wo der Weg ist der
dahin führt? Hast du keine andere Stimme die zu dir

sprechen mag, so frage die Lerche wie sie schwirrt durch die Lüfte, jubelnd ihren Gottespreis.

In der Nacht vom Fünfundzwanzigsten auf den Sechs=
undzwanzigsten ritt ich unter trefflicher Bedeckung von Ca=
stello zurück nach Terraneh. Der liebreichen Aufnahme in
der Wüste bewahr' ich ein dankinniges Gedächtniß. Am
Sechsundzwanzigsten des Nachmittags fuhr eine von etwa
dreißig Frauen und Kindern besetzte Barke nach Cairo vor
Terraneh vorbei. Ich bestieg mit meinem Dragoman die
noch frei gebliebene Cajüte. Diese Gesellschaft war ergötzlich
genug. Am Siebenundzwanzigsten schon eilten wir wieder
durch die Thore von Cairo. Ich sehe seitdem jedem mir begeg=
nenden Kopten doppelt scharf ins Auge. Wenige von den
hiesigen sehen so krank und so ärmlich aus wie die Kloster=
brüder der libyschen Wüste, wohl aber eben so versteckt und
mißtrauisch. Es mögen deren in der Hauptstadt gegen zehn=
tausend und in ganz Egypten vielleicht hundertfunfzigtau=
send leben. Man ist geneigt sie für die eigentlichen Ab=
kömmlinge der alten Egyptier zu halten. Ihr christlicher
Lehrbegriff hat seine größte Besonderheit darin daß sie
Anhänger der Lehre des Eutyches und Dioskurus sind,
die man gewöhnlich mit dem Namen der Jacobiten oder
Monophysiten belegt. So lautet ihr Glaubensbekenntniß
das sie vor der Communion ablegen, wie es nämlich aus
Egypten der Jesuit du Bernat an den Jesuiten Fleuriau
berichtet hat:

I. 9

„Ich glaube, ich glaube, ich glaube, und bekenne bis auf meinen letzten Augenblick, daß dies der lebendige Leib ist welchen dein einziger Sohn, du, unser Herr und unser Gott, unser Erlöser Jesus Christus, von unserer lieben Frau, der reinen und unbefleckten Mutter Gottes empfangen hat. Er hat ihn mit seiner Göttlichkeit ohne Vermischung und ohne Veränderung vereinigt. Er bekannte großmüthig vor Pontius Pilatus, und gab ihn freiwillig für uns an den heiligen Baum des Kreuzes. Ich glaube daß die Gottheit sich keinen Augenblick von der Menschheit getrennt hat. Er gibt sich zum Heil der Welt, zur Vergebung der Sünden und zum ewigen Leben für den der ihn empfängt. Ich glaube dies wahrhaftig. Amen."*

Sie stehen unter ihrem eigenen in Cairo residirenden Patriarchen. Was ich in kirchlich socialer Beziehung bei ihnen hervorheben hörte, ist die überaus große Leichtigkeit mit der sie das Eheband lösen. Ihre Uebung der Beschneidung ist wohl mehr eine Eigenthümlichkeit in ihrer Auffassung des historischen Eintritts des Heilands in die Welt als eine gezwungene Accommodation an die muhamedanischen Herren ihrer Heimath. Doch kann ihnen diese Sitte wohl auch von ihren alten Vorfahren überkommen sein**.

---

* S. Paulus Sammlung 4. Theil S. 276. 277.
** Siehe unten Seite 150.

Anhangsweise theil' ich noch mit, daß Johann Mi=
chael Wandsleb aus Erfurt auf seiner Reise nach
Egypten im Jahre 1663 auch einen Ausflug zu den kop=
tischen Klöstern der libyschen Wüste unternahm, obschon
es ihm nicht gelang, durch die ihn umlagernden Gefahren
zum Ziele zu bringen. Paulus theilt in seiner „Samm=
lung der merkwürdigsten Reisen in den Orient" Wands=
leb's Reisebeschreibung mit *. Darin berichtet der Reisende
von diesen Klöstern unter Anderem Folgendes:

„Aus einem alten arabischen Manuscript sah ich, daß
ehemals sieben berühmte Klöster in der Wüste existirt hät=
ten: 1. Das Kloster zum heiligen Macarius. 2. Das
zum heiligen Johann dem Kleinen. 3. Amba Bischoi.
4. Zum heiligen Maximus und Timotheus. 5. Amba
Moyse mit dem Beinamen der Schwarze. 6. Amba Kema
und 7. das zur heiligen Jungfrau der Syrer. Außer
diesen sieben Klöstern sollen sich noch dreihundert Häuser
für Eremiten da gefunden haben. Von allen diesen Klö=
stern aber kann man nur noch zwei als beträchtlich anfüh=
ren; nämlich das Kloster der Syrer und das zum Amba
Bischoi."

„In dem Kloster der Syrer sieht man einen Baum
der aus dem Stabe des heiligen Ephraim wunderbarlich
gewachsen ist. Dieser Heilige hatte ihn, als er einen Geist=

* Siehe Theil III. Seite 255. 256.

lichen daselbst besuchte, vor der Thüre stehen lassen; im Augenblick schlug er Wurzel, und Blätter und Blüthen sproßten hervor. Man sagt daß man in ganz Egypten diese Baumart nicht finde."

„Zwischen den Klöstern zum heil. Macarius und Amba Bischoi, und von da noch weiter vorwärts in die Wüste hinein ist eine lange Reihe kleiner Erdhügel, die immer um einen Schritt von einander entfernt liegen und einen Weg bezeichnen. Diese, sagen die Geistlichen, hätten die Engel gemacht, damit die Eremiten des Sonntags wenn sie die Messe hören wollten, den Weg zur Kirche finden könnten, da sie wahrscheinlich sich oft verirrt hätten. Deswegen nenne man diesen Weg noch bis auf diesen Tag den Engelsweg."*

* Auch Sicard erzählt a. a. O. von diesem „Engelswege."

Memphis und Heliopolis.

Memphis und Heliopolis: zwei Namen die wie Schatten riesiger Gebirge aus der Vergangenheit zu uns herüberschauen. Viel mehr als ihre Namen ist uns nicht geblieben von beiden Sitzen der egyptischen Pracht und Kunst, der egyptischen Gottesfurcht und Weisheit. Wenige ihres Gleichen mag der Erdkreis getragen haben; jetzt sind sie zu einem Trauerliede von der Hinfälligkeit alles Irdischen geworden.

War es nicht die wahre Königin unter den Städten der Erde, unter den vergangenen und unter den zukünftigen, dieses Memphis, das die Pyramiden seine Kinder nannte? Schon um Jahrtausende haben die Mutter überlebt die Kinder, die wie unbesiegbare Helden aus den Schlachten aller Zeiten hervorgegangen sind. Sie hüten getreu das Grab deren die sie geboren und gepflegt; sie erzählen, wenn auch in dunklen Zungen, den wandelnden Geschlechtern von ihren Werken, von ihren Schicksalen. Kehrte Abraham zurück aus der Gruft, der würde mit den Pyramiden von den Wundern zeugen können die einst hier sein leibliches Auge gesehen.

Auf dem großen Sandfelde formloser Ruinen, wo ehedem Memphis drei und drei Viertel geographische Meilen * mit seinem Umfange einnahm, stehen jetzt neben einem Akazienwäldchen ein paar dürftige Hütten, die den Namen Mitrahenny tragen. Sie bilden mit der Erinnerung an die von demselben Boden geschwundene Größe und Herrlichkeit einen bitteren Contrast, dessen Eindrucke man sich umsonst zu entziehen sucht. Um den Contrast noch lebendiger zu machen, liegt nahe bei dem Dörflein, gleichwie ein gestrandeter Wallfisch, einer von jenen Kolossen die den winzigen Menschen zum fabelhaften Riesen umschaffen. Er ist vierzig Fuß lang. Man zählt ihn mit großer Wahrscheinlichkeit zu den sechs Kolossen in denen einst Pharao Rameses II. sich, seine Gemahlin und seine vier Söhne vor dem Tempel des Phtha darstellen ließ. Demnach mocht' ich hier auf dem Schutthaufen jenes berühmten Tempelbauwerks stehen, das dem Phtha, dem ewigen im Urfeuer wohnenden weltschöpferischen Geiste, Egyptens mystischer Glaube errichtet hatte. Hier auch war's also wo der schwarze Stier, mit seinem weißen Stempel auf der Stirn, unter den prachtvollen Säulenhallen, den Propyläen, seinen Umgang hielt, vor den Augen der schweigend harrenden Menge.

Freilich reicht selbst die Zerstörung von Memphis ins

* Nach Diodor von Sizilien.

hohe Alterthum hinauf, und schon Strabo erzählt, wie er hier unter den Prachtwerken der Baukunst den Tempel des Serapis nebst seinen Sphinren zerstört und unter dem Sande begraben gefunden; aber noch im dreizehnten Jahrhundert war Abd-allatif von großen Eindrücken überwältigt, als er unter ihren Ruinen, eine halbe Tagereise weit, umherwandelte. „Die beredteste Zunge," schreibt er, „möchte umsonst diese anstaunungswürdigen Ruinen zu schildern versuchen. Je mehr man sie betrachtet, um so höher steigt die Bewunderung. Jeder Blick versetzt in neues Entzücken."

Abd-allatif sah noch jenes sogenannte grüne Haus, neun Ellen hoch, acht Ellen lang, sieben Ellen breit, ein einziger Granitstein, bedeckt mit mysteriösen Schriftzügen und mit den eben so mysteriösen Bildern von der Sonne und den Gestirnen, von Menschen und Thieren. Und dies „wunderbare" Haus war das in der Vereinsamung erhaltene Herz eines mächtigen Tempels, vielleicht eben jenes Tempels der dem Phtha geweiht gewesen.

Abd-allatif fand ferner die Idole noch in großer Menge vorhanden. Er beschreibt eins derselben, gearbeitet aus einem einzigen Stein, überzogen mit rothem Firniß; über dreißig Ellen hoch. Auch zwei gegen einander aufgerichtete koloffale Löwen hielten sein Auge gefesselt.

Was er, der Arzt, am meisten an allen diesen riesenhaften Schöpfungen bewunderte, das war die Richtigkeit

aller Leibesproportionen, beurtheilt nach den kleinen Mu=
ſtern die die lebendige Natur an die Hand gibt.

Hat man ſich nun auch ſeit der Zeit Abd=allatifs an
den Ruinen von Memphis namentlich deshalb vielfach
vergriffen weil man ſie als Material zu neuen Bauten in
Cairo verwendete, wozu der an Memphitiſchen Monu=
menten vorzugsweiſe benutzte herrliche Granit von Syene
ganz beſonders einlud: ſo bleibt es mir doch wahrſchein=
lich, daß der tiefe Wüſtenſand auf dem ehemaligen Stadt=
gebiete gar Manches in ſich verſchlungen hält, das noch
heute, tritt's nur wieder durch hilfreiche Menſchenhand
ans Licht der Sonne, die europäiſchen Forſcher mit Stau=
nen und Bewunderung erfüllen wird.

Als ich weiter im Akazienwalde nach Saffara fortging,
konnte ich der Begierde nicht widerſtehen mehrere der hohen
Schutthaufen zu beſteigen und das Auge durch den ganzen
Bezirk der nahen Pyramiden ſchweifen zu laſſen. Neun=
zehn größere, mit Einrechnung der drei von Gizeh, waren
es die ſich vor meinen Blicken gruppirten. Da drängte
ſich mir noch heute der Gedanke auf, daß hier vor Zeiten
ein Geſchlecht gewaltet haben möchte zu dem das gegen=
wärtige hinaufſchaut wie zum Vater, zum helmumflat=
terten Hektor, Aſtyanar, das ſpielende Kind. Verwun=
derlich findet man's auf dem Schauplatze ihrer Erinne=
rungen keineswegs, daß die Egyptier ihre Vorzeit mit
Rieſen bevölkert glauben.

Das große Mumienfeld von Saffara läßt keine Ver=
gleichung zu. Da liegen in weiter Zerstreuung umher
Schädel, Hände, Füße und andere Gebeine von den Mumien,
die Jahrtaufende hindurch ungestört in ihren unterirdischen
Kammern geruht hatten. Fragt man sich, woher diese
Zerstörung der einst so sorgsam gepflegten Leichname stammt,
so glaubt man allerdings eher an leichengierige Schafals
denfen zu müssen als an erwerbluftige Bebuinen und gar
an europäische Alterthumsforscher.

Immer stimmt es eigenthümlich zum Nachdenken, be=
trachtet man die gewissenhafte, die sinnreiche Acht, mit der
die alten Egyptier diejenigen behandelten die aus dem
lebendigen Kreise der Ihrigen, entgegen dem Tage der
einstigen Auferstehung, geschieden waren. Wie schön sind
diese Felsenkammern bemalt, in deren Nischen die Mumien
ruhten; wie regelmäßig sind sie an einander gebaut; wie
vollkommen waren ihre Bewohner geordnet. Und diese
Mumien selber, die leere Brust ausgefüllt mit den Symbo=
len ihrer Gottheiten, ausgestattet mit inhaltsvollen Schrift=
rollen, belegt mit kostbarem Schmucke, durch ihr unver=
wesliches Gewand bestimmt zu einer unabsehlichen Dauer:
die gaben nothwendig dem Tode den Charakter eines leich=
ten aber bedeutungsvollen Schlummers. Da war das
Licht des Tages nicht erloschen, es war nur verdunkelt;
die Bande der Herzen wurden nicht gelöst, sie wurden nur
gelockert; die Wohnstätten über der Erde und die Wohn=

stätten darunter waren durch keine schauerliche Scheide=
wand getrennt wie sie, troß unseres christlichen Bewußt=
seins, unsere Begriffe von Grab und Leiche gezogen haben.
Darum nahmen diese Egyptier auch bei ihren Festgelagen
Mumien unter die Genossen der Feier auf. Diese schöne
Vertrautheit mit den Todten mußte über die lachende Freude
ein Gewand des Ernstes werfen; sie mußte aber auch die
Nachtseite des Lebens wie mit den Purpurstreifen des
Morgenhimmels verklären.

Von der Region der menschlichen Mumien kamen wir
zu einer anderen von großer Ausdehnung, wo sich Mu=
mien von heilig gehaltenen Thieren, besonders von ver=
schiedenen Ibisgattungen und andern Vögeln vorfinden,
und zwar gleichfalls in tiefen, künstlich angelegten Kam=
mern oder vielmehr in breiten, langen Gängen, die in
den Felsen gehauen sind. Man gelangt hinunter wie
in einen Schacht oder Brunnen. Die Zahl der hier in
ihren irdenen Krügen mit irdenen Deckeln verwahrten und
in den unterirdischen Gemächern in langen Reihen auf=
geschichteten Thiermumien mag, troß der schon seit langer
Zeit geübten Plünderungen, immer noch außerordentlich
groß sein.

Mit Memphis hab' ich Heliopolis zusammengestellt.
Sein egyptischer Name On klingt uns aus den Erinne=
rungen an Joseph, jenen Liebling Gottes, entgegen.

Pharao gab dem Joseph, so erzählt Moses*, ein Weib, Asnath, die Tochter des Priesters zu On, Potiphera. Zu Josephs Zeit mochte die Sonnenstadt in ihrer vollsten Pracht blühen. Sie war Hauptsitz der egyptischen Prie= ster und ihrer Weisheit. Neben ihren Opferdiensten be= trieben diese Priester besonders Philosophie und Astro= nomie.

Noch zur Zeit des großen Klagepropheten von Israel erscheint Heliopolis als der Mittelpunkt des egyptischen Göttercultus; denn in seiner Prophezeiung ruft er aus: „Er soll (Nebukadnezar) die Bildsäulen zu Beth Schemes (das ist eben Sonnenhaus, Sonnenstadt) zertrümmern und die Götzentempel in Egypten verbrennen."** Das düstere Prophetenwort hat sich bald erfüllt; was Nebukad= nezar geschont hatte, das hat Cambyses unter die Füße seiner Zerstörungswuth getreten. Mit seinem maßlosen Eifer gegen die religiösen Denkmale schien er mehr die Götter Egyptens als seine menschlichen Bewohner zu be= kriegen.

Dennoch kam auch noch Plato nach Heliopolis, um die gebliebenen Ruinen zu sehen, zu befragen, zu bewun= dern. Einige Jahrhunderte später ward noch Strabo das Haus gezeigt wo der „Göttliche" gewohnt hatte.

---

* 1 Moses 41, 45.
** Jeremias 43, 13.

Unter jenen Bildsäulen des Jeremias sind namentlich
die Obelisken zu verstehen. Diese Obelisken mögen 'in
großer Zahl zu Heliopolis gestanden haben. Strabo fand
deren noch viele vor und erzählt, daß zwei derselben und
zwar von denen des Sonnentempels, die Sesostris hatte
errichten lassen, unter dem Kaiser Augustus nach Rom
gebracht worden seien. Aber sogar Abd=allatif im drei=
zehnten Jahrhundert spricht noch von der Großartigkeit
der Ruinen die er hier gesehen. Er sagt dabei unter An=
derem, daß da nicht leicht ein Stein gesehen würde der
nicht mit verschiedenen jener sinnreichen Zeichen und Fi=
guren belegt wäre. Gewiß ruht daher auch hier noch
mancher interessante Rest der Ruinen unterm Schutte ver=
graben.

Aber noch heute steht wenigstens Ein Zeuge von den
vergangenen großen Tagen der Sonnenstadt; wie durch
eine Wunderhand ist er allen den Stürmen dreier Jahr=
tausende entronnen. Ein hoher Obelisk von rothem Granit
hält noch heute zum Himmel gerichtet sein ungebeugtes
Haupt. Alle seine vier Seiten sind bedeckt mit Hiero=
glyphen.

Herrlich ist es daß sich dieser Obelisk in den Berech=
nungen Wilkinsons als der Zeitgenosse Josephs und sogar
als Denkmal desselben Pharao ausweist der den gottbe=
seelten Träumerjüngling zum Pfleger des Landes setzte.
Alle seine brüderlichen Genossen sind gestorben, sind ge=

ſchieden, mit den Göttern ſelber deren eitlem Dienſte ſie
geweiht waren: er allein ward ausgezeichnet unter ihnen wie
einſt Joſeph unter ſeinen Brüdern in ſeines Vaters Haus.
Der Lenker der Schickſale hat ihm den Stempel der Weihe
aufgedrückt; der Gott Abrahams, Iſaaks und Jacobs hat
über ihn gehalten ſeinen ſtarken Arm. Wie ein Kündiger
des Heils das kommen ſoll aus Israel ſteht er da, der
ehrwürdige Greis; aber unverſtanden klingt ſein Seher=
wort zu den Kindern ſeiner Heimath.

Sehr nahe von dem Obelisken liegt das Dorf Ma=
taryeh, ähnlich jenem Mitrahenny beim umgeſtürzten Koloß
auf den Ruinen von Memphis.

Es bot mir noch zwei Merkwürdigkeiten dar: eine
uralte Sykomore und den ſogenannten Sonnenquell. Dem
harmloſen Glauben geben beide Antwort auf die Weiſſa=
gung des Obelisken; denn ſie künden ihm von dem Heile
das gekommen iſt aus Israel. Unter der Sykomore ſoll
nämlich das Kindlein Jeſus mit ſeinen Eltern auf der
Flucht nach Egypten geruht haben; oder vielmehr, wie die
Sage genauer berichtet, der Baum ſoll, ich weiß nicht ob
mit ſeinen herabgeſenkten dichten Zweigen oder mit ſeinem
geöffneten Stamme, die heilige Familie vor den Augen
der vorübereilenden Verfolger verborgen haben. Dieſe
Sykomore ſteht in einem freundlichen Orangengarten; ſie
wird fort und fort ſehr hoch verehrt, und iſt mit vielen
Kleiderlappen behangen, die eben ſo wohl von muhame=

dänischen als von christlichen Pilgern stammen. Könnte man sich nur diese Lappen zu Lichtern umdenken, so stände sie da wie ein wahrer schöner Christbaum.

Uebrigens macht diese Sykomore in der That den Eindruck eines hohen Alters; ihr Stamm ist von außerordentlichem Umfange. Ich zweifle daher daß der große dänische Reisende des vorigen Jahrhunderts Recht hatte, indem er dieselbe kaum zweihundert Jahre wollte hinaufreichen lassen.

Zur Sykomore gehört noch Ajin Schemesch oder der Sonnenquell. Fromme Pilgrime nennen ihn lieber den Quell der Jungfrau. Er soll nämlich, nach der Sage, durch ein Wunder plötzlich hervorgesprudelt sein als das Kind Jesus von heißem Durste gepeinigt ward*. Der Trappist Geramb findet es, gegenüber dem Philosophen der darüber etwa lachen wollte, sehr natürlich, daß Gott für seinen Sohn, für Joseph, für Maria dasselbe gethan hat was er früher durch Moses am Horeb für ein murrendes und undankbares Volk gethan hatte.

Dieser Quell hat der ganzen Ortschaft ehedem seinen Namen mitgetheilt; Abd=allatif bezeichnet ganz Heliopolis durch Ajin Schemesch. Wohl mag er mit seinem Wasser, das von einer ganz ausnehmenden Güte ist und sogar für

---

* Die apokryphische Literatur der Evangelien handelt eben sowohl von dieser wunderbaren Quelle als auch von dem verehrungswürdigen Sykomorusbaume.

heilkräftig gehalten wird, zum alten Sonnentempel in ge=
wisser Beziehung gestanden haben.

Von Neuem ist in der jüngsten Zeit Heliopolis be=
rühmt geworden durch die Schlacht, die zu Anfang dieses
Jahrhunderts Kleber mit dem französischen Heere gegen
eine außerordentliche Uebermacht des Großveziers lieferte
und gewann. Es ist dieselbe Schlacht in deren Folge den
tapferen Elsasser der meuchelmörderische Dolch des fanati=
schen Suleyman traf, der seine That mit unglaublicher
Kaltblütigkeit, nach abgebrannter Hand, gespießt auf dem
Pfahle büßte.

Expedition nach Altcairo.

Das Hauptziel dieser Expedition war eine angeblich in räthselhaftes Dunkel gehüllte Inschrift in einem koptischen Kloster. Wilkinson, so wurde mir erzählt, hatte nicht einmal die Sprache in der sie verfaßt mit Gewißheit ermittelt. Fragmente einer Kopie, freilich von der Hand einer Frau, und zwar einer Engländerin, wurden mir vorgezeigt; sie verriethen einen griechischen Typus. Ich war zu Esel, Lieber zu Pferd, Bonomi zu Kamel: so traten wir, unter Begleitung einiger Araber, am neunten Mai des Nachmittags unsere Wanderung nach Altcairo an. Als wir dort angekommen, ließen wir unsere Thiere an der Mauer halten und gingen zu Fuß durch mehrere enge Gassen zum koptischen Kloster. Die Inschrift befand sich in einem Winkel des Klosters, in einem engen fast viereckigen Gemach. Wir errichteten ein eben so künstliches als gefährliches Gestell, um zur Inschrift hinaufzusteigen. Es ward mir nicht eben schwer sie zu entziffern. Sie war in griechischen erhabenen Charakteren auf hartem Holze verfaßt, lief durch mehrere Zeilen, und sprach einen frommen Lobspruch aus. Wahr-

scheinlich knüpfte sie sich an eine bestimmte feierliche That=
sache an, etwa an die Einweihung des Klosters, da sie
am Ende die Namen des Abbas, des Diakonos, und des
Oikonomos mit einem Datum nach der Diokletianischen
Zeitrechnung enthielt. Uebrigens hatte sich Wilkinson,
wie ich später in seinen Mittheilungen darüber las, kei=
neswegs bis zur Verwechselung der Sprache verirrt.

Nachdem wir von der Inschrift sowie von den bild=
lichen Darstellungen die sie umgaben bestmöglichst Kopie
genommen hatten, besuchten wir ein anderes koptisches
Kloster, das im Besitze einer Grotte ist, welche, wie man
glaubt, Joseph und Maria mit dem Kindlein auf ihrer
Flucht nach Egypten beherbergt hat. Dies alte Kloster,
benannt nach dem heil. Sergius, ist von einer sehr festen
Bauart; in seinem Innern ist es vollkommen koptisch durch
seine Einfachheit und Dürftigkeit; seinen einzigen Reich=
thum, seinen einzigen Schmuck bilden seine Erinnerungen.
Aus dem Kirchlein stiegen wir, zur Rechten des Altars,
eine Treppe hinab und gelangten so zur Grotte, in der
wir wegen der feuchten Wände nur eine flüchtige Umschau
hielten. Sie ist durch mehrere niedere Säulen gestützt
und enthält ein Taufbecken und einen Altar. Aus der
größeren Grotte traten wir noch in eine kleine besondere
Felsvertiefung, der ein Gemälde auf Holz zur Abtrennung
vom größeren Raume dient, worauf die Flucht ins Land
des Nils mit den Pyramiden dargestellt ist. Der fromme

I.   10

Glaube weiß sogar, daß gerade hier die heilige Familie
gesessen hat. Auf einer Treppe die zur Linken des Altars
führte stiegen wir ins Kirchlein wieder zurück. Diese bei=
den Treppen sind nicht ohne eigenthümliche Bestimmung.
Auf der einen nämlich steigen die Kopten, auf der andern
die Griechen in die Grotte hinab; denn auch die Letzteren
üben kirchliche Ceremonien in diesem geheiligten Raume.

Daß man gerade in Egypten, dem Heimathslande
der Einsiedler, christliche Erinnerungen gern an Grotten
angeknüpft hat, ist leicht begreiflich. Ueberzählt man aber
die sämmtlichen Grotten, die aus der heiligen Geschichte
mit weihevoller Bedeutung hervorgegangen sind, so stellt
sich ein wahrer christlicher Grottencultus heraus.

In der Nähe dieses Klosters besuchten wir die große
Moschee Amru's. Sie besteht aus einem fast amphithea=
tralischen, oben völlig offenen Raume, umgeben von mehr=
fachen überwölbten Säulenreihen. Man sagte mir daß
dieser Säulen, nach der Zahl der Tage des Jahres, drei=
hundert fünf und sechzig sind. Doch wären ihrer auch
hundert weniger, wie ich anderwärts angegeben fand, so
macht man sich doch leicht eine Vorstellung von dem groß=
artigen Eindrucke dieser Gallerien.

Inmitten des Hofraums, beim marmornen Waschbaf=
fin, befindet sich ein stattlich überbautes Häuschen, das
man nicht unpassend mit der berühmten Mühle zu Pots=
dam zusammengestellt hat. Eine arme Jüdin hat es

nämlich jenem Amru, deſſen Arm mit Eroberungen ſo
vertraut war wie ein Kind mit ſeinen Spielen, durchaus
nicht abtreten wollen. Dies Judenhäuschen, ſo gut wie
die Potsdamer Mühle, verdient ihr Plätzchen in der Welt=
geſchichte.

Uebrigens verläugnet der Orientale nicht leicht einen
gewiſſen poetiſchen oder abenteuerlichen Zug. Von dem=
ſelben Amru, der bekanntlich Egypten eroberte, iſt Altcairo
und zwar unter dem Namen Foſtat angelegt worden;
wozu eine auf der Stange ſeines Zeltes niſtende Taube
Veranlaſſung gab. Er ließ die Zeltſtange nicht umreißen,
ſondern baute an der Stelle ſein Foſtat (Zelt) auf.

Die große Amru=Moſchee iſt im Laufe der Jahrhun=
derte vielfach verfallen. Da aber der Glaube herrſcht daß
der Verfall dieſer Moſchee ominös für die Herrſchaft des
Propheten iſt, eine Glaubensſorgniß der man ſich, wie's
mir ſchien, gerade jetzt gerne hingibt, ſo hat Mehemed Ali
die Wiederherſtellung derſelben unternommen. Doch wird
auch ſchon in ihrem gegenwärtigen Zuſtande bei großen
Feierlichkeiten von ihr Gebrauch gemacht.

Noch bei zwei Merkwürdigkeiten dieſer Moſchee ver=
weilten wir. An einer der Säulen nämlich hat Amru ein
Wunder ſeines gewaltigen Armes verſucht; er hat ſie mit
ſeinem Säbel mitten entzwei ſpalten wollen. Dies iſt ihm
zwar nicht gelungen, aber noch heute ſieht man wie tief
ſeine Damascener Klinge eingedrungen. Dann aber gibt's

nahe beim Eingange ein Säulenpaar, durch das jeder ehrliche Mann sich soll durchwinden können. Wir veranlaßten einen unserer Araber, der eben nicht an Magerkeit litt, seine Ehrlichkeit auf die Probe zu stellen. Wir sahen bald daß es ihm nicht recht gelingen möchte, und riefen ihn unter fröhlichem Gelächter der Zuschauer vom Unternehmen zurück.

Nachdem mir noch die herrlichen Portalverzierungen in Arabesken bewundert hatten, die mir schon früher von Herrn Beaumont in der vortrefflichen Sammlung seiner Kunststudien vorgezeigt worden waren, ritten wir nach Hause. Unterwegs, in einer Cairiner Straße, sah ich einen bejahrten Mann mit sehr starkem Bart- und Haarwuchs, der völlig nackt ging. Er wurde mir als ein berühmter Heiliger bezeichnet.

Am Vormittag dieser Excursion besuchte ich in Herrn Lieber's freundlicher Begleitung die ausgezeichnete Sammlung egyptischer Alterthümer des Herrn Abbott. Herr Abbott ist ein eben so gelehrter als liebenswürdiger Engländer; hohe Verdienste um die Wissenschaft des egyptischen Alterthums erwirbt er sich namentlich durch seine Theilnahme an der egyptian literary association, deren Sekretär er ist. Diese egyptische Gesellschaft sowie ihre

Rivalin, von gleichem Namen und gleicher Tendenz und
ebenfalls in Cairo, beweisen daß die in Egypten ansässi=
gen Franken ihren Beruf fühlen, den Welttheil, in dem
die Gelehrsamkeit wie in keinem anderen eine Art Ge=
meingut ist, im Angesichte der von ihren Landsleuten
traurig verlassenen Pyramiden würdig zu repräsentiren.
Jene andere egyptische Gesellschaft, die ich andeutete, bietet
dem reisenden Fremdling durch ihre aufs Zweckmäßigste
ausgewählte Bibliothek einen kostbaren Schatz dar. Der
Sekretär derselben, Herr Walmaß, errichtet jetzt eben auch
eine europäische Druckerei, der man den besten Erfolg
wünschen darf und muß.

Wollt' ich alles schildern was ich Interessantes in der
Antiquitätensammlung des Herrn Abbott sah, so hätte ich
eine schwere Aufgabe. Für das größte seiner Kleinodien
hält er selbst einen goldenen erst unlängst aufgefundenen
Ring, der sich als der Siegelring des großen Sesostris
ausweisen soll. Er erzählte uns daß ihm zweitausend
Pfund dafür geboten worden seien. Auch einen ehernen
Helm hielt er sehr hoch; er soll in ein hohes Alterthum
hinaufreichen und auf einen berühmten Namen zurück=
gehen.

Ebenso wie im Pompejanischen Cabinete zu Neapel
sah ich hier mancherlei uraltes Backwerk und andere Köst=
lichkeiten aus den häuslichen Vorrathskammern; sowie
ein ganzes Wagenrad, verschiedene Theile von einer alten

Art des Ackerpflugs, und ähnliche Geräthschaften. Auch
an Papyrusbündeln — diese Bezeichnung scheint mir hier
richtiger als die der Papyrusrolle — sowie an alten mit
koptischer Schrift beschriebenen Scherben fehlte es nicht.
Eine besondere Merkwürdigkeit zeigte uns Herr Abbott
an einem feinen Goldblättchen in Pyramidenform, dergleichen man auf weiblichen Mumien gefunden hat und
nach ihrer eigenthümlichen Bestimmung auch nur auf solchen hat finden können. Schon Abd-allatif hat von solchen Goldblättern Erwähnung gethan, sowie von anderen
ähnlichen, die Stirn, Nase und Augen bei Mumien bedecken. Zur besonderen Merkwürdigkeit ist dasjenige das
ich meine wohl dadurch erst geworden daß ein gelehrter
Engländer in allem Ernste die Meinung daran geknüpft
und ausführlich erörtert hat, die Pyramide selber sei ein
solches Goldblättchen im Großen und stehe zur Bedeutung
desselben in der genauesten Beziehung. Ich möchte wohl
diese seltsame Pyramidentheorie näher kennen lernen; nur
ists Schade daß sich davon in guter Gesellschaft nicht gut
offen sprechen läßt.
Unter den Amuleten, Scarabäen und dergleichen fanden sich auch viele Exemplare vom Symbole der Fort-
pflanzung, wie es die Egyptierinnen, so gut wie die Frauen
anderer Nationen, ehedem als Schmuck oder Talisman
um den Hals zu tragen pflegten. Daraus ergab sich die
Bestätigung der doch immer noch streitig gebliebenen

Ansicht, daß die Beschneidung bei den alten Egyptiern sehr üblich, obschon nicht allgemein herrschend gewesen sein mag.

Wie's mir auf dem Bücherbazar in Cairo ging, muß ich noch erzählen. Ein junger türkisch gekleideter Russe vom Russischen Consulate hatte mir mitgetheilt, daß er auf diesem Bazare vortreffliche Einkäufe an arabischen Manuscripten gemacht. Ich begleitete ihn auf dem nächsten Besuche. Doch meine Speculation mißlang gänzlich. Während ich sonst gefunden daß mein fränkischer Rock und Hut eine Autorität war, für die der Orientale allen Respekt hegte, war hier mein Gewand ein Aergerniß oder vielmehr ein Verräther. Wir waren kaum durch eine enge Pforte in diesen Bazar eingetreten und hatten an mehreren Kaufläden die ausgelegten Handschriften beschaut, so erhoben sich in der gedrängten Menge, in der wir standen, feindliche Bemerkungen, besonders der Ruf: Macht die Bude zu! Macht die Bude zu! Mein Begleiter wurde ängstlich und winkte mir zu schnellem Rückzuge.

Der Muhamedaner verfährt mit seinem Koran ganz anders als der Christ mit der Bibel. Bekanntlich streuen unsere Missionäre die letztere in Ueberfluß aus. Der

Muhamedaner hingegen hält's für eine Sünde, an einen Christen einen Koran zu verkaufen. Natürlich läßt sich immer leicht dazu in kluger Zurückhaltung gelangen, aber ein öffentlicher Handel der Art möchte zu einem öffentlichen Aergernisse führen.

Reise zum Sinai.

Von Cairo bis Suez.

Ich hatte Cairo und seine Umgegend über einen Monat genossen und für meine besonderen Zwecke emsig genützt: wie drängte michs nun nach dem Sinai. Die Temperatur war freilich nicht die günstigste; wir hatten einige Tage drückender Hitze, viel angreifender noch als der Neapolitanische Scirocco im Juli, so wie ich ihn im vorigen Jahre erfahren hatte. Man nannte dies in Cairo die Temperatur des Chamsin. Am zehnten Mai ging ich gegen drei Uhr aus. Als ich aus meiner engen kühlen Straße in den großen Garten, der daran stößt, getreten war, drückte michs so erstickend daß ich in der Gewißheit umkehrte, es könne eben erst voller Mittag sein. Aber keine Säumniß konnte förderlich sein; die Tage glühten unaufhaltsam dem Sommer entgegen. Ich hielt es nun einmal entschieden mit dem Prädestinationsglauben, und zwar vielleicht noch mehr mit dem türkischen als mit dem christlichen.

Am Elften waren Beduinen nach Cairo gekommen die mich nach dem Sinai führen wollten. Ich traf sie mit

mehreren Kamelen vor dem österreichischen Consulate ge=
lagert; auf dem Consulate schritten wir zum Contracte.
Ich hatte gute Rathgeber; drum nahm ich mich in Acht
zu viel zu bewilligen. Wir waren schon einig; drei Ka=
mele sollten jedes mit hundert vierzig Piaster bezahlt wer=
den; das vierte für den Scheik, den Führer der Karavane,
sollte unberechnet bleiben. Da wurden die Beduinen un=
ter sich uneins; sie waren mit der Summe nicht zufrieden.
Ich glaubte, wir würden am sichersten fertig, stellten wir
ihnen die Alternative, entweder fortzugehen oder das Ge=
bot anzunehmen. Aber ich irrte mich. Sofort brachen sie
auf und zogen mit ihren Kamelen heimwärts. Der Con=
sularkawaß holte sie zurück. Ich verstand mich nun zu
vierhundert achtzig Piaster für vier Kamele. Der requi=
rirte Cairiner Notar verzeichnete den Contract auf einen
langen Papierstreifen, der auf seiner Hand ruhte, indem er
vor uns stand. Ich unterschrieb mich; der Scheik drückte
als Unterschrift sein mit Tinte gefeuchtetes Petschaft
darauf.

Am Zwölften des Vormittags wollt' ich abreisen; aber
erst in der Mittagsstunde langten die Kamele vor der Casa
Pini an. Mein braver Ali hatte zu thun genug bis alles
Reise= und Küchengeräth sowie aller Mundvorrath in Be=
reitschaft war. Um drei Uhr Nachmittags wanderten die
Kamele mit ihren Lasten fort. Ich befand mich zum Ab=
schiede noch in einer lieben freundlichen Begleitung, wozu

ich auch zwei Araber und einen Kopten rechne, die mir
manche Dienſte geleiſtet hatten und nun noch mit einigen
Freunden ſowie auch dem Conſularkawaß zu Eſel das
Geleit mir gaben. Aber der Abſchied von Cairo fiel mir
nicht ſchwer; nach wenig Wochen hofft' ich in ſeine Thore
wieder einzuziehen, reich geworden an unvergeßlichen Er=
innerungen.

Das Wetter war angenehm. Wir hatten etwa eine
halbe Stunde Wegs außerm Thore zu Kamel gemacht,
ſo hielten wir in der Nähe einiger anſehnlichen Grabſtät=
ten; meine Beduinen hatten noch Beſorgungen. Wie
war ich überraſcht mich auf dem „Schiffe der Wüſte" ſo
behaglich zu fühlen. Ich hatte in Reiſebeſchreibungen
geleſen, daß die Bewegungen des Kamels Aehnlichkeit
hätten mit dem Schaukeln der Schiffe und daher faſt gar
eine Art Seekrankheit hervorbrächten. Aber ich ſaß ſo
ſicher und ſo faſt ganz nach meinem Wunſche.

Wir gingen übrigens einen Weg der ein wenig ſüd=
lich lag von der gewöhnlichen Karavanenſtraße nach Suez.
Die letztere iſt ſeit einigen Jahren um ſo mehr firirt, weil
ſie die engliſche Poſt= und Transportſtraße geworden, mit
ſieben Stationsbauten für dieſen Zweck verſehen und auch
mit einer Linie von Telegraphenthürmchen ausgeſtattet wor=
den iſt. Unſer Weg im Süden ſollte näher ſein; er führte
uns aber, was wohl der Hauptgrund ſeiner Wahl war,
zunächſt zum Heimathsdorfe meiner Beduinen. Wir

kamen bei demselben kurz nach Einbruch der Dunkelheit an.

Dies Dorf machte in diesem Augenblick einen ich
möchte sagen Zigeunereffekt. Mitten in der Oede der Wüste
und in der Stille der Nacht bereitete sich eine Menge
schwarzer, kunstlos hingeworfener Zelte vor unsern Blicken
aus. Vor den meisten derselben loderte ein Feuer; um
das Feuer herum lagen oder standen die Beduinen, von
ihrem einfachen, schmuzigweißen Hembe überhangen. Als
wir näher und näher heranritten, malten sich diese Figuren ganz grotesk im Schimmer des Feuers ab. Bald
vernahmen wir auch die vierfüßige Bewohnerschaft des
Dorfes; Kamele brüllten, Heerden blökten, Hunde bellten.
Empfangen wurden wir aber von den Herzueilenden aufs
Freundlichste.

Ich ließ jetzt zum ersten Male mein Zelt aufschlagen.
Ich freute mich kindisch über den Aufbau dieses kleinen
Beduinenhauses; es war das erste Haus das ich mein
eigen nannte. Der Beduinenstamm, bei dem ich weilte
und dem meine drei Führer angehörten, hat sich erst seit
zwei Jahren hier in der Nähe des Mokattam niedergelassen. Er wohnte früher zwischen Gaza und Jerusalem.
Nachdem er aber einen Nachbarstamm glücklich bekriegt
und ihm mehrere hundert Kamele als Kriegsbeute weggeführt hatte, war es gerathen diese Uebersiedelung vorzu-
nehmen. Uebrigens machten mir diese Söhne der Wüste

einen so guten Eindruck, daß ich mich mit dem vollen Ge=
fühle der Sicherheit unterm Zelte zur Ruhe legte.

Am Dreizehnten nach Sonnenaufgang war Alles mun=
ter. Unsere Beduinen brachten mir gute Milch. Nachdem
ich eine Tasse Thee und meine Führer ihren Kaffee ge=
trunken hatten, brachen wir auf.

Unser Weg durch dieses Wüstenfeld war ganz übersäet
mit dunkeln Feuersteinen, unter denen mir auch häufig
rother Jaspis und andere ähnliche Steinarten von schö=
ner Farbe ins Auge fielen. Auch lagen mehrmals größere
und kleinere Stücke versteinerter Palmenstämme auf unse=
rem Wege; ich erkannte sie sogleich daran daß sie genau
dasselbe Aussehen hatten wie der sogenannte versteinerte
Wald, einige Stunden von Cairo, von dem ich viele
Stücken mit nach Haus gebracht. Zu unserer Rechten
hatten wir vom Mokattam her einen allmählig immer
tiefer abfallenden Bergzug; zur Linken begrenzten das
Auge Sandhügel an Sandhügel.

Zwischen Zehn und Elf lagerten wir uns, um Mittag
zu halten. Meine Führer wählten dazu eine von grünen
Sträuchern bewachsene Strecke; es standen besonders hohe
schönfarbige Disteln darauf. Zu meiner Verwunderung
verschlangen unsere Kamele diese Disteln, deren Stacheln
mir vom bloßen Sehen wehe thaten, aufs Wohlgemutheste.
Was für eine glückliche Constitution mag so ein Kamel=
maul haben.

Nachdem ich mein Huhn verzehrt und ein wenig ge=
schlummert hatte, trat ich heraus aus dem Zelte, mit dem
Auge schweifend über die weite Sandfläche. Alles war still
um mich, der Dragoman und die Beduinen schliefen; in der
weiten Ferne weideten die Kamele. Nur ein Paar Gril=
len summten und ein Wüstenvögelchen klagte mit einem
melancholischen Laute wie der Weidenzeisig im Voigt=
lande. Da fühlt' ichs zum ersten Male mit aller Leben=
digkeit daß ich in der Wüste war. Durch nichts in der
Welt verliert man sich so sehr in sein tiefstes Innere wie
durch die Wüste.

Aber jetzt herrschte vor Allem Ein Gedanke in meiner
Seele. Ich hatte kurz vorher unterm Zelte in den Büchern
Mosis gelesen; nun war ich selber da wo Moses gewan=
delt mit seinen Brüderschaaren. Wie ichs einst las als
Kind unter meiner Mutter Augen, hätt' ichs gedacht daß
ichs heute hier wieder lesen würde. So rief mich die Bibel
schnell in meine Heimath. Die klagende Stimme des klei=
nen Vogels klang ohnedem wie lauter Heimweh. O die
Lieben der Heimath! Nicht eben mocht' ich ihre grünen Berge
und ihre festen Häuser tauschen um mein kleines weißes
Zelt in der öden Sandebene; aber ich sagte mir: Hättest
du doch ein Auge hier in das du deine Freude hinein=
lächeln könntest, und ein Herz das du feurig herzen könn=
test, und zwei Lippen mit denen du singen könntest ein
jubelndes Lied.

Um vier Uhr weck' ich meine Beduinen. Schnell
wurden die Kamele herangeholt; die hatten sich indessen
ganz heimgefunden; so weit sich nur das Grün blicken
ließ, waren sie umhergeschweift. Ich stellte mich vor eins
dieser Thiere, wie es schon auf den Knieen lag um seine
Ladung zu empfangen. Kaum stand ich mit meinem Strohhute, umflattert von einem grünen Schleier, vor seinen
Augen, so sprang es auf und galoppirte davon. So scheu
hatte dieses große Thier von so phlegmatischem Wesen
mein Strohhut gemacht; der Scheik sagte mir, es habe
noch nie einen Strohhut gesehen. Dagegen wunderte ich
mich, daß unsere Kamele sich nie entsetzten wenn wir auf
dem Wege Knochen und Gerippe von gefallenen Kamelen
trafen. Freilich mögen sie an diesen Anblick gewöhnt
sein; wir hatten von Cairo bis Suez, namentlich nachdem
wir auf die Hauptcaravanenstraße gekommen, an diesen
zahlreichen, mit ihrem Weiß schon aus der Ferne glänzenden Gerippen wahre Wegweiser.

Kurz vor Sonnenuntergang kamen wir ganz dicht bei
einer Masse colossaler dunkelfarbiger Steine vorbei, die
einen mehr als ernsten, einen schauerlichen Effekt machten.
Es waren wohl urgebirgliche Reste. Heute ritten wir
lange in die Nacht hinein; es wurde ziemlich dunkel. Wir
ritten auf weiter Ebene hin; hatten aber zu unserer Rechten einen langen niederen Gebirgszug, den ein viel höhe-
rer braunfarbiger Berg, der Dschebel Gharbun, überragte.

Plötzlich seh' ich ganz nahe von uns zur Rechten unter niederem Gesträuche einen Wanderer, der noch schwärzer war als unsere Nacht; es war ein großes Zingale. Ich hatte um so weniger Freude an dieser Begegnung da mir mein Dragoman sagte, daß die Zingalen in dieser Wüste bisweilen sogar angriffen.

Als wir hielten um Nachtquartier zu machen, ließ ich das Zelt nicht erst aufschlagen; ich ließ zwischen dem länglichen Vorrathskorbe aus Palmenblättern und dem Reisekoffer meine wollene Decke nebst Lammfell und Schlafpelz ausbreiten, und legte mich hinein. Zur Seite hatte ich meine frischgeladene Doppelflinte. Um mich herum schliefen mein Ali und die Beduinen. Die Kamele durften mit zusammengebundenen Vorderfüßen in die Nähe zur Weide hüpfen.

Ich mochte eine Stunde geschlafen haben, so wacht' ich auf. Ich vergesse den Augenblick nicht; zum zweiten Male hatt' ich das volle Bewußtsein der Wüste. Da lag ich mitten in der schauerlichen Einöde, deren menschenfeindliche Bewohner jetzt ihre Beute suchen mochten. Um mich war Alles todt; nur die Täubchen flatterten in ihrem Käfig; in der Ferne brüllten die Kamele. Ueber mir hatt' ich den nächtlichen Himmel, herrlich gestirnt; der Kanopus blitzte mit seinem Feuerauge hernieder. Hat man in dieser Lage nicht den festen Glauben an seinen guten Engel, so mag sichs schwer wieder einschlafen. Aber

da lernt man die Hingabe wenn man sie noch nicht hat.
Es war mir als reichten die Vaterarme von den Sternen
herab, die mich auf meinen Wanderungen immer so treu
gehalten; ich schloß getrost das Auge wieder.

Am Vierzehnten hatten wir beständig gegen Südost
zu unserer Rechten den schroffen Atafa vor Augen; er
hatte ein röthliches, nur wenig ins Braune fallendes
Aussehen. Gegen Mittag sahen wir, als wir uns der
Hauptcaravanenstraße zuwendeten, in einiger Entfernung
vor uns eine von den sieben englischen Haltstätten und
einen Telegraphenthurm, der mich gar seltsam überraschte
als er mit seiner Spitze hinter Sandhügeln hervorwuchs.
Als wir des Abends bei dem weißen Stationshause vorbeizogen, geriethen unsere Kamele in scheue Aufregung.
Dies Haus mochte ihnen hier mitten in ihrer harmlosen
Heimath, wo das Gefühl einer unbegrenzten Freiheit
herrscht, wie ein usurpirender Fremdling vorkommen. Dergleichen Abenteuer haben nicht viel Angenehmes. Zum
Glücke ging ich eben zu Fuß den Kamelen voraus, und
das mit dem Küchenkasaß belastete Kamel wurde am
Zaume geführt; die drei andern sprangen wirr rechts und
links. Die wenigen Geräthschaften meiner Beduinen gingen beim Fall in Stücke. Doch gelang's ihnen bald die
Thiere zu beschwichtigen. Wir übernachteten heute nahe
bei Abscherub, jenem Fort mit einem tiefgegrabenen Bit-
terwasserbrunnen, das die Mekkapilgrime mit freundlicher

Sorgfalt empfängt. Doch sahen wir vom Fort weniger
als wir hörten; denn die Hunde bellten laut.

Am Funfzehnten früh nach zwei Stunden Wegs kamen
wir bei Bir Suez an. Dort hat man zwei Brunnen mit
einem steinernen Quadratbau und vier Thürmen umgeben.
Wir trafen eine reichliche arabische Gesellschaft. Deßhalb
kamen unsere Kamele nicht allzu schnell zur Tränkung.
Dies Wasser ist nämlich nur für Kamele trinkbar, doch
wird es in Suez auch zu wirthschaftlichen Zwecken ver=
wandt; es ist stark mit Salztheilen vermischt. Seit Cairo
war es das erste Wasser das wir antrafen; wir hatten
für unsern Bedarf zwei große Schläuche abgeklärten Nil=
wassers mitgenommen, die anfangs ziemlich eine volle
Kamelladung ausmachten.

Jetzt hatten wir schon deutlich vor unsern Augen Suez
und den Spiegel des rothen Meeres. Bis an die Mee=
resküste zog sich im Süden der röthlichbraune Ataka hin,
während wir überm Meere drüben eine andere lange Berg=
kette, gleichfalls von einem röthlichen Dunkel, von Norden
nach Süden sich ziehen sahen. Sie wurde mir Toraha
genannt. Zwischen Acht und Neun hielten wir vor dem
Thore von Suez. Anstatt in eins der beiden europäischen
Hotels zu gehen, zog ich es vor der Gewohnheit der Wüste
getreu zu bleiben. Ich ließ ein wenig nördlich vom Thore
dicht beim Meere unter einem hohen Hügel von Sand
und Schutt mein Zelt aufschlagen.

Suez.

Suez selbst nimmt sich bescheiden aus; es kam mir, nach europäischem Maßstabe, wie ein großes Dorf vor. Doch stehen besonders am Ufer des Meeres auf dem Quai mehrere sehr stattliche Häuser, die sich abspiegeln in der blauen Fluth. Die Schiffe die hier lagen waren stark an Zahl, doch größtentheils klein. Die zwischen Indien und Suez laufenden Dampfschiffe legen sich wegen der Untiefen bei der Stadt in gehöriger Entfernung nach Süden vor Anker. Das Innere der Stadt ist, beim Mangel aller Vegetation, voll einer öden Traurigkeit. Sogar an Wasser ist man arm; dasjenige das von der Ostseite des Meeres geholt wird ist wohl besser als das Wasser von Bir Suez, doch ist's nicht ganz frei von salzigem Geschmacke.

Nach einem erquickenden Bade im Meere, wobei mir nur der Boden mit seinen vielen Korallen und Muscheln unbequem war, machte ich einen Besuch beim Consul für Frankreich und Oesterreich. Obschon er ein geborner Grieche ist, so verstand er doch kein Wort griechisch.

Während ich bei ihm saß, trat ein Mann von mittleren Jahren, in gewöhnlicher Kleidung, ins Zimmer

11 *

herein, ſetzte ſich unbefangen nach orientaliſcher Art auf den Boden und begann eine Mittheilung. Darauf hän= digte ihm der Sohn des Conſuls eine Münze ein. Der Frembling fuhr aber in ſeiner Mittheilung fort, und er= hielt eine zweite Münze. Darauf ſtand er auf und empfahl ſich. Jetzt erfuhr ich daß es ein türkiſcher Bettler war, der ausgeſagt hatte, er ſei auf ſeiner Reiſe nach Suez ge= kommen und habe ihm, dem berühmten, reichen Conſul, durchaus einen Beſuch machen müſſen. Darauf hatte er die erſte Münze empfangen. Allein ſie dünkte ihm gering; drum fügte er hinzu, daß er ſich damit nichts Rechtes kaufen könne, was doch gegen die Würde des Conſuls ſei. Darauf hatte er den Zuſchuß erhalten. Das alles war ſo anſtändig und ſo freundlich abgethan worden daß mir kein Gedanke an einen Bettler gekommen war.

Herr Coſta und ſein Sohn waren mehrmals wochen= lang zu ihrer Erholung im Kloſter auf dem Sinai ge= weſen. Sie wußten mir vom Reichthume der Bibliothek daſelbſt, wenn auch ohne nähere Kenntniß, zu erzählen.

Ich wollte jetzt Herrn Manoli, Agenten der oſtindi= ſchen Compagnie und Lieferanten des Sinai, beſuchen; man ſagte mir aber, er ſei eben in ſeinem Harem, und da ſei keine Störung oder auch nur Anmeldung möglich. Es iſt alſo hier faſt wie bei der italiäniſchen Prinzeſſin, wann ſie inamorata iſt, wenigſtens nach der Schilderung der Frau von Staël. Ich kam nun einige Stunden ſpäter

und fand in Herrn Manoli einen feinen und gebildeten
Araber, der sogar englisch sprach. Er hatte in einem
Zimmer ein Bildniß von Rüppell und sprach von diesem
großen Forscher mit der größten Hochachtung. Rüppell
mochte wohl der einzige Deutsche sein der am arabischen
Meerbusen bildlich repräsentirt war. Sowohl Manoli
als Costa boten mir aufs Zuvorkommendste ihre Empfeh-
lungen ans sinaitische Kloster an; ich hatte Ursache sie
von beiden Seiten anzunehmen.

Als ich zu meinem Zelte zurückkehrte, traf ich eine
Menge dunkelbrauner Beduinen vor demselben versammelt. Sie sagten mir daß sie die wahren Sinaiführer
seien, daß sie am Sinai selbst ihre eigene Niederlassung
hätten und von jedem Weg und Steg der Wüste die ge-
naueste Kenntniß besäßen; darum möchte ich meine Begleiter entlassen und sie an deren Statt annehmen; bezahlen sollte ich bei dem Tausche nicht das Geringste mehr
über das Ausgemachte. Ich wußte nun freilich daß sich
aus solchen Händeln für andere Reisende die größten Gefahren ergeben hatten, da ein Stamm gegen den andern
seine vermeintlichen Rechte mit den Waffen zu verfechten
bereit ist. Ich fragte meine Beduinen, ob sie in der That
volles Recht hätten mich zu führen; sie betheuerten mir's.
Ich erklärte nun jenen, daß ich meinen Beduinen mein
Wort gegeben habe und daß mir mein Wort eine uner-
läßliche Verpflichtung gelte. Sie verließen mich darauf.

Als ich aber des Nachmittags zum zweiten Male aufs
Consulat kam, fand ich sie vor demselben gelagert; sie
hatten ihr Anliegen vor den Consul gebracht. Der Consul
trug mir die Sache vor. Ich fragte, von wem die Ent=
scheidung abhange. Er entgegnete daß sie von mir ab=
hange. Darauf wiederholt' ich dem Consul meine schon
früher den Beduinen gegebene Erklärung, und er selber
schickte sie abweisend fort.

Der Verlauf dieses Rechtshandels machte auf meine
Beduinen einen solchen Eindruck daß sie mir schwuren,
mit ihrem Leben für mich einzustehen. Und daß es Leute
waren die es ernst meinten, die es auch, obschon sie nur
drei waren, mit jedem Dutzend Feinden aufgenommen hät=
ten: davon bekam ich später einen thatsächlichen Beweis.

In geringer Entfernung von meinem Zelte nach Nor=
den hin fand ich viel Schutthaufen und Spuren der frü=
her hier gestandenen Städte. Ich ging nicht weit genug
in der genannten Richtung fort um mich mit eigenen Au=
gen von der Richtigkeit der Aufschlüsse zu überzeugen, die
mir Linant de Bellefonds von der ehemaligen Ausdeh=
nung dieses Armes des rothen Meers gegeben hatte. Das
aber sieht man dem Terrän leicht an daß der Triebsand
der Wüste seine Angriffe auf ihn gemacht hat.

Die Spuren eines alten Canals sind ebenfalls jetzt
noch sichtlich. Doch hat sich Karl von Raumer bei der
Untersuchung über die Grenzen des Meeres zur Zeit des

Israelitischen Durchgangs mit Ungrund auf dieselben be=
rufen um darzuthun, daß die damalige Ausdehnung von
der heutigen unwesentlich verschieden gewesen. Dieser
Canal nämlich reicht auf keine andere Zeit als auf die
der Kalifen zurück.

Des Abends hatten wir einen schön gestirnten Him=
mel; ich bestieg die Spitze des Hügels, woran mein Zelt
stand, und genoß von da einen herrlichen Blick aufs Meer.
Da wars also wo sich einst des Herrn starker Arm offen=
barte. Die Waffer rauschten; sie erzählen noch immer die
alte heilige Mähr.

Ueber die Angelegenheit des Durchstichs der Meer=
enge ließ ich mir mehrmals von dem der Sache treff=
lichst kundigen Linant de Bellefonds mittheilen. Be=
kanntlich ist er von Mehemed Ali mit derselben vorzugs=
weise beauftragt und hat jahrelang das Terrän studirt.
Die Besorgnisse wegen der Ungleichheit des Niveau's der
beiden Meere möchten wohl nicht allzu ernst sein dürfen.
Ptolemäus unterbrach einst den bis zu den Bitterseen ge=
führten Canal zum Nil aus Sorge für das trinkbare Nil=
waffer. Daß die Ausführung keine für unsere an große
Bauunternehmungen gewöhnte Zeit gar außerordentlichen
Kräfte und Opfer in Anspruch nimmt, hat Linant de Belle=
fonds klar genug dargethan. Und daß die Resultate des
Durchstichs von ganz unabsehlicher Bedeutung für den
europäischen Handel und von der Art sein werden, daß die

Koften besselben, dagegen gehalten, sehr gering erscheinen müssen: das leuchtet wohl einem Jeden ein. Warum er aber immer noch nicht ins Werk genommen und im Gegentheile durch die neuesten Postanstalten zwischen Cairo und Suez vertagt wird, das beantwortet der Staat am besten dessen Interesse es am meisten dabei gilt. England kann ohne große Benachtheiligung seines Interesses mit keiner anderen Nation die Vortheile des Durchstichs theilen. Fände aber jetzt der Durchstich statt, wie wollte England die Vortheile desselben für sich allein in Anspruch nehmen? Wem wäre es unbekannt, worauf das Auge der englischen Politik in Egypten abzielt? Die Verwickelung der Verhältnisse wird zur rechten Zeit nicht fehlen, wo die Hand ergreifen wird was das Auge längst firirt hat. Mit Einem Worte: Bevor Egypten englisch ist, wird England mehr als irgend eine Macht den Durchstich hintertreiben; sobald es englisch ist, geschieht er im ersten Augenblicke, und das Jahrhundert wird sich mit vollem Rechte der großen That bewußt fühlen. Aber die großen Ereignisse des Orients mit Ungeduld wecken wollen, daß hieße sich am Herzen der heutigen Politik der Großmächte vergreifen. Und Mehemed Ali wird den großen Bau um so weniger beschleunigen, weil er Freund und Feind nicht noch lüsterner nach seinem Lande machen mag. Dazu kömmt daß die beabsichtigte Nildämmung alle seine Kräfte in Anspruch nehmen muß und für sein Land

selbst ungleich ersprießlicher ist als der Durchstich der
Meerenge.

Am nächsten Morgen ließ ich in aller Frühe meine
Kamele mit den Beduinen und dem Dragoman etwa zehn
Minuten nördlich von Suez durchs Meer ziehen; denn
wir hatten vollkommenen Ebbestand. Das Wasser reichte
den Kamelen nirgends bis an die Schenkel; eine Strecke
in der Mitte lag ganz trocken; nach einer guten Viertel=
stunde ungefähr waren sie an der östlichen Seite des
Meers angekommen *. Der Umweg der zur Zeit der Fluth
um den äußersten Meeresarm gemacht werden muß be=
trägt, wie man mir angab, mehrere Stunden. Ich selbst
hatte die Einladung des jungen Herrn Costa angenom=
men, mit ihm in seiner Barke nach Ajin Musa überzufah=
ren, wo er ein ländliches Gut angelegt hatte. Doch
mußten wir zu unserem Aufbruche die Rückkehr der Fluth

---

* Niebuhr hat genau die jetzige Breite des Meeres bei Suez
gemessen; wobei nur zu bemerken ist, daß die nächste nördliche Strecke
von Suez bei weitem breiter ist als diejenige die Suez gerade gegenüber
liegt. Doch nähert sich die Breite des Meeres, im Norden von Suez,
eben da wo die Araber zur Ebbezeit ihren Weg durch dasselbe einzu=
schlagen pflegen, wieder jener Breite bei Suez selbst. So lautet Nie=
buhr's Berechnung: „Ich stellte das Astrolabium am Ufer an der Ost=
seite des Meers auf, und fand den Winkel zwischen meiner Grundlinie
von 83 doppelten Schritten und der Südostecke der Stadt, in dem ersten
Standpunkte 76° 5' und in dem zweiten 97° 52'. Die Breite dieses
Arms des rothen Meers ist also 757 doppelte Schritte oder ungefähr
3450 Fuß."

abwarten, und mit der Fluth zugleich auf einen günstigen
Wind rechnen.

Unterdessen machte ich in Begleitung Herrn Costa's
dem Statthalter von Suez meine Aufwartung. Wir trafen
ihn, einen starken kräftigen Mann, der früher viele Kriegs=
dienste gethan, unter dem Eingangsgewölbe seines Pala=
stes. Wir setzten uns sogleich zu ihm. Ich übergab ihm
das Empfehlungsschreiben, das mir vom Gouverneur von
Cairo für meine Sinaireise ausgestellt worden war. Der
Statthalter empfing es mit der üblichen Respektbezeigung,
konnte es aber nicht lesen. Es wurde sein Sekretär ge=
rufen, der es ihm vorlas und sodann ein paar Worte
darunter schrieb, die aussagten, daß es der Statthalter
von Suez gesehen. Von den Anerbietungen seines Schutzes
und von allen anderen lag keine Veranlassung vor Ge=
brauch zu machen.

Um Neun unternahmen wir unsere Ueberfahrt nach
Ajin Musa. Es fiel mir dabei eine große Untiefe in der
Mitte des Wasserarmes sowie eine andere auf, die wie
eine leicht bedeckte Landzunge von Osten herüberreichte.
Unsere Barke mußte sich ängstlich vor aller Annäherung
hüten und durfte nicht den geraden Weg einschlagen. Un=
terwegs erzählte mir Chalil, des Consuls Dragoman,
von den Diensten die er Alphonse de Lamartine auf seiner
Reise geleistet. Nahe an zwei Stunden blieben wir auf
dem Wasser, obschon der Wind nicht eben ungünstig war.

Als wir Ajin Musa uns gegenüber im Auge hatten, stand dort wie eine kleine schimmernde Pyramide. Es war aber nichts anders als mein Zelt, das mein Ali bereits aufgeschlagen hatte. Dieses kleine weiße Haus sah hier ganz stolz und imposant von seiner Höhe ins schöne dunkelblaue Meer hinab. Doch war die optische Täuschung kurz, die ich übrigens mit der Niebuhr's zusammenhalten möchte, als er, eben auch in der Nähe von Suez, einen Araber auf seinem Kamele sah der höher als eine Kirche in der freien Luft zu reiten schien*.

Die ganze Umgegend von Ajin Musa oder den Mofisquellen enthält viel Schutthügel; gewiß ruhen auch hier manche Ruinen alter Bauten. Unter der französischen Expedition entdeckte bekanntlich der General Bonaparte selber den großen Canal durch den das Wasser dieser Quellen, acht an Zahl, bis ans Ufer des Meers geleitet wurde. Dieser Canal brachte wahrscheinlich den Venezianern Wasservorräthe für ihre Flotten, die sie gegen die Portugiesen aussandten, als diese den Weg nach Indien ums Cap der guten Hoffnung entdeckt hatten. Das Wasser ist übrigens besser als alles andere der Umgegend, obschon es weder vom Milch- oder Salpetergeschmack noch auch von einer leichten medizinischen Wirkung ganz frei ist. Einzelne Palmen stehen da, und zwar in ihrer

* S. Niebuhr's Reisebeschreibung 1. Band, S. 253.

vollen Wildheit, bewachsen mit dichten Zweigen vom Fuß
bis zum Scheitel. Mehrere uralte Baumstämme machten
sonderliche Figuren. Eine der größten der Mosisquellen
wird von der Gartenanlage Herrn Costa's umschlossen.
Dieses freundliche Gut mit seinem frischen Grün, mit
seinen üppig gedeihenden Anpflanzungen von Gemüsen
und Fruchtbäumen, mitten aus der öden Sandstrecke her=
vorgerufen, nimmt sich aus wie das fröhliche Auge der
Wüste. Man sieht daran recht gut daß der Boden hier
der Hand der Cultur mit herrlichem Lohne dankt. Schon
haben sich auch Engländer zu Anlagen, ähnlich der des
Herrn Costa, eingefunden. Ich möchte aber diesen An=
lagen eine noch viel reichere Zukunft voraussagen.

Die Benennung dieser Quellen nach Moses dürfte
sich freilich nur mit Unsicherheit aufs hohe Alterthum zu=
rückführen lassen. Da jedoch hier der große Führer Is=
raels nach seinem Durchgange durchs Meer fast ohne allen
Zweifel rastete, so hatten spätere Generationen, mögen es
Muhamedaner oder Christen gewesen sein, vielleicht am
wahrscheinlichsten die ersten Wallfahrer nach dem Sinai,
vollkommen Recht, gerade an diese erquickenden Quellen
den Namen des Moses zu knüpfen. Peter Belon, der
gerade vor dreihundert Jahren hier war, führt allerdings
an daß diese Quellen, deren er zwölf zählte, jene bekann=
ten bitteren Quellen des Moses sein sollten. Allein theils
ist dazu das Wasser nicht bitter genug, theils stimmt

damit die Lage nicht überein; was man auch längst ein=
gesehen. Als ich allein unter einem alten Palmbaume bei einer
der Quellen saß, überließ ich mich der Erinnerung an die
große Stunde der Vorzeit. Ich las das Lied das Moses
mit den Kindern Israel bei denselben Quellen dem Herrn
einst angestimmt hat, einst, nach der wunderbaren Erret=
tung aus den Fluthen und aus der Feinde Hand: „Ich
will dem Herrn singen; denn er hat eine herrliche That
gethan; Roß und Wagen hat er ins Meer gestürzt." Das
Lied vergißt sich nimmer, hat man's hier gelesen. Ich sah
Mirjam, die Prophetin, ihre Pauke in der Hand; sammt
den Frauen mit Pauken am Reigen. „Laßt uns dem
Herrn singen," so klang's mir entgegen „denn er hat eine
herrliche That gethan; Mann und Roß hat er ins Meer
gestürzt."

Ich kann nicht umhin gerade hier einen Haltpunkt
für meine Wanderungen zu wählen, um das Resultat
von meinen Studien über den Durchgang der Israeliten
durchs rothe Meer niederzulegen. Doch werde ich zu
vermeiden suchen was meine Mittheilung zu einer streng=
wissenschaftlichen Abhandlung stempeln könnte; um so
mehr da ich eine solche demnächst zu veröffentlichen ge=
denke.

Zug der Israeliten durchs rothe Meer.

Mosis Erzählung vom Wunder des Herrn am Volke Israel, bei seinem Auszuge aus der egyptischen Knecht=schaft ins gelobte Land, ist neuerdings dadurch feindlich angegriffen worden daß man aus der Anschauung des Schauplatzes selbst anstatt des göttlichen Retterarms die einfachste Gunst der Umstände zu folgern geneigt ward. Alles Weitere maß man der poetisch vergrößernden Sage bei. Sehr begreiflich riefen diese Angriffe Gegner hervor, die um den Glauben der Väter einen neuen Wall auf=warfen. Vielleicht ist man aber auf den zwei entgegen=gesetzten Seiten in Irrthum verfallen. Hier hat man das Wunder geradezu natürlich, dort hat man es allzu wun=derbar gemacht. Dagegen scheint mir daß die rechte Prü=fung der Sache mit der Wissenschaft auch den Glauben beim vollen Rechte beläßt.

Vor Allem gilts die genaue Verfolgung der biblischen Erzählung, und zwar vom Auszuge bis zum Durchgange. Die Kinder Israel zogen von Raemses aus gen Suchoth, so heißts ausdrücklich 1 Mof. 12, 37. Wo lag Raemses? Ich glaube da wo wir Heliopolis wissen. Statt dessen

hat man vor Kurzem an Heroopolis gedacht *. Ich sage:
vor Kurzem; doch hat man damit eigentlich nur den Faden
wieder aufgenommen den schon Dü Bois=Aimé für diese
Angelegenheit 1810 gezogen hatte **. Das bedarf einer
Widerlegung. Weniges wird dazu hinreichend sein.

Erstens dient die Stelle, die zum Beweis genommen
worden daß Heroopolis mit Raemses zusammenfällt, zum
entscheidendsten Beweise daß beide nicht zusammenfallen kön=
nen. Es heißt nämlich 1 Mos. 46, 28.: „Und Jacob sandte
Juda vor sich hin zu Joseph, auf daß er ihm entgegen
käme gen Gosen." Hier haben die griechischen Uebersetzer
für „Gosen" gesetzt „Heroopolis im Lande Raemses."

Das „Land Raemses" ist gleichbedeutend mit dem
„Lande Gosen." Das ist klar aus 1 Mos. 47, 11, wo
der hebräische Text selber „Raemses" für „Gosen" setzt.
Heißt es aber nun 1 Mos. 46, 28. bestimmt „Heroopolis
im Lande Raemses," so kann das nimmermehr eben soviel
heißen als „Raemses im Lande Raemses." Der Name
der Stadt Raemses, sagt Hengstenberg, war außer Ge=
brauch gekommen. Das wird entschieden widerlegt durch
2 Mos. 1, 11., weil hier der Name der Stadt Raemses
auch bei den griechischen Uebersetzern ruhig stehen geblie=
ben ist.

* Vergl. Hengstenberg: Die Bücher Mose's und Aegypten.
1841.
** Vergl. Description de l'Egypte, tome VIII. p. 111. ff.

Zweitens kann Heroopolis nicht Raemses und als solches der Ausgangspunkt der Israeliten gewesen sein weil der Weg von Heroopolis aus, dessen Lage man ja genau kennt, zu irgend einer Durchgangsstelle durch's rothe Meer ganz unbegreiflich ist. Von Heroopolis aus mußte vielmehr das nördliche Ende des Meerbusens, das ja selbst der Meerbusen von Heroopolis genannt ward weil es fast daran stieß, sofort umgangen werden.

Man darf nicht einwenden daß wir von dem Wege, den Moses nehmen mußte, gar nichts wissen können. Moses hatte seinen bestimmten Plan oder vielmehr die ausdrückliche göttliche Weisung, über den Sinai nach Canaan zu ziehen. Um dies zu bewerkstelligen durfte er unmöglich einen widersinnigen Weg einschlagen. Widersinnig wär's aber, von Heroopolis aus anders als auf die Ostseite des Meeres zu gehen.

Allerdings hatte Moses beim Pharao zur Täuschung vorgegeben, die Israeliten gingen nur zu einem Opferfeste in die Wüste. Allein die Wüste war so gut östlich als westlich vom Meerbusen. Und will man an Besorgnisse denken die Moses vor Ausfällen der egyptischen Grenzbesatzungen habe hegen können, so ist darauf zu erwidern daß ja Heroopolis selbst eine Grenzfeste war und demnach Besatzung haben mußte. Ueberdieß hatten die wunderbaren Schickungen Gottes gewiß auf alle Egyptier noch mehr Eindruck gemacht als auf den halsstarrigen Pharao;

brum mochte auch Niemand sonst als dem Pharao das
Verlangen ankommen die Auswanderer zurückzuzwingen.
Allen Verfolgungen aber konnte Moses nicht sicherer ent=
gehen als wenn er sich sofort an die Ostseite des Meeres
zog, was in sehr wenigen Stunden thunlich war. Wäre
übrigens die Furcht vor solchen egyptischen Grenzbesatzun=
gen wirklich in Betracht gekommen, so wäre im Text da=
von eben so gut Erwähnung geschehen wie von der Furcht
vor dem Streite mit den Philistäern; denn jene Furcht
hätte noch weit näher liegen müssen.

Nur Etwas hat einigen Schein für sich; es ist die
Berufung dü Bois=Aimé's auf 2 Mos. 13, 18.: „Darum
führte er das Volk um auf die Straße durch die Wüste
am Schilfmeer. Dü Bois=Aimé sagt, nur wenn man
aus dem Thale Sebabyar, wo eben auch Heroopolis lag,
den Auszug stattfinden lasse, sei es begreiflich wie die Is=
raeliten sofort drei Tage am Schilfmeer hin ihren Weg
nehmen konnten. Allein das letztere sagt die Stelle kei=
neswegs aus. Der Weg durch die Wüste am Schilfmeer
ist dem Wege durchs Land der Philistäer, nahe am mittel=
ländischen Meere, entgegengesetzt; er bezieht sich nicht eben
auf die drei ersten Tage. Die angezogene Stelle steht beim
Antritte des Wegs und betrifft die ganze Richtung dessel=
ben. Auch heißt es nicht „der Weg am Schilfmeer," son=
dern „der Weg durch die Wüste am Schilfmeer." Der
direkte Weg von Heliopolis nach Canaan durchs Land

I.   **12**

der Philistäer wäre nach Belbeis und nach dem See
Menzaleh hinauf nach Pelusium und Gaza gegangen,
wie ich ihn selbst gemacht. Auf diesem Wege trafen die
Israeliten noch cultivirtes Land; dafür zogen sie der gött=
lichen Weisung gemäß durch die Wüste am Schilfmeer,
durch welche der Weg nach dem Sinai führte.

Noch ein Uebelstand bei der Annahme des Auszugs
von Heroopolis liegt darin daß Moses in der Nähe von
der königlichen Residenz zu denken ist, da er noch in der
Nacht der letzten Plage zum Pharao gerufen wird. Mem=
phis liegt aber viel zu fern von Heroopolis, und Zoan,
das allerdings wenigstens viel näher als Memphis ist,
dürfte sich schwerlich als Residenz halten lassen.

Endlich möchte die 2 Mof. 14, 2. anbefohlene „Wen=
dung" des Zuges bei der Annahme des Aufbruchs von
Heroopolis gar nicht gut möglich sein.

Nach meiner Ansicht also zogen die Israeliten von
Heliopolis aus. Damit harmonirt Josephus in so fern
als er in Heliopolis die Israeliten überhaupt stationirt
sein läßt und von da aus ihren Zug über Bessatin lenkt.
Damit ergibt sich ferner eine angemessene Entfernung in
der Moses vom Pharao zu Memphis war. Endlich stimmt
„Heliopolis" vortrefflich zu „Raemses." Das beweist der
alte arabische Uebersetzer Saadias, der Raemses geradezu
durch Heliopolis wiedergibt. Dafür läßt sich sodann doch
wohl auch Jablonsky's Etymologie aus dem Koptischen

wenigstens „anführen." Endlich aber spricht dafür gerade
das woraus man den Widerspruch zu folgern gewohnt
ist, nämlich die griechische Uebersetzung von 2 Mof. 1, 11.
Für „Raemses" hat diese nämlich nach dem üblichen Texte
„Raemses und On, was Heliopolis ist." Den Zusatz
„und On, was Heliopolis ist," halt' ich für eine nähere
Bestimmung zu Raemses. Richtiger hat daher die kostbare
Handschrift des sechsten Jahrhunderts zu Mailand nicht
„und On" sondern „oder auch On;" während zwei arabi=
sche Uebersetzungen „und On" und „was Heliopolis ist"
als zwei verschiedene Zusätze hinstellen. Auch wär's in
der That verwunderlich, wie der griechische Uebersetzer fast
anderthalb tausend Jahre hinterdrein noch eine förmlich
neue Thatsache zum alten Terte hinzugebracht hätte; wo=
gegen es ganz in seinem Geschmacke ist, wenn er den fremd=
artigen koptischen Namen Raemses zuerst mit dem bekann=
teren egyptischen Namen On und zugleich mit dem entspre=
chenden griechischen Heliopolis verdeutlicht hat.

Von Heliopolis nun will man mit besonderer Vor=
liebe den Zug durch Bessatin gehen lassen. Der Haupt=
grund dafür ist daß Josephus diese Richtung nennt. Al=
lein besaß Josephus dafür zu seiner Zeit eine andere Au=
torität als eine vielleicht vage Ueberlieferung? Wo die
Israeliten gewohnt hatten, das konnte und mußte viel
leichter und treuer im Gedächtniß des Volkes bleiben als
der Weg den Moses durch die Wüste einschlug.

Die weitere Folge des Zuges hat besonders Sicard im Süden der Gebirgskette des Mokattam nachzuweisen versucht; in Gendeli fand er Suchoth, Etham in der Ebene von Ramlie, Pihahiroth in Thuärek, und ließ den Durch=gang durchs Meer ziemlich Ajin Musa gegenüber von Südwest nach Nordost stattfinden, eben da wo ihn die jetzige Tradition, vielleicht den Mosisquellen zu Gefallen, annehmen will. Das Meer ist daselbst fünf bis sechs Stunden breit.

Es ist nicht zu leugnen daß sich für diesen Weg Man=ches sagen läßt; aber gewiß noch mehr dagegen. Ich er=wähne nur erstens daß Sicard, zur Kürzung des Wegs von drei Tagereisen, den Auszug von Bessatin beginnen läßt, indem er in Bessatin Raemses wieder erkennt. Das scheint mir ganz unstatthaft; denn, ohne auf Weiteres einzugehen, Bessatin liegt doch außerhalb der Grenzen des Landes Gosen. Ferner bleibt der Weg immer noch sehr lang. Sicard machte diese siebenundzwanzig französische Meilen wohl selber in drei Tagen; aber für jenes Heer von zwei Millionen war die Aufgabe bei weitem schwerer, und sie war wohl gar unlöslich, nimmt man den Weg von mehreren Stunden von Heliopolis bis Bessatin noch hinzu. Karl v. Raumer ist daher neulichst darauf ver=fallen, daß im Mosaischen Berichte gar keine Tagereisen zu verstehen seien. Dies ist aber gewiß irrthümlich; Ta=gereisen müssen eben so gut hier als später verstanden

werden (vom späteren Verlaufe nimmt Raumer seinen
Beweis her); keineswegs ist aber bei diesen Tagereisen
die Rast auf eine Nacht oder überhaupt auf eine bestimmte
Kürze beschränkt.

Ferner ist die Breite des Meeres von fünf bis sechs
Stunden, die für das Heer der Israeliten wenigstens acht
bis neun Stunden Wegs werden mußten, schwerlich ver=
einbar mit Mosis Zeitangabe für die verhängnißvolle Nacht.
Endlich hat man Unrecht auf die Tradition für die
genannte Stelle großes Gewicht zu legen, da sich zugleich
eine andere Tradition noch ein paar Tagereisen südlicher
festgesetzt hat, bei dem sogenannten Hamam Pharaun,
wodurch das Wunder noch wunderbarer würde, während
die historische Prüfung auf Absurdität geriethe.

Ziehen aber nun die Israeliten von Heliopolis aus,
nicht über Bessatin, so beträgt die Entfernung in gerader
Linie bis ans Meer gegen zwanzig Stunden. Doch nehm'
ich an daß Moses mit klarem Auge und entschiedenem
Plane ans Nordende des Meerbusens seinen Zug lenkte.
Erst am zweiten Reisetage befinden sie sich „vorn an der
Wüste," in Etham; denn der Anfang des Wegs berührte
noch das fruchtbare Land Gosen. Uebrigens entbehrt
bekanntlich sowohl Suchoth als auch Etham aller be=
stimmten Färbung; wenn nicht etwa zu berücksichtigen ist
daß gerade um Suez, östlich und westlich vom Meere, die
Wüste den Namen Etham führt.

Von der zweiten Station Etham aus erfolgt die gött=
lich anbefohlene Wendung des Zugs, wobei sogleich des
nacheilenden Pharao's Erwähnung geschieht. Des letz=
tern Umstandes halber mochte Moses, in gewisser Hinsicht
gezwungen, an die Möglichkeit eines Durchgangs durchs
Meer auf den beiden ihm wohlbekannten Furthen im
Norden und Süden von Suez denken; während Pharao
so weit als möglich von Norden heranrückte, um den
Auswanderern den einzigen Ausweg abzuschneiden.

Moses ging gegen Pihahiroth und lagerte sich ans
Meer, gegenüber Baalzephon. Baalzephon mag, wie
man eben auch gewöhnlich annimmt, mit der Lage von
Suez ziemlich zusammenfallen. Pihahiroth oder Hahiroth
ist das heutige Abscheruth. Die weitere Bestimmung der
Lagerung „zwischen Migdol und dem Meere" rechtfertigt
sich ganz, sobald man unter Migdol den Berg Ataka ver=
steht, wogegen sich in keiner Beziehung etwas Erhebliches
wird einwenden lassen. Berg und Meer werden sehr pas=
send zusammengestellt, während noch die Stadt Baalzephon
dazu genannt ist.

Dagegen ist es mir völlig unbegreiflich wie Hengsten=
berg vermuthen kann, Migdol bezeichne die Grenzfeste
dieses Namens in der Nähe von Pelusium. Ein einziger
Blick auf die Karte lehrt, daß sich zwei Punkte in einer
Entfernung von drei Tagereisen nicht als Grenzpunkte
für eine Lagerstätte angeben lassen. Jenes Migdol nahe

am mittelländischen Meer liegt außer allem Nexus. Uebri=
gens war dasselbe den Israeliten von Heroopolis aus —
wie Hengstenberg will — die beiden ersten Tage viel
näher als den dritten, worauf sich doch die fragliche La=
gerung bezieht.

Jetzt aber befanden sich die Israeliten in der That in
der mißlichsten Stellung von der Welt. Rechts von sich
hatten sie den Berg Ataka, der von Suez aus gesehen
kaum einen Streifen zwischen sich und dem Meere frei zu
lassen scheint; vor sich das Meer; hinter sich und neben
sich das Heer Pharao's.

Denen gegenüber die das Wunder gern noch in ihre
eigenen Vergrößerungsgläser fassen — bisweilen wohl im
Eifer für Gott aber mit Unverstand — ists nun freilich
gefährlich, Ebbe und Fluth in Betracht zu ziehen. Allein
der Text selber führt uns entschieden darauf. „Durch
einen starken Ostwind," heißt es, „ließ der Herr das Meer
hinwegfahren die ganze Nacht." Der Nordostwind ists
noch heute der die Ebbe verstärkt; dazu fällt noch heute,
wie ich selbst zwei Mal gesehen und benutzt habe, die Eb=
bezeit in die frühsten Morgenstunden.

Das rothe Meer hat bei Suez, wie ich schon angege=
ben habe, zwei Furthen, eine nördlich, eine südlich; zur
Ebbezeit werden beide noch heute von den Arabern durch=
gangen. Damals aber hatte das Meer bekanntlich eine
viel weitere Ausdehnung nach Norden als jetzt; es reichte

ja, man vergleiche nur die Karten von du Bois=Aimé und
von Laborde, nahe bis ans Thal Sebabyar; weshalb auch
von einem leichten Umgehen des Meeres, wovon Raumer
spricht, gar keine Rede sein kann. Waren nun auch die
Furthen, wie es sehr glaublich ist, schon damals vorhan=
den, so mußte doch der Durchgang von längerer Ausdeh=
nung als heute sein, und damit die ganze Thatsache viel
außerordentlicher sich gestalten als es heute den Schein hat.

In der Nacht zogen die Israeliten glücklich durchs
Meer; um die Morgenwache schon waren sie am Ufer und
die Egyptier inmitten der Wassermauern. Dies alles ist
nur bei Suez möglich. Der sechsstündige Weg dagegen
bei Ajin Musa, der für die Israeliten immer noch um ein
Beträchtliches länger werden mußte und der durch den
stärksten Ostwind nicht blos gelegt werden kann — hätte
Moses von einem absoluten Wunder sprechen wollen, so
hätte er sich gar nicht auf den Ostwind bezogen — dieser
Weg dagegen, sag' ich, nimmt dem Vorgange jegliches
Band mit der sonstigen göttlichen Ordnung der Dinge.

Als die imposantere Seite des Wunders stellt sich nun
allerdings nicht sowohl der sichere Durchzug Israels, als
vielmehr der Untergang des Pharaonischen Heeres heraus,
obschon man sich umsonst ängstlich nach dem nöthigen Wasser
dazu umgesehen hat; denn man dachte dabei nicht an die
seit damals veränderte Ausdehnung des Meeres. Ent=
scheidet man sich aber vollends für die südliche Furth, was

kaum bedenklich ist, so kann man heute noch etwas Aehn=
liches erleben.

Nach alle dem erscheint mir bei jenem Ereignisse nach
seinen beiden Hauptseiten der wunderbare Retterarm des
Herrn für sein Volk in unzweifelhaftem Lichte. Daß er
sich aber die Kräfte der Natur, wenn auch immer in der
besondersten Weise, dienstbar machte, das sagen wir dem
heiligen Texte selber nach. Ueber den Text hinausgehen,
das ist, meines Bedünkens, weniger fromm als leichtfertig
und eigenwillig.

„Der Herr hat eine herrliche That gethan." „Der
Herr wird König sein immer und ewig." Diese Festworte
des erwählten Knechtes Gottes werden, so lange es in
der Welt Geschichte und Glauben gibt, den Zug der Is=
raeliten durchs rothe Meer getreu und unwandelbar um=
schweben.

Von Ajin Mufa nach dem Sinai.

Am fechzehnten Mai des Nachmittags brach ich von Ajin Mufa auf. Wir nahmen im Often zum treuen Begleiter auf die nächsten Wanderungen mit den röthlichen Toraha, deffen südliche Spitze, der Dfchebel Sabr, weithin ihren weißlichen Schimmer warf; während wir im Weften anfangs noch die über den Spiegel des Meeres hervorftarrende Stirn des Ataka, bald aber den Dfchebel Kuaib hatten. Als der Abend herniederfank, hüllte sich der Kuaib in dunkelblaue Düfte, die sich zauberisch um seine röthlichen Felsen schmiegten. Wir zogen jetzt wieder durch eine Sandebene die mit Feuersteinen beftreut war; das Meer war dem Auge entfchwunden. Aber es zog mich mit Gewalt zu ihm hin; noch diesen Abend mußten mich meine Führer dicht an seine Ufer führen. Kaum waren wir dort zu unserem Nachtlager angekommen, so eilt' ich mit der Laterne an die rauschenden Fluthen; meine Sehnsucht war zu groß die schönen Conchilien selber am Strande zu sammeln. Ich hatte, als ich zurückkehrte, alle Tafchen voll.

Am andern Morgen zogen wir stundenlang am Strande
hin, der von der zurücktretenden Fluth noch feucht war.
Jetzt erst sah ich vollkommen diesen Reichthum, diese
Pracht. Die Conchilien des rothen Meers verdienen
ihren Ruhm; an keinem andern Meeresufer gibt's einen
solchen Schaugenuß. Meine Beduinen suchten anstatt der
Muscheln die von der Ebbe etwa blosgelegten Fisch=
chen auf.

Gegen Mittag befanden wir uns im Wadi Sadr,
der sich fast gar wie ein kleiner Wald ausnimmt durch die
Menge seiner Tamariskenbäume, seines hohen Gesträuchs
und Buschwerks. Auch sah ich darin mehrere junge Ha=
sen. Ich ließ den Wadi hindurch nach Westen wieder ans
Meer ziehen. Hier hielt ich meine Haupternte in den Con=
chilien. Besonders sammelte ich eine kleine weiß und grau
gesprenkelte Art, welche die egyptischen Mütter ihren Kind=
lein um den Hals hängen als Talismane gegen den bösen
Blick. Als ich darauf am Ufer schlief, träumte ich von
einem schönen Auge in der Ferne. Sieh, sagt' ich der die es
trug, gegen den bösen Blick hab' ich den Talisman gefunden;
aber wo wäre Rettung vor deinem himmelschönen Blick.

Uebrigens ist es den Egyptierinnen voller Ernst mit
dem Glauben an den bösen Blick; ich hab' es selber zu
meinem Verdrusse wiederholt erfahren, daß mir die Müt=
ter ihre Kinder verdeckten wenn ich sie freundlich beschauen
wollte. Eine gleiche Furcht haben sie vor dem sogenannten

Beschreien. Sind wir freilich von so viel bösen Genien umringt wie die Egyptier glauben, dann ist keine Vorsicht übertrieben. Nun in der Wüste, wo die sichtbaren Dämonen der socialen Cultur fehlen, hat der Glaube an unsichtbare mehr Recht als anderswo.

Am Achtzehnten des Vormittags zogen wir lange zwischen weißlichen Kalkfelsen hin. Nach einigen Stunden Wégs kamen wir bei einem Wachthause vorbei; es schien verwaist zu stehen. Gleich dahinter war nach der Aussage meiner Begleiter die Howaraquelle mit bitterem aber doch zur Noth trinkbarem Wasser. Bekanntlich ist man sehr geneigt in dieser Quelle jenes Marah der Schrift wieder zu erkennen, wo Moses durch „einen Baum den ihm der Herr wies" das Wasser süß machte. Die Entfernung von „drei Tagereisen" stimmt recht wohl mit dieser Lage überein. Natürlich sind die drei ununterbrochenen Tagereisen nur so zu verstehen daß es während derselben zu keiner eigentlichen längeren Lagerung kam. Auch nach der Versüßung des Wassers hat man sich umgesehen; namentlich fand Burckhardt, daß die Beeren des Gurkud, der reichlichst an der Quelle wächst, dazu gedient haben mögen. Doch kennen wenigstens jetzt die Beduinen keinen ähnlichen Gebrauch davon. Uebrigens wurde mir in Cairo mitgetheilt, daß sich als das Marah der Schrift vielmehr eine im Osten von Howara gelegene Quelle ausweise, deren Wasser von einer weit entschiedenern Bitterkeit sein

soll. Vielleicht erhalten wir bald weiteren Aufschluß
darüber.

Die Hitze stieg gegen Mittag zu einer fast unerträg=
lichen Höhe; ich hatte nie etwas Aehnliches erfahren.
Sicher mochten wir dreißig bis fünfunddreißig Grad im
Schatten haben. Und was das Gefühl dieser Hitze noch
steigert, das ist die Vorsicht gegen den Sonnenstich. Ich
habe nicht leicht in einem heißen Sommer in Deutschland
den Kopf so warm gehalten wie in der arabischen Wüste.
Außerdem trug ich noch seidene Tücher über dem Gesichte.
Das hatte mir ein Freund in Cairo zur Pflicht gemacht,
der von einer Sinaireise um dieselbe Sommerzeit eine völlige
Metamorphose seines Gesichts nach Hause gebracht hatte.

Wohl eine Stunde zogen wir schon im Garandel=
thale ehe wir zum Quellbassin mit dem zum Meere eilen=
den Bächlein kamen. Das ist eine herrliche Oase; sie ruht
da wo wir rasteten, verschlossen wie ein Kleinod, zwischen
Wänden von Kalkfelsen. Wir wadeten lange im Schilf=
grase, so hoch wie wir selber; Tamarisken und niedere
Palmen zogen sich wie eine Guirlande von Osten nach
Westen. An der Bergwand vor unseren Augen spielten
viele Schwalben und kleine Raubvögel; unter den Bäu=
men schwärmten Turteltauben. So sehr auch die Sonnen=
gluth bis in dies schöne Thal herein brannte, so daß eine
Erfrischung schwer war und selbst das Wasser der Quelle
wie gewärmt schmeckte, so war doch der Gedanke überwäl=

tigend daß wir im biblischen Elim waren, in jenem Elim
mit „den zwölf Wasserbrunnen und den siebenzig Pal=
menbäumen." Von jeher hatte mich dieses Elim gefesselt;
ich hatte mir so gern die Kinder Israel, nach der erschö=
pfenden Wanderung durch die öde Sandsteppe, unter die=
sen Palmen bei den fröhlichen Quellen gedacht. Drum
ruht' ich heute auch recht lang und glücklich in dem ge=
segneten Thale. Nur drängten gegen Abend wider Ge=
wohnheit die Beduinen zum Aufbruch; sie fürchteten für
die Kamele von den stechenden Insekten.

Bald nach unserem Abschiede zogen wir eine beträcht=
liche Anhöhe hinab; dann waren wir zu beiden Seiten
umgeben von weißlich grauen Kalkfelsen, die sich im We=
sten oft zu groteßken Formen gestalteten. Ein heftiger
Wind erhob sich. Nach zwei Stunden Wegs fehlte mir
der Strohhut, den ich an die Flinte gebunden hatte. Der
Verlust war unersetzlich. Slen und Attajö und Ali liefen
sogleich zurück. Ich legte mich indessen in der Dunkelheit
mit dem Scheik und den vier Kamelen hin in den Sand.
Wir machten uns hier, so gut es ging, gegenseitige
Freundschaftsbezeugungen; ich rauchte aus seinem Tchybuck.
Die Späher kamen zurück, aber ohne den Hut. Auf
ihren Wunsch macht' ich sofort Halt, da sie des Fundes
für den nächsten Morgen völlig gewiß sein wollten. Al=
lerdings hatten sie selber vorher ihren gemeinschaftlichen
blauen Leinwandmantel verloren und nach einem Rückwege

von vielen Stunden wiedergefunden. Und in der That
war auch mein Hut des Morgens um Acht gefunden.

Am Neunzehnten hatten wir die Wirkungen des Ga=
randelwassers, dessen weicher Milchgeschmack mir sogleich
verdächtig gewesen. Die Erfahrung von den Mosisquellen
hatte uns hier nicht klug machen können. Zu Mittag
hielten wir an einem mächtigen Felsblock, vereinzelt in=
mitten der Ebene, wie ein verlorner Sohn vom Dschebel
Pharaun, der aus nordwestlicher Ferne drohend auf uns
niedersah.

Des Nachts nahmen plötzlich unsere Kamele eine
scheue Miene an; Attajö lief unerschrocken nach der Rich=
tung ihres bedenklichen Auges; es war nichts als ein in
der Irre gelassenes Kamel. Später hatten wir die Musik
eines starken Wolfgeheules.

Am Zwanzigsten früh um Acht trafen wir auf eine
kleine Zeltniederlassung. Im Boden waren mehrere Was=
serlöcher, aber ihr Inhalt war sehr gering. Ein Mägd=
lein tränkte ihre Lämmer davon; sie hatte Ursache uns die
Theilung des Vorraths zu mißgönnen. Der Wadi hieß
El Baba (Regenwasser). Meine Beduinen holten nun
aus der Ferne Wasser von einer Quelle, genannt El Malha
(bitter); sie ließen mich aber dadurch in die Mittagssonne
fallen, so daß ich zu ihrem großen gesellschaftlichen Ver=
gnügen bis zum Abend beim Dorfe bleiben mußte. Als
wir aufbrachen, mußte ich für meine außerordentliche Er=

ſchöpfung von der andauernden Gluth einige Tropfen Naphtha nehmen.

Jetzt gingen wir durch ſehr ſteinigte und bergigte Wege, die oft ſogar gefährlich wurden; aber das Kamel hat einen ſicheren Tritt. Als wir Nachtlager machten, waren wir von Bergfelſen eingeſchloſſen, doch fanden un= ſere Kamele grüne Sträucher zur Weide.

Am Einundzwanzigſten gelangten wir in das wild= romantiſche Naſſebthal. Was für eine Pracht haben hier die Maſſen von Sandſtein und Urgebirg. Wie zu trotzenden Bollwerken lagen ſie gethürmt zu unſerer Rech= ten und Linken; oft liefen ſie pyramidenförmig aus und hatten ſeltſame Bildungen, gleich als wären's Trümmern von einer Stadt jener egyptiſchen Rieſen. Das Spiel der Farben dieſer Felſen war reizend. Bald ſchien es als wären ſie von einem grauen Nebel umſchleiert; bald trugen ſie ein lichtes oder dunkles Roth mit Schieferadern; bald endlich hatten ſie einen grünlichen Schimmer über einer grauweißen Decke. Unſer Weg ſchlängelte ſich beſtändig; man ſah nie mehr als einige hundert Schritte weit vor ſich. Zu Mittag wehte der Wind wieder heiß; doch hatt' ich mich glücklich erholt von der geſtrigen Erſchöpfung. Zwei meiner Beduinen holten Waſſer von einer Quelle die ſie mir Om Nagla nannten. Mein Dragoman über= ſetzte es matre degli arberi, und ſagte mir, es ſtänden zwei Dattelbäume um die Quelle.

Als wir weiter ritten, im beständigen Anschaun der
Felsmassen die uns umragten, konnte ich mich des Gedankens nicht erwehren daß wir durch ein verlassenes
Strombett zogen. Die Felsen hatten viele Wasseraushöh-
lungen, auch lagen auf unserem Wege oft Haufen von
kleinem Flußgestein. Nun wenigstens mögen alljährlich
durch dieses Thal die winterlichen Regengüsse stürzen.

Schon vier und ein halb Uhr verließen wir unsere Halt-
stätte, um noch bei vollem Sonnenlichte den Wadi Mo-
katteb zu erreichen. Als sich das Naßebthal zum Thale
Mokatteb erweiterte, traten wir wie in ein prächtiges
Theater; uns gegenüber hatten wir das majestätische
Feirangebirge. Ich eilte zu den merkwürdigen Felsen,
von deren Inschriften das Thal seinen Namen trägt.
Einen seltsamen Eindruck machen diese unverständlichen
Denkmale. Ich wandelte lang unter ihnen stumm umher;
wie ein vergessener Traum schwebte mir vor den Augen.
Da haben also Menschen gewandelt deren Zunge heute
kein Ohr versteht; sie haben hier mitten in der stillen
Wüste Schmerzen und Freuden gehabt, und zu Erinne-
rungsboten diese steinernen Tafeln der Natur geweiht.
Waren es Söhne der Wildniß die hier hausten, wie in
einem glücklich gefundenen Asile? Waren es Gefangene
die hier, entrissen einem fernen Heimathsboden, über
ihr armes Leben trauerten? Waren es fromme Wan-

derer aus entlegenen Zonen, die das Herz getrieben zum
Sinai, zum heiligen Berge? Ich hätte rufen mögen: Steht
auf, ihr Schläfer! Steht auf und erzählt selber von euren
dunklen, fernen Tagen. Warum wiegt ihr uns in unge-
wisse Träumereien?

Schon seit dem sechsten Jahrhunderte sind diese Inschriften und die anderen ähnlichen der sinaitischen Halbinsel gesehen worden, ohne daß sich ein sicherer Fingerzeig
zu ihrer Deutung gefunden hätte. Der bekannte Cosmas
Indicopleustes ist der erste der davon erzählt. Dies macht
nothwendig geneigt, ihren Ursprung in ein hohes Alterthum hinaufzurücken. Dagegen spricht aber daß sich da
und dort unter den Inschriften christliche Kreuze finden,
sowie daß die griechischen Inschriften, die mitten unter den
fremdartigen Schriftzeichen stehen, von einzelnen Buchstaben namentlich vom Omega genau diejenige Form
haben die erst in der christlichen Zeit auf Steinen vorkömmt. So viel ich weiß, hat man hierauf noch nicht
geachtet. Zu meiner Verwunderung fand ich übrigens
daß Leon de Laborde mehrere griechische Wörter, die gerade
etwas Besonderes enthalten, aufs Auffälligste in seiner
Copie verunstaltet hat*. Das flößt wenig Vertrauen für

---

* κακον γενος τουτο und στρατιωτης εγραψα hab' ich vom Felsen
gelesen; Leon de Laborde hat dafür κακον γελος λουγος und στρλτιω-
της εγραια veröffentlicht.

die anderen Charaktere ein; zum Glücke sind sie jedoch
bereits von Grey genauer kopirt worden.

Wäre mein Landsmann Beer in diesem Augenblicke
an meinem Platze gewesen — leider hat ihn das Geschick
so früh seinen ernsten Studien entrissen — der wäre wohl
auf Tage an diese seine Lieblinge gefesselt geblieben; er
würde auch mehr als irgend Jemand ihren Geheimnissen
Klarheit abgewonnen haben. Nach Beer's Meinung haben
diese Schriftzüge, sowie die der Inschriften auf dem Serbal
und am Sinai, einige Verwandtschaft mit den palmyreni-
schen, und stehen mitten inne zwischen dem syrischen Es-
trangelo und dem Kufischen; während er im Dialekte,
worin sie verfaßt sind, aramäische und arabische Bestand-
theile gefunden hat. Zu Verfassern möchte er mit Quatre-
mère die Nabathäer machen, die im vierten Jahrhundert
nach Christus das peträische Arabien bewohnten; doch
denkt er zugleich an Wallfahrten als Veranlassungen zu
den Inschriften.

Ich würde mir, wären nicht kundigere Sprecher da,
die Bemerkung erlauben daß mir an dieser Felsenschrift
eine Verwandtschaft mit dem Samaritanischen aufgefal-
len ist.

Mit dem Gedanken an Pilgrime stimmt das Wenige
zusammen was Beer glaubt entziffert zu haben. Darnach
steht häufig zu Anfang: Friede! Heil! oder, so wie es
auch in den unzweifelhaften griechischen Ueberresten heißt:

In Andenken bleibe u. f. w. Auch sollen sich öfters die Bezeichnungen „Pilger" und „Priester" darin finden. Doch machen sich gegen fromme Wallfahrer, wenigstens als ausschließliche Urheber, die wiederholten Darstellungen von kleinen Kämpfen, wie zwischen zwei Bogenschützen, und von bewaffneten Kriegern geltend, so wie auch die oben im Originaltexte angegebene griechische Inschrift, wo ein Soldat und zwar ganz soldatenmäßig spricht.

Außerdem aber ist es mir unglaublich, daß diejenigen von denen die Inschriften stammen gerade Bewohner dieser Gegenden, wie die Nabathäer, gewesen seien. Viel wahrscheinlicher waren es Fremdlinge aus Egypten oder aus Asien, die von Suez aus durch diese Wüstenstriche zogen. Ein deutscher Gelehrter in Cairo hat mir die Meinung mitgetheilt, daß die Schriftzüge dem Baktrischen am nächsten stehen und von Gefangenen, worunter vielleicht auch Christen, stammen möchten die hier in Steinbrüchen gearbeitet. Er wollte wissen daß sich auch in Oberegypten, z. B. in den Steinbrüchen von Aswan, ähnliche Inschriften vorfinden.

Als wir das merkwürdige Thal verließen, erzählte mir mein Dragoman von dem nahgelegenen Sarbut el kadem, das viel großartiger ist als das Thal Mokatteb. Eine wunderbare Oase sinnreicher redender Monumente, liegt es zwischen den nackten Felsen, in der lautlosen Wüste. Am meisten mag es den Eindruck eines Gottesackers machen

durch die vielen wie über Gräber aufgerichteten Denk-
steine, reichlich belegt mit Hieroglyphen. Aber dazu kommen noch in der Mitte dieser Steine Tempelbauten, die
jetzt zerstört liegen, sowie zahlreiche umgestürzte Säulen.
Das dürfte weniger zum Gottesacker passen. Und wie
geschah es, möchte man fragen, gerade hier in der einsa-
men Wüste eine so kostbare Gräberstätte zu errichten?
Auch hat man bis diesen Augenblick noch nichts von Mumien aufgefunden, die doch nothwendig vorhanden sein
müßten. Deshalb gefällt mir ausnehmend was der Lord
Prudhoe vermuthet, nämlich daß dies Sarbut ein alter
egyptischer Wallfahrtsort gewesen, dessen Ursprung freilich,
trotz der so schön erhaltenen Hieroglyphen, mehr als ein
Jahrtausend vor Christus zurückreichen müßte.

Um Mitternacht hielten wir neben einem Häuschen
worin Körner fürs Bedürfniß der Pilgerfahrten nach
Mekka von der Regierung niedergelegt sind. Des Morgens zeigte mir mein Dragoman und die Beduinen eine
Tigerspur, die dicht bei unserem Nachtlager dem Sande
eingedrückt war. Sie versicherten mir daß sich in diesen
Gebirgen jetzt noch Tiger und Tigerarten aufhalten.

Am Zweiundzwanzigsten hatten wir einen herrlichen
Tag; wir kamen in das reizende Feiranthal. Zu Anfange desselben sah ich zu meiner Linken noch eine Felsen-
wand die reichlich mit den Inschriften des Mokattebthales

bedeckt war. Bald darauf trugen die hohen Felsen, nament=
lich die zur Linken, viele Spuren alter Constructionen; sie
sahen zum Theil aus wie die Felsenwohnungen zu Siloam;
wahrscheinlich waren es alte Grabhöhlen. Je näher wir
dem Dorfe ritten, desto schöner ward das Thal: baumhohe
Tamariskensträucher, durchdrungen von Honiggeruch oder
vielmehr vom Geruche des Manna, Feigen, Mandeln,
Granaten, Orangen, Oliven und verschiedene der gewöhn=
lichen Fruchtbäume Deutschland's hatten wir um uns; viele
Tauben und kleine Vögel umschwärmten sie. Prächtige
Schmetterlinge sah ich; stolze Königskerzen blühten und
erinnerten mich an die freundlichen Hügel der Heimath;
Wasserbäche, hell und klar rauschten laut durch die grüne
Flur. Vor Allem aber gaben dem Thale seinen Charakter
die großen prangenden Dattelpalmen, die hier sehr reich=
lich gedeihen. Beim Dorfe selbst bilden sie einen dichten
Wald. Neben den lebensfrischen und zur Höhe ragenden
lagen lebensmüde, durch die Ebene lang hingestreckt.
Es kam mir bei dem Anblicke die Erinnerung an jene
egyptischen Riesen. So lagen diese Palmbäume da: wie
riesige Krieger, gefallen auf dem Schlachtfelde.

Außer jenen Felsengräbern hat das Feiranthal noch
viele Ruinen, obschon sie von keiner besonderen Schönheit
sind. Ich zweifle nicht daß hier schon zur Zeit des Zugs
der Israeliten Niederlassungen vorhanden waren; wahr=
scheinlich beziehen sich die Namen die den Stationen des

Heeres vor Raphibim gegeben werden, Daphka und Alus,
auf diese Gegend. Hier mußten die Kinder Israel eine
fröhliche Labung finden. Aus dem Anfange des siebenten
christlichen Jahrhunderts wissen wir daß der Monothelet,
Theodorus Bischof von Feiran war; so wie auf dem
Concil zu Constantinopel im sechsten Jahrhundert „ein
Presbyter und Legat der heiligen Kirche zu Pharan", mit
Namen Theonas vorkömmt.

Auch unsere Kamele waren glücklich im Feiranthale.
Die jungen Tamarisken müssen die größte Delikatesse für
ihre Mägen sein; sie langten unersättlich mit ihren langen
Hälsen rechts und links.

Im Palmenwalde schlug ich mein Zelt auf. Die hie=
sigen Beduinen waren hübsch und freundlich. Als ich im
Zelte lag, bekam ich viele Kinder zum Besuche; doch hiel=
ten sie sich in respektvoller Entfernung. Aber interessant
war ihnen alles was sie bei mir sahen; sie langten mit
ihren Fingerchen unter's Zelt, um meine Schuhe und
meinen Hut zu betasten. Ich gab ihnen eine Handvoll
der kleinen dürren Früchte die im Thale wachsen, den
Kirschen ähnlich, von Farbe gelbröthlich; dennoch blieben
sie zu meinem Verwundern recht artig; keines erlaubte
sich den „Backschisch" auf die Lippen zu bringen.

Kurz nachdem wir das Thal verlassen hatten, umga=
ben uns zu beiden Seiten hohe graue Felsen, durchzogen
von vielen kupferfarbigen und oft schönzackigen Adern.

Davor lagen Ruinen, die sich wie einzeln starrende Lehm=
felsenwände ausnahmen. Auf unserem Wege hatten wir
immer noch viel grünes Gesträuch, besonders Tamarisken;
auf dem Boden lag eine Masse kleinen schimmernden Ge=
steins, roth, grau und weißlich gesprenkelt. Wir hatten
in dem Augenblicke den Untergang der Sonne; er hob
noch den schwärmerischen Effekt der Landschaft. Aus altem
Gemäuer, woran wir vorüberritten, schauten zwei mächtig
große Eidechsen hervor, die eine schieferfarbig, die andere
lehmfarbig. Gegen Mitternacht umheulten uns die Wölfe;
es war fast schauerlich sich da zur Ruhe zu legen. Doch
meine Beduinen hatten Muth; ich hatte Vertrauen: so
ruhten wir Beide in Frieden.

Am Dreiundzwanzigsten früh brachen wir auf, kurz
nachdem uns der erste Strahl begrüßt, und erreichten nach
anderthalb Stunden das Scheikthal mit den berühmten
Mannatamarisken oder, wie sie mir dort genannt wurden,
den Darfabäumen. Das Feiranthal besitzt zwar dieselbe
Tamariske und noch in viel größerer Menge als das
Scheikthal; auch waren, wie ich schon gesagt, die Tamaris=
kenstrecken desselben ganz durchdrungen vom eigenthüm=
lichen Geruche des Manna: dennoch wurde mir allgemein
versichert, daß das Manna selbst ausschließlich von den
Tamarisken des Scheikthales gesammelt wird. Ich freute
mich sehr, daß ich zu Anfange der Zeit ins Thal gekom=

men wo die Bildung des Manna stattfindet; man nimmt nämlich die Monate Juni und Juli dafür an. Ich wanderte begierig von Strauch zu Strauch, um zu dem Geruche auch Etwas fürs Auge zu entdecken. Wie glücklich war ich als ich bald bei einem der höchsten und breitesten Sträucher an vielen Zweigen wie glänzende Perlen, wie verdickte Thautropfen hängen sah. Ich brach die schönsten davon; denn ich überzeugte mich daß ich in der That das Manna, begriffen in seiner Bildung, in Händen hatte. Diese dicklichte Masse war klebrig und hatte sehr stark denselben Geruch der den ganzen Strauch umgab. Ich kostete davon; es schmeckte, so weit meine Analogie reicht, dem Honig am ähnlichsten. An vielen andern Sträuchern fand ich kleine Ansätze an den Zweigen, die den beschriebenen in der Ferne glichen; in der Nähe fand ich daß es runde dichte Gewebe waren, wie man sie an andern Sträuchern als Insektenverpuppungen antrifft.

Die abgebrochenen Zweige mit den Mannaperlen verwahrte ich in einer blechernen Büchse; sie haben sich sehr gut erhalten. Nach einigen heißen Wochen waren allerdings die Tropfen wie geschmolzen und aus dem weißlichen Schimmer war eine dunkelbräunliche Färbung geworden. Aber noch diesen Augenblick wo ich schreibe tragen die heimgebrachten Zweige diese bräunliche Mannamasse an sich, fühlen sich klebrig an und haben noch den vollen Geruch den sie im Scheikthale hatten.

Meine Beduinen erzählten mir, daß in drei Jahren
kein Manna gekommen sei, daß aber für dies Jahr eine
reiche Ernte in Aussicht stehe. Im Monat Juli sammeln
es die Beduinen und auch Mönche des St. Katharinen=
klosters in kleine lederne Schläuche, größtentheils vom
Boden weg, wohin es sich in heißen Tagen von den Zwei=
gen abtropft. Da es sich nicht in allzu großer Menge
erzeugt, so wird es ziemlich theuer verkauft, am liebsten
an die Sinai= und Mekkapilgrime. Doch genießen es bis=
weilen die Beduinen wohl auch selber, so daß sie's wie
den Honig aufs Brod streichen.

Ueber die eigenthümliche Bildung dieses Manna hat
Ehrenberg, nachdem er zur Sommerzeit selber im Scheik=
thale gewesen, den grünblichsten Aufschluß gegeben. Nach
ihm ists ein kleines Insekt, das er coccus manniparus
nennt, das durch seinen Stich das Ausschwitzen des Manna
aus den Tamariskenzweigen bewirkt. Von diesem Coccus
konnt' ich allerdings nichts entdecken; nur wiesen, wenn
ich nicht irre, jene kleinen weißen Gewebe auf seine
Existenz hin. Dafür umschwärmten diese Tamarisken
eine große schöne Art Bienen, die es fast gefährlich mach=
ten sich zu nahen. Hat es mit Ehrenberg's Theorie volle
Richtigkeit, so glaub' ich daß die Tamarisken des Feiran=
thales dieselbe Fähigkeit zur Produktion des Manna be=
sitzen, daß ihnen aber zur wirklichen Produktion jener hilf=
reiche Coccus fehlt, der sich freilich, wie's scheint, leicht

genug zu ihnen verpflanzen ließe. Was Ehrenberg's Un=
tersuchung noch bestätigt, ist der Umstand daß auch das
medizinische Manna Calabriens und Siziliens in den
Sommermonaten aus Eschbäumen durch den Stich einer
Cicade hervorgelockt wird.

Was nun aber diesem Manna des Scheikthales ein so
großes Interesse verleiht, das ist bekanntlich die Erinne=
rung an jenes Himmelsbrod, das die Israeliten in der
Wüste genossen. Was man auch immer gegen die Zu=
sammenstellung des einen mit dem andern sagen mag: das
steht mir fest, daß das jetzige Manna des Scheikthales
eine besondere, eine nahe Beziehung zum biblischen Manna
hat. Denn diese Gegend trifft zusammen mit der Gegend
wo die Israeliten das Manna zuerst erhielten. Das
zweite Buch Mosis setzt dieselbe nämlich vor Raphidim,
und Raphidim ist nirgends anders als zwischen dem
Scheikthale und dem Sinai. Ueberraschend ist es auch
daß die biblische Beschreibung des Manna, „es habe einen
Geschmack wie Semmel mit Honig" 2 Mos. 16, 31., so=
wie „es sei geschmolzen wenn die Sonne heiß schien"
2 Mos. 16, 21. vollkommen auf das jetzige Manna paßt,
obschon das in Persien von einer morgenländischen Ei=
chenart und in Mesopotamien vom Gavanstrauche herab=
träufelnde Manna noch genauer mit dem „weißen Korian=
dersamen" harmonirt. Freilich ergeben sich daneben der
Verschiedenheiten genug: das biblische Manna fiel des

Nachts vom Himmel und lag des Morgens wie Thau
auf den Feldern; am Sabbathe fiel es nicht, am Tage
vorher fiel es doppelt; nach kurzer Aufbewahrung wuchsen
Würmer darin. Dazu war es geeignet, ein Heer von
zwei Millionen vierzig Jahre lang zu ernähren.

Der Angabe des Herabfallens halber hat man sich
erinnert daß Aristoteles erzählt, es falle bisweilen beim
Aufgange großer Gestirne Honig aus der Luft, was Plinius noch weiter ausführt, indem er diesen Honig beim
Aufgange der Plejaden fallen läßt, so daß das Laub der
Bäume und die Kleider der Reisenden davon klebrig
werden. Damit hielt man die Erzählung der Mönche zu
Tor von Honigspuren zusammen, die sich oft des Morgens auf dem Dache ihres Klosters finden sollen. Endlich berichtet unlängst Wellsted daß er von einem jüdi-
schen Rabbi gehört habe, in der Wüste von Damaskus
falle in der That jetzt noch ein Manna aus freiem
Himmel.

Dadurch scheint freilich das Tamariskenmanna am
Sinai in seinem Ruhme geschmälert zu werden, um so
mehr da sich doch beim Manna der Israeliten vom Wunder nicht absehen läßt. Bleibt aber das Wunder nicht
in seinem wahren Charakter, wenn man sich das heutige
Manna durch die waltende Gnade bis zum ehemaligen
der Israeliten nach jeder Seite hin potenzirt denkt? Wär's
nicht allzu künstlich, so würde ich sagen daß der von Ta-

mariskenwäldern aufsteigende Dunst recht wohl wieder als
Thau zur Erde fallen könne. Wenigstens möchte dieser
Gedanke eben so zulässig sein als jener andere, wornach
das jetzige Manna als eine schwache Nachwirkung vom
biblischen Himmelsbrode erscheint.

Nahe an zwei Stunden mochte es sein daß ich von
den Mannatamarisken geschieden, da hatte ich einen An=
blick der leicht der imposanteste in meinem Leben war.
Wir ritten eine sanft sich erhebende Anhöhe hinan; zu
beiden Seiten drängten sich näher und näher die Felsen
zusammen. Plötzlich stehen wir vor zwei kolossalen glatten
Granitwänden, die senkrecht in die Lüfte steigen: ein maje=
stätischer Bau! Wie versteinerte Palmen sind's die zusam=
mengeschmolzen, braun, grau und röthlich; wilde Streifen
von dunkelblauer Stahlfarbe ziehen sich herunter, als hätte
der Blitz daran seine Feuerbahnen durchlaufen. Das ist
ein Portal wie zum Throne des Herrschers der Herrscher.
Ich war stumm und erschüttert. Hier ist heiliges Land,
das fühlt' ich; hier haben die Engel Gottes gewaltet, um
das sterbliche Auge zu fesseln für einen großen Zweck.
Wir ritten durchs Portal; wir ritten aufwärts wie über
unsichtbare Stufen; die Felsenmauern erweiterten sich; wir
standen in einem fröhlich bewachsenen weiten Raume,
amphitheatralisch geschlossen und nur von einzelnen wie
zu Areopagen gebildeten Felsblöcken unterbrochen.

Mitten unter diesen Eindrücken war es mir als hört'
ich Glockenklänge aus der Ferne; das vollendete den fest=
lichen Moment. Seit Monaten hatt' ich keine Glocken
gehört; da brachen sie plötzlich wie verhaltene süße Schmer=
zen los. Als ich darauf meinen Dragoman fragte, ant=
wortete er mir, fast im Spotte: Hier gibt's keine Glocken.
Dennoch waren wir hier in der That jenem merkwürdigen
Dschebel Nakus oder Glockenberg nahe, der durch die glo=
ckenverwandten Töne, die er, wandelt ein Fuß über seinen
lockern Sand, von sich gibt, zu dem Glauben geführt hat,
es ruhe ein verschüttetes Kloster unter ihm.

Als wir herausgetreten aus dem amphitheatralischen
Raume, nahm der Weg wieder den früheren großartigen
Charakter an; es war eine wahre Triumphstraße; gerade
vor meinen Augen standen, den Wolken vertraut, hehr und
ernst, Gipfelpunkte des Sinai.

In der Mittagsstunde träumt' ich vom Gärtlein mei=
nes Vaterhauses; Gespielen der Kindheit saßen um mich;
ich erzählte ihnen, so wie es ehemals geschehen. Als ich
das Auge geöffnet, zog ein Schwarm der kleinen Vögel,
die einst oft im Herbste meine ganze Lust gewesen, übers
Zelt hinweg. Grüße der Heimath waren's aus frühen
fröhlichen Jahren. So wachte im Angesicht des Sinai
meine Kindheit auf. Es war schön hier wieder ein Kind
zu sein. Da ist's ja auch gewesen, einst in der kindlichen
Phantasie, wo ich ihn zuerst gesehen, den Sinai, den Berg

Gottes. Diesen Augenblick schien mir's als hätt' ich sie wieder, jene kindliche Seele, die das Leben, ach, so tief in seinen Sturm begräbt. Als ich es zum ersten Male las, wie der Herr, um sein Gesetz in seines Knechtes Hand zu geben, herabfuhr mit Feuer auf den Berg daß der Berg bebte, da mochte ich im religiösen Schauer einen der ersten Momente des Bewußtseins haben von Gottes Nähe und Größe und heiliger Hoheit. Glücklich die Seele die diesen Momenten zu wahren weiß ein festliches Echo.

Aber schnell wurd' ich entrissen dem Kreise meines Sinnens und Denkens. Mehrere Züge von Beduinen der Sinaiwüste, Männer mit Frauen und Kindern, auf stattlich geschmückten Dromedaren, begleitet von Lämmerheerden und belebt durch einen weithin schallenden Freudenruf, kamen bei uns vorbeigezogen. Einige Scheiks setzten sich zu meinen Führern, und der berühmte Fremdenführer, der Scheik Tuâleb, trat zu mir ins Zelt und lud mich zum heutigen großen Feste, dem Feste des Propheten Salech ein. Dies Fest wurde bei dem Grabdenkmale des Propheten gefeiert, das von meiner Lagerstätte etwa eine Stunde und vom St. Catharinenkloster gegen zwei Stunden entfernt war. Ich entgegnete dem Scheik daß ich dem Feste nicht beiwohnen könne, da ich heute noch im Kloster ankommen müsse; doch versprach ich im Vorübergehen einen Augenblick zu halten.

Als ich aber auf das festliche Zeltgelage zu ritt, zogen mir die Scheiks, ihr gemeinsames Oberhaupt an

der Spitze, auf dreißig Schritte entgegen, um mich von
Neuem förmlich zum Feste einzuladen. Ich war über=
rascht durch diese in aller Freundlichkeit zudringliche An=
sprache; die Beduinen schienen einen wahren Werth auf
meinen Festbesuch zu legen. Als ich eben noch mit der
gewünschten Antwort zögerte, wurde ich plötzlich aus diesen
fremdartigen Gesichtern heraus in der Zunge angeredet
die man an der Seine spricht. Ich hielt es fast für eine
akustische Täuschung; aber schnell trat leibhaftig vor mich
ein Männlein, in türkischer Kleidung, mit kleinen geröthe=
ten Augen, von einem zarten weißen Teint, keinem Er=
zeugnisse dieser heißen Sandsteppe. Es war in der That
ein Franzose von Geburt, der eine eigenthümliche Carriere
gemacht. Vom Apotheker in Lyon ist er nämlich zum
Charakter eines Kamelarztes der Beduinen bis in diese
Wüste vorgerückt. Jetzt eben kehrte er von den Hedscha's
oder vielmehr von ihren Kamelen zurück; sein von seiner
glücklichen Praxis gefüllter Beutel lief vierfüßig neben
ihm her; er bestand nämlich aus einer ansehnlichen Heerde
Ziegen und Lämmer.

Ich entschloß mich beim Salechfeste zu bleiben; meine
Führer waren glücklich darüber, obschon sie nicht gewagt
hatten eine Bitte deshalb auszusprechen. Mit der Schaar
die mir entgegengekommen zog ich in das große gemein=
schaftliche Zelt; ich ließ meine wollene Decke und mein
Tigerfell ausbreiten, und faßte drauf inmitten der Häupt=

linge Platz. Dies Zelt, worin im Kreise vierzig bis funf=
zig saßen, war nur von zwei Seiten völlig geschlossen.
Nach Norden bot es die Aussicht auf die Heerden, auf
die Dromedare und Kamele, auf die Bagage; nach Süden
hatte es in der Mitte ein Feuer lodern, woran aufs Thä=
tigste Kaffee gekocht wurde; vierzig Schritte dahinter stand
auf einem felsigen Hügel das frisch übertünchte * Grabmal
des Propheten. Beim Feuer und Kaffee saß, als Gene=
ralwirth, der Fürst oder Oberste der Häuptlinge. Seine
Erscheinung war würdig und angenehm. Er war einer
der größten in der Zahl, von männlich kräftigen Zügen,
braunen Augen, dunklem Barte. Auf dem Haupte hatte
er einen weißen Turban, aus dessen Mitte der rothe Fes
hervorsah; an den Füßen hatte er keine Bekleidung; haupt=
sächlich aber trug er ein ungewöhnlich langes weißes

---

* Dies Grabmal und einzelne andere, die ich in der Wüste traf,
machten mir die Beziehung recht anschaulich die des Heilands Ausdruck
hatte, als er den Pharisäern zurief: Ihr seid wie übertünchte Gräber,
die hübsch von Außen scheinen, aber inwendig sind sie voll Todtenge=
beine. Bis heute noch hat man im Oriente die Sitte, die Grabmäler
bisweilen von Neuem zu übertünchen, so daß sie namentlich in der
Wüste weithin schimmern; obschon häufig ihre ganze Pracht in nichts
besteht als in einem Steine, der unter mehreren andern, die auf dem
Grabe ruhen, in die Höhe gerichtet ist. Es mögen wohl dabei die Mu=
hamedaner einen ähnlichen Zweck im Auge haben wie einst die Juden
hatten, die deshalb auf die Uebertünchung der Gräber so sehr bedacht
waren, damit sich die Priester, die Nasiräer und auch die zum Pascha=
feste ziehenden Pilgrime vor der verunreinigenden Nähe derselben ver=
wahren konnten.

Hemd von leichtem wollenen Stoffe. Diese Tracht erin=
nerte mich an das Camaldulenser Gewand, das der Papst
Gregor XVI. bei meiner Aufwartung trug. So nahe be=
rühren sich ferne Gegensätze; der Fürst der kriegerischen
Beduinenhorden am Sinai und der heilige Vater zu Rom
in seinem Vatican kleiden sich, wie es den Schein hat,
nach derselben Mode.

An unser großes Zelt reihten sich mehrere kleinere an,
die von allen Seiten verschlossen waren; selbst der Ein=
gang war mit Teppichen verhangen. In diesen Zelten
weilten die Frauen und Kinder. Gleich hinter mir stieß
das erste dieser Zelte ans unsrige; dadurch machte ich eine
Bekanntschaft der unschuldigsten Art, dos-à-dos und mit
stummen Lippen. Ich lehnte mich nämlich an und be=
merkte bald, daß meine Lehne von weichem, unsicherem
Stoffe war. Doch schien es mir meine Nachbarin, von
der mich nur die Zeltleinwand trennte, durchaus nicht
übel zu deuten, daß ich von der harmlos gewonnenen
Position unbedenklich Gebrauch machte.

So saß ich denn, der schlichte deutsche Wandersmann,
mitten unter diesen braunen Kindern der arabischen Wüste,
kriegerisch genug in ihrem Waffenschmucke. Sollte ich an
Schiller's Taucher denken: „Da hing ich und war's mir
mit Grausen bewußt," „Von der menschlichen Hilfe so
weit," „Unter Larven die einzige fühlende Brust?" Frei=
lich war ich der vollen Gewalt dieser wilden und mächti=

gen Horden preisgegeben, die lange Zeit selbst dem Hel=
denarme Mehemed Ali's trotzig entgegnet haben, und die
auch jetzt mehr durch seine Klugheit für ihn gewonnen als
durch seine Macht von ihm bezwungen worden sind. Aber
ich hatte ein ganz anderes Gefühl. Es sprach mir aus
den Zügen dieser Leute ein so ehrenhafter Charakter, solch
eine offene Biederkeit entgegen, daß ich in ihrer Umgebung
wie zwischen heimathlichen Mauern saß.

Im Anfang waren natürlicher Weise Aller Augen auf
den fremden Gast gerichtet; diejenigen dieser Beduinen die
sich nicht gerade mit der Führung der Reisenden befassen
sehen äußerst selten einen europäischen Reisenden. Ich
meines Theils versäumte nicht, ihnen als berühmten Krie=
gern meine Komplimente zu machen über ein so friedlich
schönes Fest. Eine Tasse Kaffee und noch eine zweite
wurde mir präsentirt, sowie allen die im Kreise saßen.
Dazu dampften die Pfeifen. Aber bald erhob sich mir
gegenüber ein lebhafter Wortwechsel. Meine Führer wa=
ren nämlich mit zwei Genossen jenes von ihnen bekriegten
Stammes aus der Umgegend von Jerusalem zusammen=
getroffen; Slen, einer meiner Führer, hatte bei der Fehde
eine besondere Tapferkeit entwickelt; zwei der Feinde wa=
ren von seiner Hand gefallen. Doch hier befanden sich
beide Theile unter dem unverletzlichen Schutze der Gast=
freundschaft und keiner hatte vom andern im Ernste zu
fürchten.

14*

Nach einer kleinen Stunde kam's, zum festlichen Um=
gange ums Denkmal des Propheten. Da waren die
Frauen voran, aufs Sittsamste gekleidet und aufs Uner=
baulichste verhüllt. Unter jener mehrmals erwähnten
Musik, welche die orientalischen Frauen in ihrem eigenen
Munde zu bewerkstelligen wissen, ging der Zug den Hügel
hinauf, ums Grabmal herum und endlich in dasselbe hin=
ein, wo die Frauen einige Minuten zu beten schienen.
Junge Bursche führten beim Zuge die Opferlämmer, denen
noch oben auf dem Hügel ein paar Haare von der Stirne
geschnitten und die Stirne selbst blutig geritzt wurde.
Darauf folgte das allgemeine Abschlachten dieser funfzig
bis sechzig Lämmer, deren eigentliche Opferung vermittelst
der Zähne und Mägen geschieht. Sie wurden sodann an
den Zelten aufgehangen, ihres Felles entledigt und mit
den großen Messern, die zugleich als Waffen wie kurze
Schwerter dienten, in einige Stücke zerhauen.

Während die Mahlzeit am Feuer bereitet wurde, er=
öffnete sich ein Wettrennen auf Dromedaren. Das war
ein anziehendes Schauspiel. Immer vier oder sechs Ritter
sprengten auf diesen herrlichen, mit Gehängen von Perlmut=
ter und schönen Teppichen geschmückten Thieren vor den Zel=
ten vorbei. Die Frauen, die wieder hinter den Zeltvorhängen
saßen, erhoben bei jedem neuen Ritterzuge ihre jauchzende
Musik. Das Dromedar, in seiner das flüchtigste Roß über=
flügelnden Schnelligkeit, erkennt man hier kaum als Bru=

der vom Kamele, wenn's mit seinen gemessenen Schritten,
wie ins abgründliche Nachdenken der deutschen Esel ver=
loren, durch die sandige Wüste schreitet. Noch während
der letzten Wettrennen erhob sich ein Sturm, der von den
nahen Bergen herab mit wilder Musik durch unser Thal
stürzte. Dadurch wurde besonders die Erwartung auf den
Tanz der Frauen gestört, der des Abends auf die Mahl=
zeit folgen sollte.

Jetzt wurde zur Mahlzeit geschritten. Alles Fleisch
war gekocht worden; ich hatte es abgelehnt mir ein Stück
nach meinem Geschmacke zubereiten zu lassen, da ich ohne=
dem nur zur Gesellschaft mitaß. Alle lagen im Kreise
herum; immer vier bis sechs gruppirten sich wieder zu
einem kleinen Zirkel und hatten in ihrer Mitte ein ausge=
breitetes Lammfell. In einer großen hölzernen Mulde
wurde das Fleisch aufgetragen und aufs Fell geschüttet.
Natürlich gab's keine Messer und Gabeln. Jeder nahm
sich mit den Werkzeugen die ihm die Natur angeschaffen
seinen Theil; ich that soviel wie möglich dasselbe. Nach
dem Fleische kam noch ein Bilav, zusammengeknetet aus
Gerstenmehl und gewiß von sehr wenig Zuthaten behel=
ligt. Ich leistete Verzicht darauf. Getrunken wurde bei
der Mahlzeit ein Krug vortrefflichen Wassers. Somit hab'
ich die ganze Magenerquickung dieser kleinen Fürsten der
Wüste bei ihrem großen Salechfeste geschildert; das Podagra
läßt sich von dergleichen Schmäusen schwerlich heimtragen.

Nach der Mahlzeit wuchs der Sturm zu noch größerer
Heftigkeit. Nur mit Mühe ließ sich das Zelt vor dem
Einsturze sichern. Das Feuer blies uns allen Dampf und
Asche in die Augen. Auch große Regentropfen fielen.
Unter diesen Umständen schwand alle Hoffnung, die Be=
duinenfrauen noch tanzen zu sehen; man begreift wie leid
es mir that. Ich unterhielt mich noch einige Minuten
mit dem obersten Häuptling. Sein unerschütterlicher Hu=
mor gefiel mir und sein entschiedener Glaube. Er war
fern davon, sich über den Sturm zu beklagen; „Gott
hat's geschickt, drum muß es gut sein," sagte er, und in
seinen Augen stand geschrieben: Ich glaube was ich sage.
Neben der Ueberzeugung von der göttlichen Vorsehung
herrschte besonders noch in seinem religiösen Gesichtskreise
das Bewußtsein von der Pflicht der Gastfreundschaft.
Als ich von Mehemed Ali mit ihm sprach, war er voll
großer Hochachtung für denselben. Von unserem Treiben
überm Mittelmeere drüben wußte er fast nichts. Unter
dem Namen der Franken sind bei ihm, wie bei so vielen
Orientalen, alle Europäer brüderlich verschmolzen; nur
der Russe schien sich aus dem großen Geschlechte mit be=
sonderer Farbe losgerungen zu haben.

Es war noch nicht spät als ich mich zur Ruhe legte.
Mein Dragoman baute mir eine seltsame Wohnung für
die Nacht. Er breitete zwischen Küchenkafaß und Reise=
koffer das Zelttuch aus; ich kroch darunter. Rings um

mich lagen die Beduinen mit Frauen und Kindern, mit
Dromedaren und Kamelen, mit Lämmern und Ziegen.
Ich werde schwerlich eine ähnliche Festnacht erleben.
Ich benutze diese nächtliche Ruhe um einige nähere
Nachrichten über meine Gastfreunde zu geben*. Sie ge=
hören zu den Stämmen der Tawarah, wie sich die Be=
duinen des Sinai oder des Dschebel et Tur insgesammt
nennen, und zwar zu dem Hauptstamme der Sawalihah,
deren Großahnen nach der Einnahme Egyptens durch die
Helden des Halbmonds von der egyptischen Grenze in
diese Gegenden eingewandert sein sollen. Einer der drei
Zweige von den Sawalihah, und zwar gerade derjenige
deſſen Beziehungen zum St. Katharinenkloster weit ferner
oder gar feindlicher ſind als die der beiden anderen, die
Karraschy, zählt in sich jenen jetzigen Hauptscheik oder das
gemeinsame Oberhaupt für alle Stämme der Tawarah.
Derselbe führt, gleichwie jener verehrte Scheik oder, wozu
er wohl erst später geworden, Prophet, den Namen Salech.
Unter den Beduinen gelten die Tawarah für arm; freilich
mögen sie zwischen den kahlen Bergen vom Sinai bis
nach Akaba keine Schätze gewinnen; obschon sie fürs Ge=
leite der Sinaipilger ein gewiſſes Vorrecht behaupten.
Ihre Seelenzahl beläuft sich nach Burckhardt's und Rüp=
pell's Schätzungen auf vier bis sechs tausend. Ihre Praxis

---

* Vergl. Robinson's Paläſtina Th. 1. S. 219. ff.

des Muhamedanismus mag eine sehr lockere und eigen=
willige sein. Zu den Kriegen, die sie häufig gegen andere
Beduinenstämme führen, kommen auch bisweilen blutige
Kämpfe in ihrer eigenen Mitte. Nur wenn sie eine Ver=
mittelung beim Pascha von Egypten suchen, mischt sich
dieser in ihre Händel.

Sehr früh am Morgen des vierundzwanzigsten Mai
weckte mich ein ungewohntes Concert. Die Kamele brüll=
ten ihr Morgenlied, und zwar größtentheils in einem un=
vergleichlich tiefen Basse; einige dazwischen meckernde Zie=
gen nahmen sich wie hüpfende Diskantisten aus.

Nachdem ich von den versammelten Scheiks aufs
Freundlichste Abschied genommen, ritt ich meinem Reise=
ziele in Eile näher. Der Morgen war angenehm kühl.
Der Unterschied der Temperatur, den ich schon seit den
beiden letzten Tagen gespürt hatte, fiel mir heute besonders
auf; freilich liegt das Scheikthal, wo wir jetzt waren, um
mehrere tausend Fuß höher als das Garandelthal, wo die
Hitze unerträglich gewesen. Das Kloster sah ich nicht
eher als bis wir in seine nächste Nähe gekommen waren; es
liegt in einem langen aber engen Thale zwischen dem
Berge des heil. Epistemius, auch Dschebel ed Deir ge=
nannt, und dem Horeb. Aber aufs Lieblichste kündigt
sichs an durch seinen herrlichen Garten, der mit seinen
Cypressen, Granaten, Orangen aus den grauen steinernen
Mauern gar freundlich hervorschaut. Das Kloster selbst

nimmt sich durch seine gegen vierzig Fuß hohen Mauern
wie eine kleine Festung aus; der Mangel eines eigent=
lichen Eingangs verstärkt diesen Eindruck noch. Dreißig
Fuß hoch ist die Thüröffnung, zu der man durch ein Seil
hinaufgewunden wird. Mehrere Beduinen hielten schon
vor mir unter der Thüre; sie ließen es nicht daran fehlen
meine Ankunft durch Geschrei und durchs Abfeuern ihrer Ge=
wehre zu verkünden. Aber eh' ich die Seilwanderung an=
trat, fragte man mich nach meinen Briefen. Ich übergab
die beiden Briefe aus Suez, die sofort hinaufgezogen wur=
den. Da aber der Prior wußte daß ich aus Cairo kam —
ich war ihm von dort schon angemeldet worden — so glaubte
er daß ich nothwendig vom Mutterkloster daselbst eine
Empfehlung mitbringen müßte. Niebuhr erhielt bekannt=
lich in Ermangelung eines solchen Empfehlungsbriefes
keinen Eingang. Ich entgegnete daß ich allerdings vom
Kloster in Cairo, wo ich aufs Beste gekannt sei, ein Schrei=
ben erhalten habe; es sei mir aber unter anderen Papieren
zu meinem Unglücke liegen geblieben, weshalb ich mich
eben der Briefe aus Suez bediene. Nebenbei sei's gesagt
daß ich aus gutem Grunde jene Empfehlung zurückgelas=
sen, da sie bei aller Liebenswürdigkeit einen Zug vom
Uriasbriefe hatte. Meine Auskunft mochte nicht ganz be=
friedigen; doch stand man nicht länger an, mich ins Seil
zu fassen und ins heitere Asil zu sich aufzunehmen.

Der Sinai und sein Kloster.

Wie überraschend ists, mitten in der öden, von Sand und Fels starrenden Wüste plötzlich zwischen diesen gastlichen Mauern zu weilen, in diesen ordnungsvollen, zierlichen Anlagen und Gemächern, umgeben von ernsten Männern, mit langen Bärten, in schwarzen Talaren. Der jetzige Superior des Klosters, der leider trotz der Feinheit seiner Züge die ausgeprägteste Falschheit im Blicke trägt, begleitete mich sogleich in ein geräumiges Zimmer, geschmückt mit ringsum laufendem Divan und bunten Teppichen. Dies Zimmer wurde mir als Salon angewiesen, ein anderes daneben war meine Schlafstube, ein drittes mein Speise- und Arbeitszimmer. Außerdem führte mir der Superior als gewöhnlichen Begleiter während meines Aufenthalts im Kloster einen jungen Mann zu, der nichts auf dem Leibe trug als ein kurzes härenes, braun und grau gestreiftes Gewand. Ich begriff bald daß ichs mit einem halben Narren zu thun hatte; denn bei der ersten Unterhaltung fragte er mich, ob ich schon Reisen in Sonn' und Mond gemacht. Dieser „Signor Pietro" ist ein geborner Grieche, von guter Familie; er spricht außerdem Italiänisch und Französisch, auch ein wenig Englisch, Deutsch,

Arabisch. Vor einigen Jahren ist er von seinen Verwand=
ten zur Verwahrung ins Kloster gebracht worden; täglich
harrt er umsonst ihres Besuches. Trotz seiner verrückten
Einfälle ist er ohne Zweifel der witzigste und geistreichste
Mensch im Kloster. Sein Umgang war mir interessant,
obschon er mir bisweilen lästig wurde.

Gleich neben mir wohnte der mit der Aufwartung der
Fremden betraute Bruder, Gregorios, ein freundlicher
würdiger Greis mit einem stattlichen weißen Barte. Vor
vierzig Jahren war er Befehlshaber von tausend Mame=
lucken; aus dem blutigen Kriegslärme hat er sich, wie
ein Rhodischer Johannisritter, zu diesem bescheidenen
Dienste ins stille Kloster zurückgezogen. Den Kriegsmann
merkte man ihm noch an wenn er Gewehre sah; fast täg=
lich schoß er mit meiner Doppelflinte und traf genau, un=
ter dem Donner des Echo's, den zum Ziele erwählten
Ziegel auf der Klostermauer. Doch hatte er auch sogar
so viel wissenschaftlichen Sinn, daß er sich meines Eifers
für die griechischen Manuscripte freute.

Von meinen Fenstern hatte ich übers Kloster hinweg
die Aussicht auf den Horeb; da lag er völlig nackt in sei=
nem grauen Granit vor mir, voll einer abschreckenden
Schroffheit. Doch winkten von den Höhen herab einige
einzeln stehende Kreuze; dem frommen Drange der Ein=
siedler war nichts zu schroff, nichts zu abschreckend. Trat
ich zur Thüre meines Zimmers hinaus, so hatt' ich unter

mir den Hofraum mit einem Brunnen in der Mitte, um=
rankt von grünen Weinreben. Zwischen Vier und Fünf
des Morgens, wenn das Glöcklein schon erklungen, sah
ich immer beim Brunnen den würdigen Bruder Kyrillos.
Noch immer steht mir dieser Brunnen mit seinen Reben
und dem guten Kyrillos vor Augen.

Mit diesem Manne, vierzig bis funfzig Jahre alt, hab'
ich mich herzlich befreundet. Ursprünglich ist er auf dem
Berge Athos heimisch gewesen; vor kurzer Zeit aber wurde
er, ich weiß nicht aus welchem Ungehorsam gegen den
Patriarchen, mit Gewalt nach dem Sinai gebracht. Hier
ist er Bibliothekar. Ich hab' ihn als einen biedern, un=
terrichteten, ernsten, wohlwollenden Mann schätzen gelernt.
In den letzten Tagen meines Aufenthalts im Kloster über=
raschte er mich so oft ich ihn sah mit einem netten neu=
griechischen Gedichte, das er auf ein schmuckes Blatt ge=
schrieben und zu meiner Ehre verfaßt hatte. Aus der
Bibliothek gab er mir alle Manuscripte die ich wünschte
in mein Zimmer. Als 'ich mich wegen der Störung an=
klagte die ich dadurch in die Ordnung der Bücher brachte,
beruhigte er mich damit, daß er sich doch meines Besuches
fröhlich erinnern könnte wenn er die entnommenen Ma=
nuscripte wieder in ihre vorige Ordnung fügte. Freilich
mag er selten genug auf ähnliche Weise gestört werden;
kaum wird Jemand im Kloster außer ihm an die so reiche
Bibliothek denken.

Im Ganzen traf ich achtzehn Brüder im Kloster, von denen faſt ein jeder ein beſtimmtes Amt hat. Am meiſten merkt man dem Oikonomos ſeinen Poſten an; denn er iſt von einer vollkommenen Wohlbeleibtheit. Ich weiß nicht ob man die Lebensweiſe dieſer Mönche, vom Orden des heil. Baſilius, ſtreng nennen kann. Die Charakteriſtik Rudolph's von Suchem im vierzehnten Jahrhundert führt leicht in Irrthum; er ſagt: „Sie trinken nicht Wein denn in den hohen Feſten, eſſen nimmer kein Fleiſch, ſondern erhalten ſich mit Kräutern, Erbſen, Bohnen und Linſen, welches ſie ihnen mit Waſſer, Salz und Eſſig zubereiten; ſie eſſen bei einander in einem Refektorio ohn' ein Tiſch= tuch." Es ſind hierbei die Fiſche vergeſſen, die bei der Nähe des Meeres nie fehlen, ferner der Reis, den ich nir= gends ſchöner als hier geſehen, die Datteln und Mandeln, der Kaffee und vieles Andere. Für den Wein beſonders hat man ſich durch den vortrefflichen Dattelbranntwein zu entſchädigen gewußt, wovon ein jeder eine tüchtige Portion allwöchentlich auf ſeine Zelle bezieht. Das Brod des Kloſters iſt ſo ſchön, daß es kaum im Oriente ſeines Gleichen hat. Spuren des Mangels hab' ich keinem ein= zigen der Brüder angeſehen.

Die Zahl der Kapellen überſteigt um vier die Zahl der Mönche; vor Zeiten iſt das Verhältniß ein ſehr verſchie= denes geweſen. Troilo im ſiebzehnten Jahrhundert traf ſiebenzig Mönche an. Außer den zweiundzwanzig Kapellen hat das Kloster eine Hauptkirche, reich an Pracht. Zwei Reihen von Granitsäulen tragen das Gewölbe, das auf blaugemaltem Grunde mit Sternen übersäet ist. Der Boden ist mit schwarzem und weißem Marmor belegt. Viele Lampen und Leuchter prangen in Gold und Silber. Unzählige Bilder bedecken die Wände; aber geschmack= voller und schöner als diese alle ist die alte Mosaik am Gewölbe des Rundtheils, wo die aufs Kostbarste ver= wahrten Reliquien der heil. Catharina ruhen. Diese Mo= saik stellt zu beiden Seiten Moses dar, links vor dem brennenden Busche, rechts mit den Gesetzestafeln, und enthält in der Hauptgruppe die Scene der Verklärung Christi mit Moses, Elias und den drei Jüngern. In den beiden Ecken über der Gruppe befinden sich auf zwei Me= daillons Justinian und Theodora. Beide gelten, und zwar mit Grund, für die Stifter des jetzigen Klosters, wenngleich schon vorher, namentlich im vierten Jahrhun= derte, der Sinai von vielen Anachoreten bebaut und be= wohnt gewesen, die, wie der egyptische Mönch Ammonios erzählt, nur von Datteln, Beeren und ähnlichen Früchten lebten, und von den Sarazenen viel zu leiden hatten.

Die geschilderte Mosaik, wahrscheinlich aus der Zeit der Stiftung selbst, beweist daß das Kloster ursprünglich der Verklärung gewidmet gewesen, weshalb auch noch heute manche Reisende an dieser Bezeichnung festhalten. Allein jetzt hat offenbar die Verehrung der heil. Catharina,

die nach Eusebius im Jahre 307 nach dem Sinai floh,
von wo die Engel ihren Leib nach ihrem Märtyrerthume
auf den Gipfel des Catharinenbergs getragen haben sollen, nicht nur mit ihrem Räucherwerk und Kerzendampf
die Verklärungsscene, gerade über dem Reliquienschreine,
in düstere Schatten gestellt, sondern auch die Benennung
des Klosters usurpirt. Denn sogar die Abendmahlsbrode
des Klosters, wie ich deren selbst eins besitze, sind mit der
„hagia katherine“ beschrieben.

Die letzte Besonderheit der Kirche hab' ich noch nicht
genannt: das ist die Kapelle des brennenden Busches.
Sie soll eben da errichtet sein wo der Herr seinem Knechte
in den Flammen erschien. Man gestattet dem Pilger nicht
diese Kapelle mit beschuhten Füßen zu betreten. „Tritt
nicht herzu,“ heißt es ja, „ziehe deine Schuhe aus von
deinen Füßen; denn der Ort wo du stehest ist ein heiliges
Land.“ Ists auch immer nur der fromme Glaube, der so
genau die weihevolle Stelle wieder gefunden hat; doch wem
käme hier nicht ins Herz, ins Herz und auf die Lippen
das Gebet: „Herr, durchglühe auch mich mit deinem Feuer-
eifer für dein heiliges Wort, wie du einst durchglüht hast
deinen Knecht Moses.“

Ueberraschender Weise besitzt das Kloster in seinen
Mauern neben seinen Kirchen und Kapellen auch eine
Moschee. Sie sah jetzt ziemlich verödet aus. Man erzählt
daß durch Erbauung dieser Moschee das Kloster seiner

Zerstörung entgangen sei, als Mahomet der Prophet den
Sinai besuchte. Gedient hat sie wohl besonders für die
muhamedanischen Leibeigenen des Klosters, deren mehrere
die niederen Dienste im Kloster verrichten. Außerdem mag
sie bei Besuchen von Männern wie Ibrahim Pascha noch
heute in Gebrauch kommen.

Aus dem Kloster eil' ich jetzt in den Garten. Der
Weg zu ihm ist schauerlich; etwa vierzig Schritte weit
führt er durch einen engen niederen in den Fels gehauenen
unterirdischen Gang. Um so herrlicher ist der auf meh=
reren Terrassen angelegte Garten. Da prangt Alles, da
blüht und duftet Alles. Das frischeste Wasser läuft durch
seine Gräben. Die dunklen hoch aufstrebenden Cypressen
stehen unter den silberfarbigen Oliven; neben den Man=
deln und Feigen, den Orangen und Citronen gedeihen
auch Aepfel und Birnen. Vor Allem aber fesselten mein
Auge die vollbuschigen Granaten mit dem feurigen Roth
ihrer Blüthenkronen. Ich brach davon Erinnerungszei=
chen für meine fernen Lieben.

Der Pfingstmorgen auf dem Sinai.

Am sechsundzwanzigsten Mai war der Sonntag der
Pfingsten. Wohl nie in meinem Leben mag ich so glück=
lich erwacht sein zum Pfingstfeste. Nur einmal weiß ich daß
mein Herz gar innig ihm entgegenschlug; da fiel der Ge=
burtstag einer seligen Frau, die ich unaussprechlich geliebt,

zusammen mit dem Pfingstsonntage. Ich dachte, als ich
diesen Morgen erwachte, mit ganzer Seele an die Ver=
klärte. Von welcher Freude würde ihr mütterliches Auge
glänzen, wüßte sie mich heute an diesem heiligen Orte.
Es war mir im Augenblick als wüßt' ich sie noch getreu=
lich walten zu Hause am väterlichen Herde. Ich dachte
mir unser Wiedersehn. Da rollte mir ein heißer Strom
über die Wangen. Gott kann einen Sterblichen nicht so
glücklich machen, sagt' ich mir. Der Moment hätte meines
Lebens letzter werden müssen.

Das Klosterglöcklein war's das mich geweckt hatte mit
seinem feierlichen Klange. Sonst hört' ich keinen Laut in
dieser Sabbathsruhe. So mag es im Herzen eines selig
verklärten Menschen sein, um den eingeschlummert schweigt
der geräuschvolle Werkeltag des Lebens. Wohl uns, wenn
wir Augenblicke aus der Hand der Gnade nehmen, wo's
auch so ist in unserem Herzen.

Den Gipfel des Sinai wollt' ich heute besteigen; wie
freut' ich mich darauf. So lange war's mir wie ein him=
melhohes Ziel erschienen, zu dem hinauf meine Hand nicht
reichen könne. Jetzt sah ich's vor mir glänzen, wohl schön
wie der Himmel, aber so freundlich nahe wie die Kirche
meinem Vaterhause.

Mein Ali stand sehr früh zum Aufbruche bereit; er
hatte sein Scharlachkoller, gestickt mit Gold und Silber,
angelegt; die Sonne des Festes leuchtete ihm aus den

I.   15

freundlichen Zügen. Signor Pietro gefiel sich sehr wohl in unseren Waffen. Mohammed trug die Provision. In dieser Begleitung wanderte ich durch den Garten hinaus an den Fuß des Horeb.

Bald begannen wir steil aufzusteigen. Zwischen zwei in eine Kluft abfallenden Abhängen führt der Weg aufwärts, über viele Felsentrümmern mit Resten von eingehauenen Stufen, die auf die Zeit der Helena zurückgehen sollen. Gesträuch, Gräser und Blumen wachsen nur spärlich. Nahe an tausend Fuß über dem Kloster rasteten wir bei der klaren Quelle des heil. Sangarius. Nachdem wir kurz darnach bei zwei kleinen Kapellen vorüber waren, sah ich überrascht in der Höhe vor mir den Weg von einem steinernen Bogen mit einem Kreuze überragt, und gleich darauf von einem zweiten, zu dem wir zwischen schroff hervortretenden Felsen aufstiegen. Eben waren meine Gedanken noch verloren in jene frühen Zeiten, wo so viele fromme Einsiedler auf diesem Berge in treuer Herzinnigkeit dem Herrn gelebt und gestorben: da standen wir auf der Oase des Horeb, die zwischen die grauen Granitfelsen, wie zur Versöhnung mit ihrem ernsten Ausdrucke einen fröhlichen Kranz hinbreitet. In der Mitte, neben einem Bassin frischen Quellwassers, erhebt sich einsam eine Cypresse. Welch lieblichere Erscheinung ließe sich denken als diese Cypresse mit ihrem dunklen unverwelklichen Grün, mit ihrem hohen ungebeugten Scheitel, den Fuß auf dem

Horeb, den Blick auf den Gipfel des Sinai. Wie der
jüngste prophetische Bote, dem vertraut ist worden ein
himmlisches Wort von einer glücklichen heiligen Zukunft,
so steht sie da. Nahe davon ist die verlassene Kapelle des
Propheten Elias, der einst hier weilte als er vor dem
Zorne Ahabs und der Isebel geflohen. „Gehe heraus,"
so sprach hier der Engel zu ihm, „gehe heraus und tritt
auf den Berg vor den Herrn." Und siehe, heißt es, der
Herr ging vorüber, und ein großer starker Wind, der die
Berge zerriß, der die Felsen zerbrach, ging her vor dem
Herrn. Ja, hier ist der Herr vorüber gegangen, so rief,
wie Geramb, meine Seele aus auf dieser geweihten Stätte;
diese zerrissenen Berge, diese zerbrochenen Felsen, die geben
noch heute Kunde von den Schritten des Herrn.

Von hier stiegen wir neunhundert Fuß höher, über
wild aufgethürmte nackte Felsmassen, zur Spitze des
Sinai.

Als ich vor Jahren auf dem Rigi stand, da lagerte
sich eine unvergeßliche Scene um Aug' und Seele. Im
Norden ruhte das tiefe weite Thal mit all' seinen Seen,
worüber der Morgen seinen duftigen Schleier geworfen.
Im Süden standen die Schweizer Gebirge, ihre Gipfel
bedeckt mit dem ewigen Schnee. Der Tag wachte auf;
hinter lichtblauen Wölkchen blitzte sein erster Strahl her=
vor. Wunderbare, rosigschimmernde Streifen durchzogen
den blendenden Schnee; es war mir als säh' ich Gedanken

15 *

der Engel, die an die jungfräuliche Erde streiften. Ein Mägdlein brachte Alpenrosen; ein Hirtenknabe spielte auf der Schalmei. Du glücklicher Schweizer; deine Sehnsucht versteh' ich; deine Thräne hat ein heiliges Recht. Mein eigenes Auge weinte sich entzückt hinein ins Auge der Schweiz.

Ein paar Jahre später erstieg ich den Vesuv. Die Dämmerung herrschte noch um uns als wir am Krater saßen. Aus dreifachem Munde strömte der Feuerregen aus; fürchterliches Krachen umtobte ihn; der ganze Berg rauchte. Die Stunde des Aufgangs war da, aber das Auge des Tages verbarg sich hinter Gewitterwolken. Die nachbarliche Gebirgsgruppe hüllte sich in ein seltsames Blau, als dampfte ein Brand aus ihren Eingeweiden. Unheimlichen Schauers, wie vor einer unglücksschwangeren Zukunft, war ich voll.

Jetzt stand ich auf dem Sinai. Der Sturmwind braus'te mit Macht. Graue, wildgezackte Granitmassen umragten mich; weiße Wolken lagerten zwischen den schroffen Spitzen; drauf glänzte die Sonne des Pfingstmorgens. Nahe unter dem öden Felsengipfel erhob sich von der Oase des Horeb die prächtige Cypresse mit ihrem dunklen Grün. Hier hatt' ich nicht das Entzücken vom Rigi, nicht die unheimlichen Schauer des Vesuvs: beten, voll Inbrunst beten mußt' ich hier. Es war mir als wäre Gott hier näher als an irgend einem Orte der Welt. Seine Hoheit, seine

ehrfurchtgebietende Majestät, und seine Liebe, seine Milde,
gefaßt in ein einziges herrliches Bild: so war mir der
Sinai. Wie ein Königsstuhl den Gott sich auf Erden
gebaut, unwandelbar seit dem Tage der Schöpfung, den
derselbe Finger gebaut der das geistdurchbebte Meer ge=
schaffen, der den unendlichen Himmel gewölbt: so ist der
Sinai. Wie eine heilige Veste ist er, entrückt aus den
Märkten der Welt, fern von den Wohnungen der Men=
schen, zwischen Wüste und Meer einsam bis zu den Wol=
ken gethürmt.

Nach dem Rigi weint zurück das Auge des Schwei=
zers, wie von seinem Münster am Rheine sehnsüchtig der
Elsasser träumt: zum Sinai streben die Herzen der Völker
der Erde zusammen. Zu ihm flüchten wie zu einer ewigen
Stiftshütte die Söhne Israels; zu ihm drängt es den
Christen vom eisigen Norden Europens, aus Afrika's sen=
genden Gluthen; zu ihm wallfahrten getreu die Verehrer des
Propheten. Auf seinem Gipfel denkt sichs unwillkürlich
an jenen großen schönen Tag, wo geschlichtet ruhen wird
der Völker unersättliche Fehde, wo sich alle Kinder der
Erde brüderlich zusammenfinden werden zu dem einzigen
Fels des Heils, wo aus Tempel und Moschee, aus Syna=
goge und Kirche ein einiges ewiges Hallelujah schallen
wird.

Hätt' ich einst als Kind geträumt von einer Stunde
der Zukunft, heilig über alle anderen Stunden und wie

emporgehoben aus den Werkeltagen in die Region der
Verklärung: von dieser Stunde des Pfingstfestes auf der
Höhe des Sinai mußte ich träumen. Und dürft' ich einen
Wunsch ins Wort fassen für alle die meine Wanderungen
mit Liebe begleitet, der Wunsch wäre es: Möchtet Ihr alle
selber eine Stunde des Pfingstmorgens auf dem Gipfel
des Sinai verleben.

Doch nicht ich allein feierte heute Pfingsten auf die=
sem hohen Standpunkte; der Prior des Catharinenklosters
mit noch zwei anderen Brüdern war schon vor mir daselbst
angekommen; sie feierten in der kleinen christlichen Kapelle,
die auf der nördlichen Spitze steht, eine Messe. Dieser
Kapelle gegenüber, auf der südlichen Bergspitze, steht eine
kleine Moschee, mit einem Brunnen herrlichen Wassers
daneben. Darin mochten gleichfalls religiöse Feierlich=
keiten geübt werden als am nächsten Donnerstage die Be=
duinen, die um den Sinai wohnen, mit Frauen- und Kin=
dern hinauf wallfahrteten.

Einen Stein gleich hinter der Kapelle bezeichnet man
als den Sitz des Mannes Gottes, als er der Gesetzgebung
pflegte. Lange saß ich darauf; ich war so den Augen mei=
ner Begleiter entzogen und beschrieb hier, meinen eigenen
Gedanken hingegeben, ein paar Blätter frommer Begrü=
ßung an mein Vaterhaus. Wie innig hängt, wer allein
reist wie ich, in festlichen Momenten an den Lieben in der
Ferne, die er im Herzen trägt.

Die Aussicht die ich vom Gipfel des Sinai hatte berührte
sich nicht mit dem Wüstenpanorama von zweihundert Mei=
len, wie es Schubert gehabt und beschrieben hat. Ich sah
das rothe Meer nicht mit seiner afrikanischen Küste; nicht die
Gebirge von Akaba; auch nicht bis nach Suez. Aber die
nahe Umgebung war mir großartig und gewaltig genug.
Im Süden, in geringer Entfernung von uns, thronte der
Catharinenberg, noch über tausend Fuß höher als der
Sinai. Er sah schwarzröthlich aus und war nur spärlich
da und dort mit niederem Grün bewachsen *.

Im Westen hatten wir das Gebirg Humr; zwischen
ihm und dem westlichen Abhange des Horeb liegt das
Kloster der vierzig Märtyrer (El Erbain) im Bostanthale.
Nach Norden schweifte das Auge am weitesten, und zwar vom

---

* So beschreibt Rüppell den Catharinenberg, den er jedoch lie=
ber mit dem Namen des Horeb benennt. „Diese Gebirgsmasse ist von
derjenigen des Sinai ganz verschieden, und bestehet aus wagerechten
Lagern von röthlichem Feldspathgestein, in welchem kleine sechsseitige
doppelte Quarzpyramiden porphyrartig eingewachsen sind; beige=
mischter Glimmer ist nirgends sichtbar, und nur sparsam zerstreut zei=
gen sich kleine röthliche Feldspathkrystalle in der Felsmasse. In den
Felsritzen hat sich allenthalben eine spärliche Vegetation entwickelt."
Vergl. seine Reise in Abyssinien. 1. B. S. 121. Gleich vorher be=
schreibt er so den Sinai: „Der ganze Berg besteht aus verticalen
Schichten eines feinkörnigen, grauen Granits, der aus gleichen Thei=
len von Feldspath und Quarz und sehr wenigem beigemischtem Glim=
mer zusammengesetzt ist; überall sproßt zwischen den Felsstücken niede=
res Gesträuch hervor. Der Gipfel des Berges ist eine isolirte Kuppe
mit einer schmalen abgeplatteten Stelle." S. Seite 117.

Horeb zu unseren Füßen hinweg nordwestlich zum Aarons=
gebirge, hinter dem der Serbal liegt, und nordöstlich zum
Berge des heil. Epistemius, der auch der Klosterberg heißt.
Zwischen beiden ziehen sich lange Wüstenstriche hin, die
wieder von Gebirgszügen umschlossen werden. Im Osten
endlich, ganz nahe unter uns, hatten wir den Wadi Se=
baye, der wie ein abgeschlossenes Asil zwischen steinernen
Bergmauern ruht. Nordwestlich, da wo der Weg aus
ihm nach dem Kloster läuft, wird der Wadi vom Hutberge
begrenzt, dem Berge worauf Moses die Heerden Jethro's
seines Schwiegervaters gehütet haben soll.

Diesen Wadi Sebaye hält man, und zwar nicht ohne
Grund, für die Lagerstätte der Kinder Israel während
der Mosaischen Gesetzgebung. Er ist von großem Um=
fange und wie geschaffen zu solch einem Festacte. Auch
giebt er eine vortreffliche Erklärung für den Ausdruck
dessen sich Moses bedient: „Wer den Berg anrührt."
Im Wadi Sebaye nämlich läßt sich im eigentlichen
Sinne der Berg anrühren, da er so schroff aufsteigt daß
man ihn vom Fuße bis zum Scheitel wie eine abge=
schlossene Persönlichkeit vor Augen hat. Eben so ver=
hält sichs mit den Worten: „Und das Volk trat unten
an den Berg." Selten steht man so eigentlich unten
am Berge, mit dem Blicke bis auf den mehrere tausend
Fuß hohen Gipfel, wie im Wadi Sebaye am Fuße des
Sinai.

Das Besteigen des Berges ist direkt aus dem Wadi fast unmöglich; was gleichfalls nach Moses Wunsch und Plan sein mußte, und wodurch „das Gehege um den Berg" um so voller seiner heiligenden Bestimmung entsprach. Der Weg den Moses auf den Gipfel nahm könnte wohl mit demselben Wege zusammenfallen, der noch heute die Pilgrime aus dem Kloster hinaufführt. Moses ging dann zuerst durch den Engpaß von Südost nach Nordwest, und dann von Norden nach Westen. Die ganze Wanderung wurde so von keinem Auge, auch nicht aus der Ferne, begleitet. Sehr unbequem war sie freilich diese schroffen, zerrissenen Felsen hindurch; man hat sich jetzt gar sehr der Reste von jenem oben erwähnten Stufenbau zu freuen. Deshalb darf man noch an einen zweiten Weg — ein dritter wird nicht möglich sein — für Moses denken; es ist der aus dem Bostanthale beim Kloster der Vierzig vorbei. Dadurch wird ziemlich die dem Wadi Sebaye entgegengesetzte Seite des Gebirgs betroffen.

Soll ich aber auch sagen -was die Annahme dieses Wadi als der großen Lagerstätte behelligt? Es ist der enge mißliche Weg den die Israeliten, als sie aus dem Scheifthale kamen, zu ihm gehen mußten. Und zugleich scheinen die Worte: „Moses führte das Volk aus dem Lager Gott entgegen, und sie traten unten an den Berg", noch auf eine beträchtliche Räumlichkeit zwischen dem Berge und dem Lager hinzuweisen. Dafür hat allerdings

der Wabi Sebaye, so viel man auch von der angegebenen
Stärke des Heers Israel abziehen mag, durchaus keinen
Raum.

Als ich durch jenes imposante Portal der senkrechten
Granitwände mehrere Stunden vor dem Catharinenkloster
in die weite und nur durch vereinzelte Felsblöcke unter=
brochene Ebene eingetreten war, so faßte mich der Gedanke,
daß gerade hier der Schau= und Ruheplatz Israels bei
seinem heiligen Feste gewesen sein möchte. Doch treten
auch hieraus manche Schwierigkeiten hervor. Dagegen
bot mir der Wabi Rahah, als ich das Kloster der Vierzig
besuchte, neben der ergreifendsten Ueberraschung durch die
majestätische Herrlichkeit der schroffen Abhänge des Horeb
nach Norden alles dar was geneigt macht hier die Lage=
rung der Israeliten anzunehmen. Denn auch hier läßt
sich der Berg anrühren; auch hier läßt sichs unten an den
Berg treten, und er selber läßt sich in ein Gehege fassen.
Hier war vollkommen Spielraum für zwei volle Millio=
nen, da es doch gut ist die Zahl streng zu nehmen, und
hier konnte Moses in der That „das Volk aus dem Lager
Gott entgegen zum Berge führen."*

Daß man bei dieser Ansicht mit dem Sinai den Horeb
vertauschen möchte, hat keine wahre Schwierigkeit. Noch
heute steht die Bezeichnung der beiden Gipfel der Gebirgs=

* Doch s. weiter unten.

gruppe nicht feſt; ſo hat Ruſſegger im Fremdenbuche des
Catharinenkloſters den Sinai als Horeb, den Horeb als
Sinai benannt. Und bekanntlich ſtehen in den heiligen
Urkunden ſelber beide Namen, Horeb und Sinai, für den
Berg der Geſetzgebung *.

Uebrigens fand nach Moſis Beſchreibung der Act der

---

* Ich erinnere mich daß Rüppell, als ich mich 1843 in Mailand
ſeines lehrreichen Umgangs freute, unbedingt den jetzigen Horeb für
den Berg des Moſes hielt, und zwar namentlich deshalb weil beim
Sinai die rechte Lagerungsebene fehle. Auch ſeh' ich daß Robinſon,
der ſogleich bei ſeiner Ankunft am Sinai durch den Wadi Rahah zog,
von dieſem Terrän aufs Entſchiedenſte den Eindruck gewann, daß hier
einſt Israel gelagert geweſen. So lautet ſeine Beſchreibung: „Beim
Fortſchreiten erweiterte ſich das Thal immer mehr, ſtieg allmälig und
war voll von Geſträuch und Kräuterbüſcheln, auf beiden Seiten von
hohen Granitgebirgen mit wilden zerſplitterten Spitzen, tauſend Fuß
hoch, eingeſchloſſen, während die breite Felswand des Horeb ſich gerade
vor uns erhob. Sowohl mein Gefährte als ich brachen unwillführlich
in die Worte aus: Hier iſt Platz genug für ein großes Lager! Sobald
wir oben auf der Höhe oder der Waſſerſcheide waren, lag eine ſchöne
breite Ebne vor uns, die ſich allmälig nach Südſüdoſt abdachte und
von rauhen, ehrwürdigen Bergen von dunklem Granit eingeſchloſſen
war: wilde, nackte, geſpaltene Spitzen und Kämme von unbeſchreib=
licher Erhabenheit. Etwa eine halbe Stunde weit nach hinten ſchloß
die kühne, hehre Wand des Horeb, die ſenkrecht in drohender Majeſtät
ſich zu einer Höhe von 1200 bis 1500 Fuß erhebt, das Ganze. Es war
eine herrliche erhabne Umgebung, ganz unerwartet und wie wir ähn=
liches nie vorher geſehen.“ —'— „Als wir weiter gingen, erhob ſich
der Horeb wie eine Mauer vor uns. Man kann ganz nahe an den Fuß
deſſelben herantreten und den Berg anrühren.“ — — „Indem wir ſo
über die Ebne ſchritten, wurden wir davon ſehr ergriffen, daß wir hier
ſo unerwarteter Weiſe einen Fleck fanden, der ſo ganz zu der bibliſchen
Erzählung von der Geſetzgebung paßt.“

göttlichen Offenbarung unter Donnern und Blitzen statt,
während eine dichte Wolke sich auf den Berg niederließ.
Schon ein gewöhnliches Gewitter muß hier eine Erschei=
nung sein deren Großartigkeit alle Darstellung übertrifft.
Ich habe — wenn man anders Zwerg und Riese ver=
gleichen darf — nie ein Echo von so nachhaltigem und
so erschütterndem Eindrucke gehört als das der Ge=
wehre, die ich auf dem Sinai abschießen ließ. Das erklärt
sich aus der Form und Gruppirung dieses ganzen Ge=
birgszuges, aus der Zerrissenheit seiner vielen Höhepunkte,
aus den hohen wilden Zacken, in die er wie gespalten ist.
Es ist mir ein bezeichnendes Bild dafür gekommen; ich
weiß nicht ob aus Erinnerung an die Anschauungsweise
des Trappisten Geramb. Es ist nämlich als hätte das
Weltmeer thurmhoch seine sturmgepeitschten Wogen ge=
worfen. Mitten im Sturme beschwor das Meer ein all=
mächtiges Zauberwort: die gebäumten Wogen stehn ver=
steinert. Ein Gewitter, das seine schweren Wolken nieder=
senkte auf diese Gottesburg, das noch dazu durchdrungen
war von wunderbarer Tendenz, was mußte das für ein
ergreifendes, ein über alle Erfahrung weit hinausliegen=
des Schauspiel für das Volk Israel sein, das aus Egyp=
tens Ebenen kam, da wo selbst der Regen nur selten fällt
und ein Gewitter nicht leicht jemals seine Entladung findet.

Ich bin weit entfernt dem Wunder seine Glorie ab=
streifen zu wollen; aber an dem natürlichen Faden, den

uns Moses gegeben mit eigener Hand, zieht er uns auch
selber mit eigener Hand zur Anschauung des Wunders
zu sich hinauf.

Je näher der Mittag kam, desto heller traten vor mich
die Umgebungen des Sinai; die leichten Wolkennebel hatte
der brausende Sturm zertheilt; die Sonne warf einen ver=
klärenden Schimmer darüber. Die Scene war wunderbar
schön; meine Gedanken ergaben sich dran wie Gefangene
Jetzt gerade fiel mir der Abschied von der heiligen Stätte
doppelt schwer. Ich begriff in dem Augenblicke recht wohl
das fromme Gemüth der Einsiedler, die einst ihre schwär=
merische Begeisterung fürs ganze Leben an den Sinai
gefesselt hat.

Als wir die oberste Granitkuppe herabstiegen, zeigte
mir mein Dragoman, etwa fünfhundert Fuß unter der
Höhe, den Fußtritt des Dromedars, das der Prophet auf
dem Sinai geritten. Man erkennt mitten im Felsen genau
die treuen Umrisse dieses Fußtritts. Das ist doch nichts
anderes als eine Satyre, als eine Ironie auf den christ=
lichen Reliquiencultus. Es kömmt mir vor als ob durch
manchen Zug der Koran sich zur Bibel verhält wie zum
Genie sein Affe; dazu paßt vortrefflich dieser vielverehrte
Fußtritt vom Dromedare Mahomets. Uebrigens giebt es
außer dem sinaitischen noch drei andere, nämlich zu Da=
maskus, zu Cairo und zu Mekka.

Im Fremdenbuche des Klosters hat diese muhameda=

nische Reliquie eine eigenthümliche schriftstellerische Bear=
beitung gefunden. Zuerst schrieb ein Engländer nieder,
daß er unter allen heiligen Erinnerungszeichen in den
Ländern wo positiver Glaube herrsche doch nichts ange=
troffen habe was diese Krone aller Reliquien überträfe 2c.
Ein zweiter Engländer erboste sich über seinen Landsmann
und apostrophirte ihn: O thou stupid fellow. Ein dritter,
und zwar der berühmte Missionär Joseph Wolff, vergaß
im frommen Eifer sich und die liberale Nation der er an=
gehört; denn er dekretirte dem Dromedarspasquillanten
„3 times 40 bastinadoes." Ein vierter endlich betrübte
sich über alle drei Schriftsteller; er vermahnte durch citirte
Bibelstellen zum Frieden und zur Artigkeit. Einem fünf=
ten ists nun noch vorbehalten, die sämmtlichen Fechthiebe
dieser frommen und unfrommen Ritter zu sich in die Tasche
zu stecken, um dadurch die Nachwelt der Pilgrime von
dem ganzen Aergernisse zu erlösen.

Auf der Oase des Horeb brachten wir noch eine Weile
zu. Am großen vollen Quellbassin, das nach dem Pro=
pheten Elias benannt wird, schwärmten Gebirgsrebhühner.
Unter der ehrwürdigen Cypresse saß ich lange; hier sah
ich zum letzten Male hinauf zum nachbarlichen hohen
Sinai.

Nahe an tausend Fuß tiefer wurden wir durch zwei
Freudenschüsse überrascht; es war eine Bewillkommnung,
die uns aus einer Grotte die zu einem fröhlichen Fest=

mahle versammelten Klosterbrüder entgegenbrachten. Ich fand diesen Kreis fast gemüthlich; selbst der Prior war von einer Liebenswürdigkeit die ich ihm nicht zugetraut hätte. Der materielle Luxus bestand in gesalzenen Fischen, in rothen und weißen Eiern, in Bohnen, in Dattelbrannt= wein und in einem delikaten Weine, der vom Sinai sel= ber stammt und mit dem Cyperwein einige Aehnlichkeit hat. Auch die Pfeife fehlte nicht. Ein besonderer Freund= schaftsaustausch bestand darin, mit den Eiern zusammen= zustoßen. Die Brüder tranken mit mir von der Sinairebe aufs Wohl alles dessen was ich liebe in der fernen Hei= math. Ich sagte ihnen, das seien der Himmel, die Berge und die Herzen. Ob sie's ahnen mögen, die Freunde in der Heimath, so sagt' ich zu mir im Stillen, daß ich heute hier so festlich ihrer gedenke.

Am Eingange unserer Grotte saß ein hochbetagter aber noch munterer Sänger, geboren am Sinai, einer der Leib= eigenen des Klosters. Es war so ein „Alter vom Berge." Er mußte uns ein paar Lieder singen, was unser Festge= lage erbaulich hob. Nur war zu meinem Bedauern mein lieber Kyrillos nicht mit auf dem Berge; den traf ich wenn auch nicht bei seinen Büchern, doch in den engen Mauern seiner Zelle, die er mit lauter sinnreichen Sprü= chen beschrieben hat.

Ich unterhielt mich mit Kyrillos über die Geschichte
des Klosters, in deren Studium er freilich bei seiner kurzen
Anwesenheit am Sinai nicht tief eingedrungen ist. Ein
altes Dokument des Klosters soll vom Propheten Mahomet
stammen; das Original soll seit Selim I. zu Anfange des
sechzehnten Jahrhunderts ins Serail nach Constantinopel
gelangt, aber eine Copie davon, durch Selim bestätigt,
dem Kloster verblieben sein. Kyrillos hatte sie weder ge=
sehen, noch glaubte er mehr davon als ich. Schon früher
hat man in Deutschland den Text des Documents ver=
öffentlicht, der meines Erachtens unmöglich aus Maho=
mets Feder oder Kopfe geflossen. Die Verordnungen darin
für die Pflege und Unterstützung der Priester, der Bischöfe
und Anderer, sowie die Privilegien verschiedener Art für
den christlichen Cultus verrathen mehr den Stil der römi=
schen Curie als ein Schreiben des Propheten.

Auf eine andere handschriftliche Merkwürdigkeit des
Sinai war ich sehr gespannt; es soll ein Evangelienbuch
sein das aus dem Hause des Kaisers Theodosius kömmt.
Kyrillos hatte es, trotz seiner Eigenschaft als Bibliothekar,
nicht gesehen; aber ein anderer Klosterbruder und Signor
Pietro wußten mir davon eine genaue Beschreibung zu
machen. Darnach sowie nach den früheren Mittheilungen,
die ich darüber in Cairo erhalten, mag die Handschrift
allerdings zu den tausendjährigen gehören. Aber alle
meine Schritte, freundlich und unfreundlich, waren um=

sonst; die Auskunft lautete, das Manuscript sei in der erz=
bischöflichen Kapelle, deren gegenwärtiger Verweser erst seit
kurzem im Dienste war, unauffindbar. Bei meiner Rückkehr
nach Cairo versicherte mir der dortige Bischof, es sei vor
einigen Jahren zum Erzbischofe nach Constantinopel zum
Behuf einer Abschrift gesendet worden. Allein auch in
Constantinopel fand ich keine Spur davon.

Das war von allen Seiten jene graeca fides. So
offen ich aber auch den Klosterbrüdern die Lüge vorwarf,
sie nahmen sie unbedenklich hin. Der Prior ist aus Creta
gebürtig; das berühmte Wort des Apostel Paulus über
die Cretenser scheint er noch heute wahr zu machen. Ich
glaube nun daß das Manuscript, wofür schon vor meh=
reren Jahren Lord Prudhoe zweihundertfunfzig Pfund
geboten hat, die man nicht angenommen weil man über
deren Vertheilung nicht einig geworden, in der That nach
England verkauft worden ist. Zur Schande des Klosters
meint man es nicht sagen zu dürfen. Ist es aber unter
Englands Himmel, so wünsche ich der christlichen Literatur
Glück zu dem neuen Schatze. Denn daß es nun recht
bald dem Leben der christlichen Kirche vermittelt werden
möchte, das ist ein Wunsch dessen Erfüllung von Män=
nern der Wissenschaft gewiß schon betrieben wird.

Von einem anderen interessanten Documente ist mir
erzählt worden; es soll die Urkunde der Stiftung des Klo=
sters durch Justinian sein. Unmöglich wäre ihre Existenz

I.   **16**

nicht. Zu meiner Ueberraschung fand ich in meinen eige=
nen heimgebrachten griechischen Manuscripten einen Auf=
satz mit der Ueberschrift: „Goldene Bulle, die der berühmte
Kaiser Justinian dem Abte des Klosters des heiligen Berges
Sinai gegeben." Das kann recht wohl aus einem uralten
Original geflossen sein, obschon es sich keineswegs eine
Stiftungsurkunde nennen läßt. Ich werde mit dessen
öffentlicher Mittheilung nicht zögern. Doch meine eigent=
lichen handschriftlichen Arbeiten im Kloster gehören nicht
hieher. Nur erwähn' ich noch daß ich in einem neugrie=
chischen Manuscripte astrologische, naturhistorische, medi=
zinische und ähnliche Studien besonderer Art niedergelegt
fand. Beim Artikel „über den Adler" wird angeführt daß
sein Herz, gekocht und heimlich der Frau unter ihre Speisen
gebracht, dem Manne ihre ganze Freundschaft und Liebe
zuwende. Andere Geheimnisse will ich unverrathen lassen.
Als der alte Mameluckenoberst Gregorios die Note im
Manuscripte gelesen, wo es als ein „satanisches Buch"
bezeichnet wird, „voll von bösen, gottlosen, seelenverderb=
lichen Sätzen," „ein Buch das nur deshalb nicht nach
Verdienst verbrannt worden damit diejenigen die es lesen
vor den Menschen mit dergleichen Zauberkünsten sich hüten
könnten," machte er eine sehr bedenkliche Miene dazu;
doch ließ er's in meinen Händen.

Mit meiner Küche im Kloster kam ich in Verlegenheit;
es gab keine Hühner, und mit den Fischen war man sehr

karg. Deshalb brachten mir die Beduinen ein fettes Lamm. Da ich aber ihre Forderung zu hoch fand, that ich ihnen mein Gebot und erklärte, daß ich bei jedem anderen Preise auf den Kauf verzichte. Nachdem sie vom Morgen bis zum Nachmittag Anstand genommen hatten, gingen sie auf den Handel ein. Ich meines Theils wußte wohl daß ihnen der Aberglaube verbietet, ein feilgebotenes Lamm wieder nach Hause zu führen.

Von meinen Wanderungen in die Thäler ums Kloster nur wenige Worte. Mein beständiger Begleiter dabei war Signor Pietro mit den trüben Geistesaugen.

Der Spaziergang nach dem Bostanthale, dem Thale der Gärten, hat des Anziehenden sehr viel. Pietro sagte mir, daß er immer die große Ebene Rahah als das bibli= sche Raphidim habe bezeichnen hören. Damit hängt natür= lich der wunderbare Mosisfels zusammen, nahe am Klo= ster der vierzig Märtyrer, in dem engen Arme den der Wadi von Südwest nach Nordost ausstreckt. Merkwürdig genug ist dieser vereinzelte mächtige Block röthlichen Gra= nits. Von oben bis unten durchzieht ihn eine Ader, die wie durchbrochen oder wie durchritzt aussieht. Wahr= scheinlich haben sich diese Mundlöchern ähnliche Spalten einst beim Sturz vom benachbarten Berge gerade durch das weichere Korn der Ader gebildet. Kein Wunder ists daß ihn der Mönchsglaube so fest hält als den Felsen aus dem Mosis Stab den Trank fürs murrende Israel hervorlockte.

16*

Raphidim aber, obschon es allerdings in großer Nähe vom Sinai gesucht werden muß, läßt sich nicht an den Fuß des Horeb selbst setzen. Die Israeliten kamen sehr wahrscheinlich desselben Wegs wie ich zum Sinai, nämlich durch Feiran und durchs Scheikthal. Auf diesem Wege also muß Raphidim liegen. Ich glaube, keine Oertlichkeit wird dazu entsprechender sein als die große „amphitheatralische, nur durch einzelne Felsblöcke unterbrochene Ebene," die ich gleich nach dem erhabenen Granitportale getroffen und oben angegeben habe. Diese Ebene läßt sich unbedenklich für den Schauplatz der Schlacht gegen Amalek betrachten; wobei „des Hügels Spitze," worauf Moses bei der Schlacht mit der emporgehaltenen Hand gestanden, in keine Verlegenheit bringen kann. Der vereinzelte Felshügel, unter dem ich dort am dreiundzwanzigsten Mai Mittag hielt, beherrscht vollkommen die Ebene und kann des Moses feierlicher Standpunkt gewesen sein. Von da bis zum Sinai ist gerade noch eine kleine Tagereise, wie sie fürs Heer der Israeliten paßte.

Da wo der angestaunte Granitblock liegt kann man noch weniger als anderswo an den eingetretenen Wassermangel glauben. Schon die fröhlichen Gärten in seiner Nähe zeugen dagegen. Das sinaitische Gebirg besitzt einen auffallenden Reichthum an herrlichen Quellen; sonst hätte es wohl auch einst die zahlreichen Einsiedler weniger zu fesseln gewußt.

Bei den beschriebenen Felsen hatt' ich die Erneuerung der Eindrücke vom Wadi Mokatteb. Sie stimmen aber gerade hier vortrefflich zu der Erinnerungsfeier an die großen Tage Israels. Wie, wenn sich gar der wahre Kern dieser Inschriften auf dieselben Tage zurück bezöge und das dem Scheine nach Störende späterer Zusatz wäre? Wenigstens ist bei ihrer Zurückführung aufs vierte Jahrhundert ihre große Räthselhaftigkeit um so überraschender weil sie sich an dieser Stätte von Einsiedeleien und Klöstern aus noch früherer Zeit befinden, durch die doch eine aufklärende Tradition so leicht konnte erhalten werden.

Von dem Grabe der verschlungenen Rotte Korah, das gleichfalls der Bibel zum Trotze hieher versetzt worden ist, hielt selbst mein Pietro nichts. Aber zwei andere Merkwürdigkeiten zeigte er mir mit vollem Ernste: den Fels worauf Moses, als er herab vom heiligen Berge kam, die Tafeln des Gesetzes zerschlagen, und die Form für den Guß des goldenen Kalbes. Wenn es gleich in mein Fach einschlug, so mochte ich doch mit den Beduinen nicht concurriren, die noch heute nach dem kostbaren Funde der Tafelreste um den Felsen herum graben sollen. Uebrigens hat derselbe doch eins für sich: Moses konnte nämlich, stieg er vom Horeb oder vom Sinai herab, gerade hier einen guten Ueberblick über das frevelhafte Beginnen gewinnen.

Zu der steinernen Kalbsform hatt' ich dasselbe Zutraun wie zum Fußtritte des Prophetendromedars. Ich konnte

mich nicht entschließen mit dem Auge des Forschers diese
lächerliche Reliquie zu prüfen, für die sich mehr als ein
begeisterter Sprecher unter den europäischen Reisenden
gefunden hat.

Dafür ergötzt' ich mich in den Gärten des Thales
unter den prächtigen grünen Bäumen, den Sykomoren,
den Granaten, den Cypressen; dafür wurd' ich nicht müde
mich dem Eindrucke hinzugeben den die Gestalten des fel=
sigen Berges mit ihrer melancholischen Wildheit, mit ihrer
düsteren Erhabenheit, mit ihrer ernsten Majestät so gewalt=
sam machen.

Gleich der erste der Gärten, den wir vom Kloster her
links trafen, war gänzlich verlassen, bis auf einen jungen
Beduinen, einen Leibeigenen des Klosters, den Pfleger
und Wächter des Gartens, den wir mit seiner sehr jugend=
lichen Frau, die sich eilig unsern Blicken entzog, unter
einem traulichen Laubzelte trafen. Ich hätt' ihn besingen
mögen, diesen Beduinen in seinem Paradiese; fast hätt'
ich ihn um sein Loos beneidet. Welch eine glückliche Ein=
samkeit hat er hier, mit dem „Raum in kleiner Hütte für
ein glücklich liebend Paar." In Cairo erzählte mir Linant,
daß er einen dieser Gärten im Bostanthale eigenthümlich
besitze und dort häufig im Sommer einen kurzen Aufent=
halt nehme. Nach solchen Erholungsreisen, klingt's auch
gefährlich daß der Weg durch die Wüste führt, könnte man
wohl Verlangen tragen.

Der Besuch des Wadi Sebaye vertiefte mich ganz in
die biblischen Forschungen. Da liegt der Sinai wie ein
ungeheurer Bau unendlicher Kräfte, wie ein Tempelwerk
aus längst verklungener Vorzeit, zu dem sich die Pyrami=
den verhalten wie kindliche Nachbildungen. Sein Gipfel
starrt herunter wie eine drohende Riesengestalt; aber sei=
nen harten Ausdruck mildernd schmiegen sich um sein
Haupt wie spielende Kindlein die Kapelle und die Mo=
schee. Freilich ist der Raum ohne allen Zweifel zu klein
für ein Heereslager von zwei Millionen; aber immer bleibt
noch die Auskunft übrig, das Lager selber in die weite
Ebene zu verlegen, da wo der Wadi Rahah und der
Wadi Scheik gerade vor dem Eingange zum Klosterthale
zusammentreffen, und anzunehmen daß Moses zum Feste
der Gesetzgebung die Kinder Israel „aus dem Lager“
ins Thal Sebaye „Gott entgegenführte.“

Abschied vom Sinai.

Gegen das Ende der Pfingstwoche rüstete ich mich zum Abschiede vom Kloster. Hatt' ich auch manchen Mißfallen an den Mönchen und an ihren Gewohnheiten gefunden — wie schrecklich klang mir's daß sie in diese weihevolle Einsamkeit sogar eine Art Herausforderung auf den Stock eingeführt haben; so beleidigt etwa ein Rußfleck auf einem Madonnenbilde — so dacht' ich doch als ich Schubert's Worte vom sechsten März 1837 im Fremdenbuche las: „ich werde so lang ich lebe dieser Tage mit Freude und Dankbarkeit gedenken," ich dachte daß die Worte aus meiner eigenen Seele stammen.

Ich bedurfte neuer Führer für meinen Rückweg nach Cairo; zwei Scheifs kamen deshalb in den Klostergarten. Ich wollte nicht umsonst von jenem Franzosen, dem Kamelarzte, erfahren haben, daß er für ein Kamel vom Sinai bis nach Cairo siebenzig Piaster zahlte, während ich für meine Herreise hundertzwanzig bewilligt hatte. Ich bot daher jetzt auf die Forderung der Scheifs von hundertfunfzig nicht mehr als neunzig, mit ausdrücklicher Berufung auf den Kamelarzt. Ei, sagten sie mir, wenn ich ihr Kamelarzt sein wollte wie der Lyoner Apotheker, so wollten sie mich gleichfalls für siebenzig führen. Da ich mich so plötzlich im Wechsel des Berufs nicht versuchen mochte, so hob sich unsere Conferenz auf.

Zwei Tage später contrahirte ich mit Scheik Hussein Erhebi. Auch er verlangte hundertfunfzig Piaster, begnügte sich jedoch mit hundertzwanzig, unter der Bedingung, daß der englische Consul nachweisen könnte, bereits im laufenden Jahre sei derselbe Preis für dieselbe Reise gezahlt worden. Da ich dazu selber den Beweis lieferte — was ich voraus sagte — so ging ich den Contrakt unbedenklich ein. Uebrigens benahm sich bei unserer Ankunft in Cairo der Scheik, der Bruder des Contrahenten, aufs Vortheilhafteste. Nachdem der englische Consul meinen früheren Contrakt mit Zuziehung seines Dragomans geprüft und richtig befunden hatte, gab er dahin seine Meinung ab, meine Führer möchten sich mit hundertzwanzig Piaster zufrieden stellen. Das Gesammthonorar ging aber in elf Theile, denn zu elf Beduinen war allmählig mein Geleit angewachsen und die Vertheilung war unterwegs stets nach hundertfunfzig Piaster berechnet worden. Demohngeachtet gestattete sich der Scheik auf des Consuls Auskunft keine andere Entgegnung als das respektvolle Zeichen unbedingter Zustimmung.

Für die Erkenntlichkeit der beherbergten Pilgrime hat das Kloster eine unbestrittene Vorliebe. Signor Pietro

kömmt dem Geschmacke der Brüder freundlich zu Hilfe.
Ich fragte ihn um Rath wegen meines Geschenks ans
Kloster. Ich würde, sagte er, für jeden Tag hundert Pia=
ster bezahlen. Dann folgt' ich meinem eigenen Rathe.
Uebrigens gilt das Kloster für sehr reich und ist es auch.
Außer den ihm zugehörigen Stiftungen in der Ferne und
den reichlichen Geschenken der Pilgrime, insbesondere der
griechischen Christen, hat es viele Besitzungen an einträg=
lichen Gärten und Olivenpflanzungen und Dattelwäldern
in Feiran, in Tor und anderwärts, die es den Händen
seiner leibeigenen Diener anvertraut.

Diese Leibeigenen des Klosters, die Dschebelijeh ge=
nannt, machen eine besondere Klasse von Bewohnern der
sinaitischen Halbinsel aus, und zählen wohl über tausend
Seelen. Sie sind Beduinen und sind auch keine; denn
sie werden von den eigentlichen Beduinen nicht für voll
angesehen. Ihren Ursprung leitet man von den zweihun=
dert Wallachen und den zweihundert Egyptiern ab, die
durch den Kaiser Justinian dem Kloster bei der Stiftung
als leibeigene Diener sollen beigegeben worden sein. Trotz
dem daß sie durch die Einfälle der Araber zu Muhameda=
nern geworden, sind sie doch in ihrer dienstlichen Stellung
zum Kloster verblieben. Nur einige und zwar neugetaufte
Christen befinden sich in der Zahl; ihre Erscheinung beim
Pfingstgottesdienste in der Klosterkirche hatte mich durch
ihre Beduinentracht ganz überrascht. Diejenigen die in

der Nähe des Klosters wohnen erhalten jede Woche mehr=
mals Gaben vom Kloster, besonders Körbe voll Brod,
das von geringerer Güte ist als das Brod des Klosters.
Gleich den ersten Tag meines Aufenthalts im Kloster
hört' ich am späten Nachmittage ein gewaltiges Rufen
und Schreien. Das waren die vor dem Kloster versam=
melten Dschebelijeh, Männer, Frauen und Kinder, die
ihre Ankunft und ihr rechtskräftiges Anliegen durch diese
ohrenzerreißende Musik anmelden müssen. Robinson er=
zählt mit welcher Ehrfurcht ein alter Bergführer, Namens
Aid — die Dschebelijeh haben das Privilegium des Ge=
leits auf den Sinai, den Horeb, den Catharinenberg —
dem ehrwürdigen Prior des Klosters begegnete als er ihn
eines Abends zu El Erbain antraf. Aid kniete nieder und
küßte dem Prior, der die Schuhe ausgezogen, die nackte
Fußzehe, und war ganz glücklich den verehrten Patriar=
chen außerhalb der Klostermauern zu treffen.

Was das Verhältniß der eigentlichen Beduinen zum
Kloster betrifft, so ists in der Hauptsache ein friedliches,
obschon man seine Dauer niemals verbürgen kann. Da=
für ist aber auch das Kloster zur Vertheidigung gerüstet;
sogar eine kleine Kanone besitzt es, und eine bestens aus=
gestattete Rüstkammer. Regelmäßig besorgen die Beduinen
durch ihre Kamele die häufigen Transporte zwischen Cairo
und dem Sinai, wofür sie das Kloster zu honoriren weiß.
Außerdem begegnen die Beduinen den Klosterbrüdern mit

einer wahren Hochschätzung; auch glauben sie an manche heilige Geheimnisse, in deren Besitz das Kloster sei. Deshalb wenden sie z. B. bei andauernder Trockenheit ihre Bitte an die Mönche, sie möchten mit ihren unfehlbaren Gebeten den Regen vom Himmel herabflehen.

In der Frühe des ersten Juni verließ ich das Kloster. Mit Freundlichkeit hatte man meinen Reisevorrath bedacht. Darunter befand sich auch jenes eigenthümliche Dattelbrod des Sinai, ohne Zweifel die schmackhafteste aller Klosterarbeiten. Es wird aus Datteln und Mandeln des Feiranthales bereitet, fest zusammengepreßt und in zugenähte lederne Säcke gefaßt, so daß es unserer Magenwurst von innen und außen ähnlich sieht. Unter meinen Gegengeschenken ans Kloster waren besonders zwei Brillen willkommen.

Als ich am Fuße des Klosters angelangt war, fand ich einige zwanzig Beduinen mit ihren Kamelen, die sämmtlich am Geleite Theil haben wollten. Ich sah ihre Schwerter gezogen und wurde sehr unzufrieden; doch wurden sie bald einig. Anstatt der vier Kamele, die ich brauchte und bezahlte, geleiteten mich elf, worüber sie sich unter einander verständigten.

Rückkehr vom Sinai nach Cairo.

Als wir den ersten Mittag unter den Darfabäumen im westlichen Theile des Scheikthales gehalten hatten und zum neuen Aufbruche schritten, zerbrach dem Scheik Hussein beim Aufsteigen der Sattelknopf. Das war keine Kleinigkeit. Er kam und bat mich inständig, für ihn seinen Bruder als Führer der Caravane mitzunehmen; denn außer diesem bösen Vorzeichen mit dem Sattelknopfe sei ihm schon von seinen Frauen aus einem Spiele vorhergesagt worden, daß ihm diese Reise Unheil bringen würde. Ich erinnerte mich dabei an jenen alten griechischen Philosophen, der, als er sich beim Fallen den Fuß verrenkt hatte, diesem Rufe in die mütterliche Erde zurückzukehren folgte, und mußte darum meinen Hussein sehr philosophisch finden. Ich fragte ihn: Ist aber dein Bruder auch brav? Er antwortete: Mein Bruder ist braver als ich. So ließ ich denn seiner Kümmerniß Recht widerfahren, und ihn zu seinen Frauen nach Hause gehen.

Diese Beduinen hatten so sehr wie meine ersten Führer die vollkommenste Einfachheit in ihrer Lebensweise.

Früh tranken sie Kaffee; zu Mittag buken sie frisches Brod aus Mehl in der Form kleiner runder Kuchen, das schon fertig war nachdem es einige Stunden in der heißen Asche gelegen; Kaffee tranken sie gleichfalls dazu; des Abends nahe an Mitternacht wiederholte sich das Mittagsmahl. Unterwegs rauchten sie gern eine Pfeife; auch sah ich sie mehrmals Kamelmilch trinken. Nur ausnahmsweise erhielten sie etwas von meiner Küche, die eben auch nicht à la parisienne war.

Bald gewöhnten sie sich meinen Wünschen unbedingt Folge zu leisten. Ich weiß nicht ob ich es sagen soll: Mein Verkehr mit den Beduinen gehört zu meinen angenehmsten Reiseerinnerungen. Diese Kinder der Wüste leben in vielen Stücken so edel und ehrsam, daß sie die Menschen der europäischen Cultur beschämen. Ich muß einige Züge ihrer Sitte anführen.

Sehr streng wird bei ihnen der Familienrespekt gehalten; der Vater, das Haupt des Hauses, ist immer verehrt und bedient von seinen Frauen und Kindern. Auch die Mütter werden von den Kindern sehr hoch geachtet: eine freundliche Erscheinung, die der sonstigen Zurücksetzung der Frauen mildernd gegenüber tritt.

Die Frauen sind auch gegen fremde Männer sehr ehrerbietig, sowie Niebuhr erzählt daß eine Frau, die ihm in der Wüste am Sinai begegnete, vom Kamel stieg und entfernt vom Wege zu Fuß ging, bis seine Caravane

vorüber war. Ich erhielt bei solchen Begegnungen wenig=
stens abgewendete Gesichter, allerdings eine unwillkom=
mene Ehrenbezeugung. Wer gedächte aber bei diesen heu=
tigen Frauensitten nicht an Mosis Erzählung von der
Braut Rebekka: „Und Rebekka hub ihre Augen auf und
sahe Isaak; da fiel sie vom Kamel." Natürlich aus Re=
spekt. Ich will dabei nicht an die Verschiedenheit der
Sitte bei unseren Bräuten erinnern.

Die Mädchenehre wird nicht leicht bei den Beduinen
verletzt; die Verletzung büßt die Schuldige mit dem Tode.
Dabei kommen freilich die frühen Heirathen zu Statten.
Dagegen werden weniger streng und sogar mit einer ge=
wissen Freundschaftlichkeit die seltenen Ausnahmen bei
Frauen behandelt.

Die Ehrlichkeit halten die Beduinen heilig. Im Nas=
sebthale sah ich mehrere Gewänder an den Bäumen hän=
gen; anderwärts trafen wir einzelne und auch Heerden
Kamele, die ohne Wächter weideten. Mein Dragoman
sagte mir daß die Beduinen dergleichen unbesorgt auf län=
gere Zeit thun; denn keiner bestehle den andern. Rechts=
händel in ihrer Mitte schlichten sie auf eine einfache Weise
durch gewählte Schiedsrichter.

Als ein Beweis großer Innigkeit fiel mir auf, daß
sie sich einander bei Begegnungen vielmals küßten. Auch
mit den verbindlichen Handceremonien waren sie nicht
karg.

Die Beduinen leben so frei, so unabhängig, daß sie nimmermehr mit dem zwangsvollen Leben eines deutschen Hofmanns tauschen würden. Ihre Wüste mit ihren Kamelen lieben sie über Alles; sie befinden sich unwohl, sind sie genöthigt wenn auch nur auf kurze Zeit zwischen den engen Mauern der Stadt zu verweilen. Bei dem allen sind sie immer zum Kriege gerüstet; ihre Waffen begleiten sie getreu. So hoch sie, wie die Orientalen überhaupt, die Pflicht der Gastfreundschaft achten, so nachdrücklich üben sie die Blutrache.

Was mir den Verkehr mit den Beduinen noch interessanter machte, das war die Erinnerung an die alten Patriarchen, von deren Leben sich unverkennbar noch heute manche Züge erhalten haben. Auch herrscht noch heute jene Abneigung der Städter und auch der Ackerbau treibenden Fellahs gegen das Hirtenvolk, welche Moses bei der Ankunft der Familie Jacobs im Lande Gosen erwähnt: „Denn was Viehhirten sind, das ist den Egyptiern ein Gräuel."

Ein Gedanke, eine Hoffnung drängte sich mir wiederholt auf, als wir mit einander durch die Wüste dahinzogen: Diese Beduinen werden leicht zu einem einfachen, lauteren Christenthume bekehrt werden. Daß ohnehin ihre Ausübung des Muhamedanismus sehr larer Art ist, hab' ich schon erwähnt. Die Achtung, die sie vor den europäischen Reisenden haben, muß das Werk der Bekeh=

rung vorzüglich fördern. Ich wünsche von Herzen, daß
recht bald die protestantischen Missionsanstalten meinen
Gedanken theilen mögen, dann wird auch meine Hoffnung
bald erfüllt sein.

Neben den Beduinen hat mich das Kamel viel be=
schäftigt. Ich glaube daß ihm die modernen Physiologen
unter ihren vielen Physiologien noch keinen Platz gegönnt
haben; demohngeachtet bietet es ihnen den dankbarsten
Stoff. Ich selbst will keineswegs einen Versuch machen;
nur hervorheben will ich daß es in der Welt keine ver=
fehlten Carrieren geben würde, wäre Jedermann so sehr
an seinem Platze wie das Kamel in der Wüste. Allbe=
kannt ist sein Talent, der Tränkung viele Tage entbehren
zu können, wobei jedoch die frühe Gewöhnung in Betracht
kömmt; beim häufigen Wassermangel in der Wüste ist ein
anderes Thier gar nicht im Stande lange Strecken aus=
zudauern. Seine Nahrung findet das Kamel auch in der
sandigen, unfruchtbaren Wüste fast überall; denn es be=
gnügt sich mit allerhand Kräutern, Laubwerk und Sträu=
chern die keine Tagereise weit gänzlich fehlen und die zum
Theil, wie die hartstachlichen Disteln, nur für den festen
Knorpelbau seines Mauls tauglich sind. Selbst aber auf
den Fall des wirklichen Mangels ist das Kamel sehr eigen=
thümlicher Weise gerüstet; dann zehrt es nämlich, wie aus
einer nachhaltigen Provisionstasche, von seinem eigenen

Höcker, der bei fetten Kamelen am vollsten, bei magern am schmalsten und kleinsten ist.

Der lange Hals dient ihm vortrefflich, um ohne Stö-rung seines Gangs und seines Reiters von beiden Seiten des Wegs wegzuraffen was sich nur irgend Köstliches findet. Auch dient er dem Bebuinen um sich über densel-ben sofort auf den Rücken des Thiers zu schwingen.

Der Gang des Kamels durch die Wüste ist leise wie auf Socken; auf wenige Schritte hört man fast nichts von einer Caravane von hundert Kamelen. Sein Fuß ist unten mit einer weichen und doch rauhen Haut belegt; deshalb geht es am liebsten auf dem harten Kiessande der Wüste, und schreitet über gefährliche Felsen, wenn sie nur nicht allzu glatt sind, so sicher wie ein Maulthier.

Die Lasten die es zu tragen vermag sind nicht gleich; ich sah Ladungen von fast tausend Pfund. Da es zu hoch ist um stehend beladen zu werden, so hat es harte Kniegelenke, auf die es leicht niederfällt, und die allmählig um so unempfindlicher werden da es auf seinen Knien zu ruhen und auch zu fressen pflegt.

Die Milch der Kamele schmeckt angenehm und ist nahr-haft. Das Fleisch derselben — namentlich von gefallenen, weil es zum Abschlachten der anderen nicht leicht kömmt — wird gleichfalls von den Bebuinen genossen.

Von der Geduld ist das Kamel ein Musterbild; es wird nicht leicht böse zum Ausreißen; aber in der Wüste

möchte sich auch ein entflohenes Thier schwer wiederfin=
den laffen.

So liefert das Kamel wohl noch einen beffern Text
zu einer Predigt über die göttliche Vorfehung als jener
Hund den ein Jesuit mit auf die Kanzel brachte, zur Predigt
über die Spürtalente des Jesuitenordens. Oder wenig=
stens begreift man nun, daß die Geburt eines Kamels zu
einem Freudenfefte der Familie wie die Geburt eines Kin=
des wird; denn mit den Worten: Es ist uns ein neues
Kind geboren, wird es fogar bei feinem Erscheinen in der
Welt begrüßt. Auch begreift man, wie der Zuruf: Du
bist mein Kamel, oder: O du mein Kamel, der Ausdruck
zärtlicher Neigung fein kann, womit namentlich die Frau
ihren Gatten regalirt.

Zu den Bekanntschaften von Intereffe, die ich in der
Wüste machte, gehören die Heuschrecken. Sie waren
zwar keineswegs zu einer egyptischen Landplage ange=
wachfen, was für einen Kritiker und Ausleger der Bibel
eine allzu schmeichelhafte Erfahrung gewefen wäre; auch
zogen sie mir nicht, wie es anderen Reisenden begegnete,
als ein geschloffenes Armeekorps entgegen, das für alle
Länderstrecken die es angriff traurige Verwüstung, leere
Brandstellen zurückließ; sie lagen nur in zahlreichen klei=
nen Schwärmen auf den Sträuchern der Wüste und flat=
terten, wenn wir uns annäherten, wie leichte Wolken vor

17 *

unseren Augen vorüber. Diejenigen die ich in der arabi=
schen Wüste nahe beim rothen Meere sah waren wahr=
scheinlich von derselben Gattung, die Shaw und Morier
beschrieben haben. Sie waren an den Schenkeln und am
Körper, der gegen drei Zoll Länge hatte, glänzend gelb,
und hatten braungefleckte Flügel. Dagegen traf ich in
Paläſtina und Syrien eine Art, die um ein weniges klei=
ner und von Farbe grau und lichtroth war. Mit dem
unteren Flügel verbreiteten sie, wenn sie flogen, einen röth=
lichen Schimmer. Sie ließen sich nicht eben leicht haschen;
sie waren kräftig und gewandt.

Ganz kürzlich erst hat Egypten wieder von einer Heu=
schreckenplage zu leiden gehabt. Mehemed Ali setzte auf
jeden Korb den man mit diesen Thierchen gefüllt ein=
brachte einen kleinen Preis aus: das half dem Uebel vor=
trefflich ab. Doch wußte sich der schlaue Fürst für seine
Ausgabe zu entschädigen; denn er ließ sich, wie mir er=
zählt wurde, hinterdrein sein Geld zurückzahlen.

Uebrigens haben die Besuche der Heuschrecken doch
auch eine freundliche Seite; sie werden nämlich von vielen
Orientalen, z. B. von den Arabern und den Persern, mit
Appetit gegessen. Ihre Zubereitung ist eine mannigfaltige.
Sie werden sowohl frisch als gesalzen oder auch, und das
ist das üblichſte, geröstet genossen. Die gerösteten werden
bald mit Salz und Gewürz schmackhaft gemacht, bald mit
Reiß und Datteln vermischt. Ihr Geschmack wird ver=

schieden angegeben; dem der Seekrebse scheint er am ver=
wandtesten zu sein.

Troß dem kann man's den Bauern nicht verdenken,
wenn sie einer auf den Flügeln des Ostwindes, den bei
Erzählung der egyptischen Heuschreckenplage auch Moses
anführt, heranziehenden Caravane dieser kriegerischen
Gäste mit Geschrei und Lärm entgegentreten, wodurch es
ihnen bisweilen gelingt die Niederlassung derselben von
ihren Gärten, Feldern und Fluren abzuwenden. Auch
halten sie es für ein Verbrechen sich an dem schönen gold=
gelben Vogel, Samarmar, zu vergreifen, der mit noch
größerem Appetite als der Araber die Heuschrecken ver=
zehrt. Die sichersten und stärksten Vertilger derselben schickt
aber der Herr noch heute wie zu Pharao's Zeit durch
seine Winde, welche die lästigen Schwärmer ins Meer,
besonders — der Süd= und Südostwind — in die mittel=
ländischen Fluthen treiben. Im Schwimmen gelten die
Heuschrecken für keine Helden.

Die gefährlichsten Begegnungen in der Wüste sind
aber unstreitig die Schlangen. Auch diese sind mir wie=
derholt geworden. Auf dem Rückwege von Suez nach
Cairo erhoben meine Beduinen zwei Mal ihr Angstge=
schrei: „eine Schlange,“ „eine Schlange.“ Mein Drago=
man säumte nicht vom Kamel zu springen und die beiden
Schüsse seiner Doppelflinte auf die Wellen des geschmei=
digen Thiers abzudrücken, während die Führer eilig die

Kamele aus der Nähe drängten. Diese beiden Schlangen
waren keine Elle lang, gelten aber für die gefährlichsten
und giftigsten. Es waren sogenannte gehörnte Schlan=
gen, Cerasten, die bekanntlich ihren Namen von ihren zwei
kleinen auf dem Kopfe hervorragenden Fühlhörnern haben.
Wenn diese Fühlhörner allein aus dem Sande hervor=
spitzen, so verlocken sie die Vögel, die sie für Würmer
halten; aber schnell umschlingt sie der giftige Verführer.
Die Schlangenspuren die ich im Sande gesehen sind
ganz unzählig; weite Sandstriche waren davon wie
durchadert.

Unter meinen Kamelen befand sich eins mit einer
Wunde von einem Schlangenbiß, die noch alle Tage
blutete. Die Beduinen sorgten sich nicht ängstlich darum;
sie sagten mir aber daß auch das Kamel in der Regel von
einem vollen Schlangenbisse sehr bald stirbt. Da es so
leicht ist, von diesen Thieren, besonders während der Nacht
auf dem preisgegebenen Lager im Sande, gebissen zu wer=
den, so hatt' ich mich von meinem Arzte in Cairo genau
über die nöthigen Maßregeln für diesen Fall unterrichten
lassen. Fürs einzige sichere Mittel hielt er das schleunige
Aussaugen der Wunde, was für den selber der die Hilfe
leistet nur dann Gefahr bringt, wenn er an den Lippen
oder im Munde eine wunde Stelle hat. Erst nach dem
Aussaugen hat noch das Ammoniacum seine wohlthätige
Wirkung.

Von meinem Rückwege nach Suez halt' ich eine Wendung der Erwähnung werth, die wir am Abende des dritten Tages vom Wadi Taibe zum Wadi Garandel nahmen. Wir umgingen nämlich das hohe felsige Gebirge, das vor dem heißen Pharaobade liegt, im Westen und zwar troß der herrschenden Ebbe eine Strecke lang so dicht beim Meere, daß von zwei neben einander gehenden Kamelen das eine im Wasser waden mußte. Ich hatte meinen Führern, die bis auf den Monbschein warten wollten, die angebliche Gefahr des Wegs nicht geglaubt; aber ich sah jetzt daß es in der That Vorsicht galt. Der Umstand, daß das Meer hier so nahe ans Gebirg herranreicht, ist wichtig um die Unmöglichkeit der Annahme darzuthun, daß hier die Israeliten am Schilfmeer hingezogen seien.

Am vierten Tage als wir kurz vor Mittag ins Garandelthal, östlich von der Quelle, ankamen, erfuhr ich die heißeste Temperatur meiner Reise. Bevor wir hielten, war's mir als hielt ich das Gesicht einem lodernden Kaminfeuer entgegen. Den nackten Fuß auf den Sand zu setzen, war unmöglich. Wir zogen erst nach Sonnenuntergang weiter; demohngeachtet hatt' ich die Kleider kaum angelegt, so waren sie bei der fortdauernden Schwüle durchfeuchtet.

Den Tag darauf des Nachmittags, als ich vom Wadi Sadr aufbrechen wollte, erlebte ich ein schreckliches Schauspiel. Es ist mir kostbar geworden, da ich's glücklich über=

ftanden. Es war das Schauspiel des berüchtigten Chamsin. So gefährlich wie der geweckte Leu, so verderblich wie der Zahn des Tigers ist die Begegnung mit diesem Schreckniffe der Wüste.

Es war nach fünf Uhr; ich wollte eben das Zelt abbrechen laffen, damit ich noch vor Mitternacht nach Ajin Musa käme, um den folgenden Morgen die Ebbe zum Durchgange durchs Meer zu benutzen: da riß ein plötzlicher Windstoß das Zelt und mit ihm mich selber nieder. Als ich mich herausgearbeitet hatte, sah ich bereits kaum noch wenige Schritte weit; aber bald war ich in den dichten hochröthlichen Sandstaub wie in eine Wolke eingehüllt. Es fehlte wenig daß die drückend heiße Luft erstickend wurde; dazu herrschte ein Getöse um uns und über uns, gewaltiger und wilder als das Meer wenn es im Sturme tos't; es erinnerte mich am lebhaftesten an die donnerbegleiteten Ausbrüche des Vesuvs. Dies Getöse war um so seltsamer da es doch weit und breit an allen Bauten und Wäldern fehlte; nur vom Meere waren wir nicht gar fern.

Die Beduinen hatten eiligst die Kamele in die Enge zusammengeführt, damit sie vor Ueberraschung nicht ausreißen möchten; wir selber lagerten uns dicht unter einem zwar niedrigen doch buschigen Sandhügel, der uns zum Heile war; ich ließ mich noch überdecken so sehr es möglich war. Der Zustand durfte nicht lange andauern,

sollte er mich nicht im Reisekleid und in so guter Gesell=
schaft, aus dem Wadi Sadr ins Thal des Todes hinüber
spielen.

Ich war eingeschlummert; gegen Acht sagte mir mein
Dragoman, daß die Gefahr vorüber und der Sturm sehr
schwach geworden sei; doch könne man nur vielleicht nach
Aufgang des Mondes an den Aufbruch denken.

Ich schlief wieder ein und erwachte nach Mitternacht.
Da stand ein Viertel der Mondscheibe rein und klar über
mir. Wie aus einem schweren Traume athmete ich auf.
Mit heißer Dankbarkeit hing mein Auge an dem heiteren
nächtlichen Himmel. Aber mein guter Stern, dacht' ich,
hat mich nicht umsonst geweckt; ich wollte drum sogleich
aufbrechen um meinen früheren Vorsatz noch auszuführen.
Meinen Beduinen war es freilich eben so unglaublich als
unbehaglich. Und unbehaglich war's auch mir selber; denn
ich merkte jetzt daß mir der Sandstaub in den Augen und
in den Ohren, im Munde und im Halse lag; daß er mir
in·die Aermel und überall hin gedrungen war. Doch nach
einer halben Stunde ritten wir, die kühle Nacht hindurch
die leider bald sehr feucht wurde, ohne Ruh und Rast den
Mosisquellen zu.

Als ich in Suez mit dem Generalconsul Costa von
meinem Abenteuer sprach, nannte auch er die Gefahr sehr
groß die ich überstanden. Er erzählte mir, daß erst vor
vier Jahren ein junger Schweizer, seinen Abmahnungen

zum Trotze, nach Cairo aufgebrochen sei als sich eben der
Chamsin erhob; aber wenig Stunden darauf seine Un=
überlegtheit mit dem Tode gebüßt habe. Außerdem er=
zählte man mir von ganzen und starken Caravanen, die
eine Ueberraschung durch den Chamsin mitten in der schutz=
losen Wüste im Sande begraben hat. Darnach darf ich
allerdings keinem Reisenden rathen meinem Beispiele zu
folgen, und die Zeit des Chamsin von Mitte April bis
Mitte Juni zu einer Wüstenreise zu wählen.

Als wir einen Tag weit hinter Suez waren, kehrten
auch meine ersten drei Führer zurück; aber sie kamen wie
aus der Schlacht, beladen mit reichlicher Beute. Der
Stamm von Tor (am Gestade des rothen Meeres), zu
dem auch jene Beduinen gehörten die in Suez bei meiner
Durchreise so nachdrücklich das Recht der Führung gegen
meine Begleiter beanspruchten, hatte schon lange unfreund=
liche Gesinnungen gegen die paläſtinenſer Einwanderer am
Mokattam geäußert. Dafür hatten diese jetzt Rache ge=
nommen. Meine drei Führer waren, in Vereinigung mit
ſiebzehn ihrer Stammgenoſſen, auf die Kamelheerden der
Beduinen von Tor gefallen und hatten ſie als Beute
weggeführt. Dreihundert Verfolger waren aufgebrochen;
im Dorfe El Baba* waren ſogar einige davon mit mei=
nem Attajö zuſammengetroffen und hatten ihn, natürlich

---

* S. Seite 191.

ohne ihn zu kennen, nach der Spur der Raubhelden ge=
fragt. Demohngeachtet waren diese ihnen unerreichbar
geblieben. Es läßt sich kaum begreifen wie zwanzig Be=
duinen eine Heerde von vierhundert Kamelen diese Wüste
und Felsen hindurch so sicher vor den Augen der dreihun=
dert Nachspäher entführen konnten. Nunmehr waren sie ge=
borgen; ihre Heimath lag nur noch eine Tagereise entfernt.

Als dieser prächtige Zug von vierhundert Kamelen,
von denen viele so schönes und vollbuschiges Haar trugen
daß sie noch ungebraucht zu sein schienen, bei uns vor=
überkam, und meine Beduinen den Zusammenhang be=
griffen, so geriethen sie in nicht geringe Besorgniß. Schnell
trieben sie ihre eigenen elf Thiere zusammen. Aber meine
alten Führer kamen um mich einen Augenblick im Zelte
zu besuchen, und ihr Scheik aß Brod mit meinen Beglei=
tern, das diese in aller Eile aufs Zuvorkommenste buken.
Das flößte ihnen Muth ein; ich erfuhr, daß es ein stren=
ges Gesetz der Beduinen ist, den als Freund zu betrachten
mit dem man Brod gegessen. Dennoch wachten sie des
Nachts bei fortwährend unterhaltenem Feuer, wozu ich
ihnen einen tüchtigen Kaffee geschenkt hatte. Ich meines
Theils schlief ruhig; denn ich war an meinen alten Füh=
rern meiner Freunde gewiß, und freute mich daß ich diese
tapferen Leute in meinem Dienste gehabt. Dieser Raub=
zug war nun freilich ein überraschendes Nachspiel zum
großen friedlichen Salechfeste.

Später erfuhr ich in Constantinopel, daß die Bedui=
nen von Tor die Vermittlung Mehemed Ali's nachge=
sucht hatten, wornach sie unter gewissen Bedingungen fast
ihre sämmtlichen Kamele zurückerhalten mußten.

Reise nach Jerusalem.

Am einundzwanzigsten Juni des Nachmittags um Fünf nahm ich von Neuem und zwar vielleicht auf immer Abschied von Cairo. Jerusalem war mein Ziel. Ich bedaure daß ich nicht vom Sinai aus sogleich über Akaba Petra und Hebron dahin gegangen bin; ich hatte aber für meine Rückkehr nach Cairo neben anderen Gründen auch den gehabt, zum Behufe meiner handschriftlichen Forschungen die koptischen Klöster bei Damiette zu bereisen. Ich gab diesen Plan jetzt auf, da meine Erwartungen von jenen Klöstern herabgestimmt wurden und weder der Besuch von Damiette, dem eigentlichen Herde der Pest, noch der Weg zu Wasser von dort auf einem türkischen Küstenschiffe etwas Anziehendes besaß.

An meine Abreise von Cairo knüpfte sich ein Abenteuer. Fast eine Stunde hatt' ich das Thor im Rücken, als plötzlich mehrere arabische Reiter ansprengten, in keiner andern Absicht als um mich anzuhalten. Ich ritt allein meiner Caravane voraus und empfing die unverständlichen, doch zugleich recht wohl verständlichen Demonstrationen dieser Cavalleristen aufs Unfreundlichste.

Als ich die Erklärung darüber erhalten hatte, sah ich auch schon hinter mir ein Geschwader von vielen Reitern zu Esel und einen Schwarm Fußgänger über Hals und Kopf heranrücken. Der Sekretär des österreichischen Consulats ritt daraus hervor und sagte mir, daß ein angesehener Italiäner, Namens — —, diesen Morgen eine Summe von zehn tausend Gulden anstatt zu einem Banquier in seine eigene Tasche befördert, und daß man erzählt hatte, derselbe habe sich meiner Caravane nach Syrien ange= schlossen. Wahrscheinlich hatte man meinen Dragoman, der trotz seiner orientalischen Tracht den Franken verrieth, mit jenem Flüchtlinge verwechselt. Er machte mir nun eine genaue Beschreibung desselben und gab mir die Voll= macht, im Falle der Begegnung mich sofort seiner zu be= mächtigen. Die getäuschte Expedition kehrte zurück; von der Vollmacht konnt' ich keinen Gebrauch machen.

Als wir an den Brunnen zu Mataryeh kamen, besah ich noch einmal den alten ehrwürdigen Sykomorusbaum woran sich jene Sage knüpft, daß er die heilige Familie auf der Flucht nach Egypten wunderbar beschützt habe. Mit dem schönen Wasser des berühmten Sonnenquells ließ ich meine Schläuche füllen.

Am nächsten Nachmittage erfuhr ich wie schlecht die Wahl meiner Führer ausgefallen war. Wir hielten vor Kanka; ich wollte noch mehrere Stunden Wegs machen; aber meine Führer zwangen mich zu halten, indem sie mir ihre unbesiegbare Furcht vor den Räubern hinter Kanka vorhielten. Sie hatten dafür den Beweis, daß erst vor wenigen Tagen einem Straßenräuber zu Kanka der Kopf war abgeschlagen worden. Im Grunde aber, abgesehen von ihrer wirklichen Furchtsamkeit, wünschten sie sich einer uns nachrückenden Caravane anzuschließen, die aus vierzig Kamelen bestand und ihnen befreundet war. Diese arabische Gesellschaft, welcher Frauen und Kinder die Bequemlichkeit zur Pflicht machten, war mir durchaus unbehaglich; ich bestand vom nächsten Morgen an auf unsere Trennung. Meine jetzigen Führer waren übrigens keine Beduinen; im Gegentheil sprachen sie verächtlich von den Beduinen die uns begegneten und die sie „Araber" nannten. Zwei von ihnen waren in El Arisch ansässig; der dritte war ein schwarzer Sclave.

Aber auch von meinem Dragoman muß ich eine Nachricht geben. Ich hatte schon meinen braven Ali aus Gizeh für die Reise nach Syrien gewonnen, als mir mehrere Freunde an dessen Statt einen Landsmann anempfahlen, der ohne Mittel war um, wie er wünschte, nach Jerusalem zu reisen. Er war aus den preußischen Ostseeprovinzen gebürtig und war ein Schneider, hatte sich in Constantinopel und in Cairo jahrelang aufgehalten und sprach das Arabische vollkommen. Man erzählte mir, daß die vielen galanten Abenteuer des hübschen jungen Deutschen seine Abreise aus der alten Kalifenstadt wünschenswerth

machten. Da er — ein wahrer homme à tout faire —
zugleich in den Künsten der Küche bewandert war und
auch die nöthige Energie für die Caravane zu haben schien,
so ließ ich mich, trotz der nöthigen Vorsicht gegen dergleichen Landsleute in solchen Ländern, zum Tausche bewegen
und nahm den „schönen Friedrich" in meine Dienste.

Daß er zur Nadel statt zur Fahne geschworen, sah
ihm Niemand an als er neben mir auf seinem Kamele
ritt, vom Kopfe bis zum Fuße türkisch gekleidet, geschmückt
mit einem blinkenden Schleppsäbel, ein Paar Pistolen im
Gürtel. Ich hatte seine Wahl nicht zu bereuen, obschon
es ihm mit dem Commando der Führer nicht recht gelang.
Dafür wußte er mir Tausenderlei zu erzählen; auch erfuhr ich durch ihn daß die deutschen Wanderer seines
Standes und anderer ähnlichen im fernen Auslande eine
Art Coalition bilden, deren Nachdruck ich nimmermehr
geahnt hätte. Leider hört' ich von ihm zu spät daß die
Cairiner Eseltreiber vor den „groben Deutschen" einen
besonderen Respekt hegen; soviel ich mich erinnere, haben
sie mir die Nationalität nicht angesehen. Eine Anekdote,
die darauf gewirkt haben mag, erlaub' ich mir mitzutheilen.

Ein Deutscher, von der Profession meines Dragomans,
hatte den Sonntag allzu naß gefeiert — eine der schlech-
ten Vorarbeiten fürs christliche Missionsgeschäft. Er ritt
von Bulak nach Cairo heim, und machte sich in den Straßen mit gezogenem Säbel Platz. Alles wich ihm aus —

im Oriente gilt jeder was er de facto ist — bis auf einen
Seis, der mit einem eben so guten Gewissen wie sein grauer
Vierfüßler ruhig seines Weges zog. Aber der voltigirende
Reiter geräth an den Esel und schlägt ihm die Nase ab.
Der Seis klagt, er will Ersatz für sein Thier; der Schnei=
der sowie der Esel ohne Nase werden gesetzt. Allein bei
den üblichen Provokationen der Franken auf ihre Consuln
zog sich die Sache in die Länge, während der gesetzte Esel
trotz der fehlenden Nase den besten Appetit entwickelte.
Das Endresultat war: Man bedeutete den Seis, man
werde sein Thier fortschicken wenn er es nicht zurückneh=
men wolle; der deutsche Held aber behielt nicht nur, ge=
gen die Sitte der orientalischen Rechtspflege, seine eigene
Nase, sondern erhielt auch von Seiten seines Consulats
noch eine darzu.

Die ersten vier Tage unserer Wanderung zogen wir
durch belebte fruchtbare Gegenden; waren wir doch größ=
tentheils im Lande Gosen, jenem Kleinode Egyptens.
Wir kamen an herrliche Wälder von Dattelpalmen; einer
überraschte mich besonders, da er ringsum von Sand um=
geben war. Das beweis't wie sehr in diesem gesegneten
Egypten sogar dem Anscheine nach wüste Sandstriche der
Cultur fähig sind, sobald sich nur das Wasser vermitteln
läßt. Unter den Feldfrüchten bemerkt' ich eine große Pflege
der Kürbisse und Wassermelonen. Als wir das letzte

I.   18

Aermchen vom Nile trafen, unterließen meine Führer nicht
mir's anzukündigen; sie selber tranken noch aufs Herzhafteste.
Drei Tage vor der egyptischen Grenzveste El Arisch zogen
wir beständig durch tiefen weichen Sand, der unser Zelt
nirgends feste Wurzel fassen ließ. Er hatte hier eine Menge
Thäler und Berge von eigenthümlicher Gestalt gebildet;
nicht leicht wars, da hindurch die rechte Richtung zu tref=
fen. Nach hereingebrochenem Dunkel dienten uns immer
die Gestirne zu Wegweisern; bisweilen sahen wir nicht
die geringste Spur, und ohne die Lichter von oben konnte
man sich völlig verlieren. Einmal verirrten wir uns sel=
ber; wir standen an Abgründen, die sich bei dem bodenlosen
Sande sehr bedenklich ansahen; doch der schwarze Sclave
wußte uns herauszuhelfen, wofür ich ihm die Entschei=
dung in allen zweifelhaften Fällen übertrug.

Unsern Wasserbedarf entnahmen wir mehrmals bei
den Ueberbleibseln von den Poststationen, die Ibrahim
Pascha als Herr von Syrien zum Verkehre mit Egypten
eingerichtet hatte. Doch war das Wasser niemals von
einem Beigeschmacke nach Salz oder Salpeter frei. Am
besten schmeckte es unseren Kamelen, die bei weitem weni=
ger als die Kamele der Beduinen der Tränkung entbehren
konnten. Einen täuschenden Ersatz für helles schönes
Wasser bot uns das wiederholte Schauspiel des Serab
oder der berühmten Luftspiegelung. Mein Dragoman war
damit nicht unbekannt; aber einmal meinte er doch, jetzt

müßten wir einen See treffen. Wir sahen in der That
so deutlich die vom Winde gekräuselten und in der Sonne
schimmernden Wellen, daß ein Unkundiger getäuscht wer=
den mußte.

Auch auf einen egyptischen Wachtposten, noch fern
von der Grenze, stießen wir; er war besetzt mit albane=
sischen Soldaten, die mir sogleich in meinem Zelte ihren
Besuch machten und der Sicherheit halber ihre eigenen
Pfeifen mitbrachten. Sie waren bei einem Tamarisken=
walde stationirt, worin wir mehrere Gazellen aufjagten
aber umsonst zu schießen versuchten. Sieht man diese
Thiere, die wie mit einer mädchenhaften Sittsamkeit ange=
than sind und doch so graziöse Formen zeigen in ihren
flüchtigen Sprüngen über die weite Wüste, so begreift
man die Vorliebe der orientalischen Dichter für sie. Auch
ihre lieblichen feurigen Augen, wie sie immer eine schöne
Geliebte des Orients haben muß, hab' ich studirt; in Cairo
hält man nämlich zahme Gazellen die sich in den Höfen
unter den Pfauen, Störchen und Hühnern zu gefallen
scheinen. Bekanntlich hat man den Namen „Gazelle"
auch zu einem Mädchennamen gemacht; „Tabitha" ist
ihre Bezeichnung im Syrischen, eben so wie jene fromme
Frau zu Joppe hieß, welche Petrus wieder ins Leben
zurückrief.

Von Interesse war für mich auch ein einzelner Reiter
zu Dromedar, dem wir begegneten. Es war die Post des
18*

französischen Consuls zu Jerusalem, die gewöhnlich in
fünf bis sechs Tagen auf dem flüchtigen Renner den lan=
gen Weg von Cairo nach Jerusalem zurücklegt. Leider
ist derselbe Reiter, den wir trafen, wahrscheinlich den feind=
lichen Beduinen hinter Gaza in die Hände gefallen; denn
bei meiner Ankunft und selbst während meines Aufent=
halts in Jerusalem war er noch nicht eingetroffen. Der
Consul erzählte mir, daß es nicht der erste war den er
vergeblich erwartete, obschon er seit einiger Zeit mit einem
Beduinenscheik der Umgegend selber über die Postbesor=
gung übereingekommen war.

Ehe wir nach El Arisch kamen, begegneten uns ver=
schiedene kleine arabische Caravanen. An jede hatten meine
Führer die Frage: Wie geht's? Was giebt's Neues?
Von allen lautete die Antwort: Krieg! Krieg!

Am Morgen des achtundzwanzigsten Juni waren wir
in El Arisch, dem alten Rhinocolura. Meine Führer leg=
ten sogar ihre Sandalen an um die gehörige Figur vor
ihren Freunden zu spielen. Ich ließ mein Zelt in einiger
Entfernung von der Mauer unter Palmen aufschlagen,
und ging sogleich in die Stadt um mich über den Stand
der Dinge zu unterrichten. Der einzige Europäer daselbst
war ein Grieche, Namens Riso, Adjutant und einziger
Rest der Sanitätsbehörde. Vom Arzte selber, einem jun=
gen Italiäner, war nichts als eine schwarze Frau mit
ihrer Sclavin übrig geblieben; er hatte Bankerott gemacht

und war nach Alexandrien gegangen. Mit dem Kriegslärme hatte es nach der Auskunft des Adjutanten folgende
Bewandtniß. Am sechzehnten April waren die Beduinenstämme von Suerke und Asasme egyptischer Seits gegen
die Stämme von Telja und Sarbim türkischer Seits aus
Blutrache zu Felde gezogen. Am fünfundzwanzigsten Mai
hatten sie ihre feindseligen Begegnungen erneuert. Seitdem hatten sich jene ersteren, die egyptischen Beduinen,
einige Tausend an der Zahl, zu ihrem größeren Schutze
in die nächste Nähe von El Arisch gezogen; ihre Zelte
standen jetzt an der östlichen Seite dieser festen und mit
hundertfunfzig Mann Soldaten besetzten Stadt. Was die
Sicherheit der Straße betraf, so war natürlich der Verkehr der Beduinen selber im höchsten Grade bedroht, und
auch manche Behelligung der sonstigen Reisenden war
vorgekommen. Doch alle Behelligungen der Franken be-
schränkten sich auf Erpressungen eines Tributs, der bald
höher bald niedriger gestellt worden war. Etwa vierzehn
Tage vor mir war ein Engländer nach El Arisch gekommen, der von seiner glücklichen Ankunft in Gaza an den
Adjutanten schriftliche Nachricht gegeben hatte. Drei Monate früher waren einem russischen Obersten tausend Thaler und mehrere Effekten kurz vor seiner Ankunft in El
Arisch über Nachts gestohlen worden. Dadurch hatte man
eben jenen Engländer, der gleichfalls viel Geld bei sich
führte, zu bewegen gewußt acht Tage in El Arisch liegen

zu bleiben, um vorherige Erkundigungen von Gaza ein=
zuziehen. Aus dem allen ersah ich jedoch keine wirkliche
Gefahr, und war sie vorhanden, so ließ sich keine baldige
Beseitigung derselben absehen; daher war ich durchaus
nicht geneigt dem Wunsche meiner Führer nachzugeben,
wornach ich die Ankunft jener andern arabischen Carava=
nen, mit den vierzig Kamelen, den Frauen und Kindern,
abwarten sollte. Begreiflich dagegen war's mir daß mei=
nen Führern, von denen Mustapha zwei Frauen und
Mohammed eine Frau nebst Familie in El Arisch hatte,
jeder Verzug lieb und kostbar war. Allein troz meiner
ernsten und beharrlichen Drohungen, die der Adjutant
kräftig unterstüzte, während vom Gouverneur, wie er mir
geschildert wurde, weder Hilfe noch militärisches Geleite
zu erzielen war, sah ich mich genöthigt, meinen Führern
zu Willen zu sein. Daß ich ihnen darauf die gebührende
Antwort nicht schuldig blieb, werd' ich nachher erzählen.

Ich suchte mich nun vier Tage lang in dieser wilden
kriegerischen Umgebung so gut als möglich zu vergnügen.
Das Meer, zu dem der Weg durch einen herrlichen Wald
führte, war kaum eine Stunde weit entfernt. An seinem
Ufer sah ich unzählige jener kleinen Meerkrebse, von denen
ich unter Anderem in Belon's Reise von 1555 gelesen
hatte. Er schreibt davon, daß sie nicht viel größer als
eine Kastanie seien und schneller als ein Mensch laufen;
daß sie, was das Sonderbarste sei, des Tags auf dem

trockenen Lande die heftige Sonnenhitze aushalten und des Nachts ins Wasser gehen. Es ist des Aristoteles „laufender Krebs," der auch, seiner Schnelligkeit halber, der Läufer oder Dromon heißt. Nach ihrer Erscheinung möchte man sie zwischen Spinne und Krebs mitten inne stellen. Die das abschüssige Ufer überfluthende Woge brachte sie immer mit; aber nur mit schnellem Fuß und behender Hand ließ sich einer ertappen.

Der große Brunnen in El Arisch hatte die Besonderheit, daß er in seinem recht guten Wasser Blutegel enthielt. Ich sah während meines Aufenthalts ein Kamel und einen Araber, denen der Mund von einem halbverschluckten Blutegel blutete. Man darf deshalb das Wasser nur filtrirt trinken. Gefährlicher als hierdurch wurd' ich eines Abends überrascht, als ich schon auf dem Nachtlager im Zelte lag. Eine junge Schlange, nicht länger als acht bis zehn Zoll, kroch dicht neben mir. Mein Dragoman schlug mit seinem Säbel darnach; aber jedes Stück blieb lebendig, bis viele kleine Reste daraus geworden waren.

Auch mit den Soldaten in Arisch, die alle beritten waren, und noch mehr mit ihren schönen Pferden macht' ich Bekanntschaft. Ich war keineswegs an den Galopp dieser wie auf beständiger Flucht begriffenen Thiere gewöhnt; doch konnt' ich mich leicht damit befreunden.

Die Abende boten mir immer ein herrliches Schauspiel. Da saß ich auf dem höchsten der weißen Grabsteine

des Gottesackers, der auf einem hohen felsigen Hügel lag.
Ich hatte im Westen den schimmernden Silberspiegel des
mittelländischen Meeres, im Osten das große Beduinen=
lager, gegen hundert schwarze und weiße Zelte mit lobern=
den Feuern; vor mir erhob sich aus dem Sande heraus die
kleine Festung mit ihren Mauern und Palmbäumen; hin=
ter mir grenzte das bleiche Sandfeld an den Horizont.
Ueber dem allen glänzte der prächtigste Vollmond; der
dunkelnde Himmel war wie mit einem blauen Schleier
überwoben.

Aber auch der gastfreundlichen Galanterie in El Arisch
muß ich gedenken. Sie bestand darin daß mir am Abende
meiner Ankunft von schöner Hand ein Festgericht über=
schickt wurde: eine vortreffliche Suppe mit gekochtem Huhn,
ein Paar gebratener Tauben und ein Reisbilav. Mein
Dragoman wußte daß dies eine Sitte war, die man gegen
willkommene Fremde beobachtet. Es wurde mir zu be=
sonderer Würze noch gesagt, daß diese Köstlichkeiten aus
den eigenen Händen der Hausfrau der ersten Familie zu
Arisch kämen. Ich darf nicht erst versichern, daß darnach
das Gericht gut schmecken mußte.

Leider muß ich aber fürchten, daß mein Andenken bei
den gastlichen Arischern nicht eben in Segen geblieben.
Denn als ich in Jerusalem angekommen war, berichtete
ich sogleich dem französischen Consul das Benehmen mei=
ner Führer, die bereits Alles vergessen glaubten. Er be=

stätigte mich in der Absicht, ihnen für alle Widersetzlich=
keiten auf dem Wege, zu denen auch ein boshafter Auf=
tritt gegen meinen Dragoman gehörte, der ohne mein Ein=
schreiten mit seinem Säbel sofort Gerechtigkeit geübt hätte,
die verdiente Strafe auszuwirken. Freilich waren sie dar=
über der Verwunderung voll, und als ihre demüthigen
Abbitten nichts halfen, beklagten sie sich beim Pascha von
Jerusalem, der sich deshalb auch wenigstens im Kloster
nach mir erkundigen ließ. Allein ich hatte mein Schreiben
ans französische Consulat in Cairo bereits ausgefertigt;
dem Schreiben legte ich die noch rückständigen drei Napo=
leonsd'or bei, eventualiter für die Armen in Cairo; denn
wahrscheinlich wurden sie meinen Führern bei ihrer Rück=
kehr in anderen Münzsorten ausgezahlt.

Ich bin überzeugt daß von einem solchen Verfahren
die europäischen Reisenden wesentlichen Gewinn ziehen
werden. Zu leiden haben von den Kamel= und Pferdetrei=
bern dieser Gegenden gewiß fast alle; nur läßt gewöhnlich
der frohe Augenblick der Ankunft die Aergernisse der Reise
vergessen. Dadurch werden diese eigenwilligen, trägen und
betrügerischen Menschen in ihrer launenhaften Hartnäckig=
keit gegen uns bestärkt. Was aber wiederholte Beweise
thatsächlicher Strenge zur Verbesserung der Sitten wirken
würden, das läßt sich aus Ibrahim Pascha's Verfahren
im Großen abnehmen.

Uebrigens ist die Unsicherheit, die in der That mit der

syrisch = türkischen Grenze für die aus Egypten kommenden
Reisenden beginnt, eines von jenen unerquicklichen Resul=
taten der Rückgabe Syriens an den Sultan. Unter
Ibrahim Pascha, so versicherte man mir aller Orten in
Syrien, hätte man ein Kind mit Geld beladen auf Wan=
derungen schicken können. Ich sollte glauben, es wäre
eine billige und überaus dankenswerthe Rücksicht der Groß=
mächte bei ihren freundschaftlichen, siegreichen Schritten
in Syrien gewesen, für die dortigen Reisenden, die ja
immer unter ihrem gemeinschaftlichen Schutze stehen, von
der Pforte die gehörigen Garantien oder wenigstens ste=
hende Militärgeleite auszuwirken.

Doch ich kehre zu meiner Reise zurück. Am Nachmit=
tage des zweiten Juli reis'ten wir von El Arisch endlich
ab, und zwar in Begleitung der großen arabischen Cara=
vane. Am Dritten hatten wir eine der angedeuteten übli=
chen Tributsbehelligungen. Ich hatte mich aber nicht
darin geirrt, daß ich allein vortheilhafter gegangen wäre
als in dieser Gesellschaft; denn man verlangte anfangs
— gewiß auf besonderes Anstiften — von mir allein ge=
rade dasselbe was man von der gesammten zweiten Cara=
vane verlangte. Ich wußte die gehörige Antwort darauf
und zahlte endlich eine sehr mäßige Summe. Am Vierten
wiederholte sich die Tributsforderung. Es sah sich an=
fangs ganz gefährlich an, als die eiligen Ritter zu Pferde
mit ihren langen Spießen die Caravane umzingelten

und zum Halte nöthigten. Am Ende ging Alles friedlich ab.

Aber einer schönen Ueberraschung muß ich gedenken;
sie wurde mir als wir Palästina betraten. Die öden
wüsten Sandstrecken hatten eben angefangen einzelne Spuren der Vegetation zu tragen. Wie ein Zerrbild von
Vegetation hatten wir einen hügeligen Strich mit strau-
chigem Waldboden passirt, wo ich auf einen einzigen Blick
Tausende von wimmelnden Ratten und Mäusen, und
zwar mehr weiß als grau, gesehen. Das drängte mir
natürlich die Erinnerung an die Plage der Philistäer auf,
als sie den Israeliten die Bundeslade geraubt hatten;
nur von den „fünf goldenen Mäusen" merkte ich keine
Spur. Aber da plötzlich bei Khan Yunes knüpfte sich,
wie an die Schatten des Todes des Lebens junger Tag,
an den Saum der Wüste das Gefilde von Gaza mit
seinem fröhlichen Reichthume. Wie eine zauberhafte Täuschung war's; wie ein freudiges Nebelbild das aus der
farblosen Leinwand schnell hervortritt. Da dehnte sich ein
weiter Wiesenplan vor uns aus, mit Feldern die das Gold
der Ernte geboten und noch übersäet waren von blumigen
Stauden, mit Tabaksfluren in ihrer farbigen Blüthenpracht,
mit üppigen Melonenpflanzungen, mit Hecken des wuchernden Feigencactus, mit Oliven und Granaten, mit Sykomoren und Feigenbäumen. Es war der Eindruck des gelobten Landes; es war ein festlicher Gruß den es bot.

So begrüßt' ich denn jenes kleine und doch so merk=
würdige Küstenland am Mittelmeere und an der arabi=
schen Wüste, zwischen dem röthlichen Gebirge von Edom
und dem schneeigen Libanon. Welches Land käme ihm
gleich in der Welt an großen Ereignissen die es gesehen.
Soll ich's mit einem Worte sagen, wie es erscheint in der
Geschichte? Wie der heilige Schauplatz für die Schlachten
des Geistes, für die Kämpfe der Religion erscheint es.
Und so erscheint es von Abraham's grauen Zeiten an bis
zu den Pforten der Zukunft. Dort bestand der reine Got=
tesglaube seine frühesten Prüfungen gegen die Canaaniter,
gegen die Philistäer, gegen die Phönizier. Dort spaltete
sich der Jehovahdienst zwischen dem Tempel und dem
Garizim. Dort erwuchs das Heil vom Kreuze, umflossen
von viel theuerem Blute; dort fand die Kirche ihre heiße=
sten Kampfesstunden. Dort erstarkte das Prophetenthum
von Mekka; dort begegneten sich Halbmond und Kreuz
Jahrhunderte lang in begeisterungsvoller Fehde. Dort
sehen wir noch heute wie in keinem anderen Lande Christ
und Jude, Türk' und Heide, unter den wuchernden Spal=
tungen am eigenen Herd, fanatisch seinen Gott umklam=
mern; dort wird auch für eine neue Zeit das große Wort
erklingen, die heilige Kraft erstehn.

Am vierten Juli zog ich glücklich in die alte Haupt=
stadt der Philistäer, in Gaza ein. Der Empfang der mir
wurde wäre der Philister werth gewesen. Ich wurde in

die traurige Quarantäne einquartirt, ich der ich aus dem gesunden Egypten kam und zwei Wochen lang Sand und Wind der Wüste zur Erfrischung genossen hatte. Der französische Quarantänearzt nahm meinen Brief nur durch die Feuerzange über der Räucherpfanne in Empfang. Ich bat mich so weit als möglich von dem arabischen Gesindel zu sondern, von dem übrigens mehrere klüglicher Weise um die Quarantäne herumgezogen waren, so daß jetzt ein Türke seine zwei gefangenen Reisegefährten, und zwar seine beiden Frauen, mit vorsichtiger Beobachtung der vorgeschriebenen Entfernung besuchte.

Ich hatte aber ein schlechtes Loos erwählt. Der mir gewordene Raum hatte früher verschiedenen Bestien gedient, wovon in der Nacht allerlei Erinnerungen zu Tage kamen. Ich kündigte am frühen Morgen dem Arzte an daß ich Beschwerde führen würde, da man in einer solchen Quarantäne weit leichter krank als gesund werden könne. Der Arzt entgegnete mir, er habe sich selber längst aber vergeblich deshalb beschwert. Ich wurde nun mit meinem Zelte für den nächsten Tag und die nächste Nacht aufs Dach des Stallgebäudes Ibrahim Pascha's verpflanzt, wo ich zur Sicherheit noch zwei Wächter halten mußte.

Hiermit hatt' ich diese Carricatur von Quarantäne überstanden; ich gewann freien Spielraum mich in dem uralten Gaza zu ergehen, während meine Kamele ihre Quarantäne noch auf der Weide hielten. Uralt nenne ich

Gaza; denn es ist eine der Städte deren Namen aus der frühesten Vorzeit zu uns herüber klingen. Canaan, Noah's Enkel, und sein Geschlecht, so heißt's im zehnten Kapitel der Genesis, hatte das Gebiet von Zidon durch Gerar bis Gaza inne. Gaza war sodann nicht nur die Hauptstadt der Philister, sondern auch ihr größtes Bollwerk. Vor Gaza's Mauern fanden Josua's Eroberungsschritte ihre Hemmung, und noch später war das Verhältniß der Stadt zu Israel öfter herrisch als dienend; während sie gegen Egypten als der wahre Grenzwächter des gelobten Landes galt. Auch Alexander der Große mußte mit seinen siegge= wohnten Schaaren fünf ganze Monate um Gaza's Be= sitznahme streiten. Darnach unterlag es wiederholt un= glücklichen Schicksalen; es sank in Trümmern; es erstand aus Trümmern.

Frühzeitig faßte das Christenthum festen Fuß in Gaza. Die demohngeachtet noch gebliebenen Götzentempel erfuh= ren ihre Zerstörung erst zu Anfang des fünften Jahrhun= derts, wo sich an ihrer Statt die prächtige Kirche der Kaiserin Eudoria erhob. Noch heute stehen Mauern und Säulen dieses Kirchenbaues; nur ist daraus seit der Mitte des siebenten Jahrhunderts eine Moschee geworden. In den Kreuzzügen erlebte Gaza manche heiße Stunde des Kampfes; vorzüglich waren es die Tempelherren, die hier gegen die Sarazenen Stand hielten.

Heutzutage ist Gaza eine betriebsame Stadt, deren

Einwohnerzahl, gegen sechzehntausend Seelen, der von Jerusalem ziemlich gleich steht. Sie hat keine Thore mehr, und liegt nicht sowohl auf der runden Anhöhe, worauf die alte Stadt gestanden, als in der breiten Ebene, welche diese Anhöhe nach Norden und Osten umgibt. Spuren früherer Bauwerke hat man an den vielen Stücken von Marmor und Granit, die da und dort in der Stadt zer= streut liegen. Auch von den festen zwölf Thoren des Al= terthums lassen sich noch Reste rund um die genannte Anhöhe erkennen.

Was aber vor allem Anderen Gaza berühmt gemacht hat, das sind die abenteuerlichen Großthaten Simson's, deren Schauplatz es war. Dort hub er das Thor aus und trug es auf die „Höhe des Berges vor Hebron." Nahe davon am Bache Sorek gewann er seine Delila lieb, die ihm das Geheimniß seiner Riesenkraft entlockte, worauf ihn die Philister geblendet nach Gaza führten. Dort endlich stand der Dagonstempel, unter dessen Ruinen er sich selber mit seinen Feinden begrub. Daher ist auch noch heute das Andenken an diesen verliebten Helden, der zugleich zwanzig Jahre Richter von Israel war, den Ga= zanern ein theueres Kleinod. Den Berg worauf er jenes Thor getragen, im Buche der Richter als Berg vor Hebron bezeichnet, glaubt man in der isolirten Anhöhe, südöstlich von der Stadt, wiederzufinden. Dort soll auch der christ= liche Bischof gewohnt haben; jetzt steht daselbst nur ein

Heiligengrabmal. Das ausgehobene Thor selber nimmt man in entsprechender Richtung vom Berge an, da wo man auch ein „Grab Simsons" errichtet hat, obschon mir ein anderes in der Moschee, die nach Simson benannt ist, gezeigt wurde.

Am sechsten Juli gegen Mittag verließ ich Gaza. Meine Caravane war um einen Gefährten gewachsen. Das war ein Engländer, der Deutschland in seinem Rufe beeinträchtigte, die sogenannten armen Teufel auf Reisen zu schicken. Er hatte beim Abschiede von der Quarantäne noch fünf Piaster (etwa acht Groschen), außerdem nichts als ein sehr kleines Bündel mit Wäsche und einigen Bü=chern. Seine Kleidung bestand in leichten weißen Som=merkleidern. Er war dreißig Jahre alt, kam aus England und ging jetzt über Egypten nach Jerusalem, um dort oder in Damaskus das Arabische zu studiren. Er zeigte mir ein Zeugniß, wodurch er sich als eine Art Sprachleh=rer auswies. Ich nahm ihn auf einem meiner Kamele nach Jerusalem mit, nachdem er bis Gaza, auf Kosten englischer Gönner in Cairo, mit jener starken arabischen Caravane gezogen war.

Das Gefild von Gaza, durch das wir zogen, war schön und üppig. Besonders zahlreich sind die Tabaksfel=der; unter den Bäumen fehlt es auch nicht an Palmen. Wohin ich aber sah, da traf ich auf große Gehege von Fei=gencactus, die wegen der feinstachlichen Fruchthülle für

keine Hand, die heil bleiben will, antaſtbar ſind. Bald
nachdem wir die Stadt verlaſſen ging unſer Weg durch
einen langen Olivenwald, wo wir raſteten.

Als der Abend hereinbrechen wollte, wachten die alten
Sorgniſſe meiner Führer auf. Allerdings hatte ich ſelber in
Gaza vom franzöſiſchen Quarantänenarzt einige der Ari-
ſcher Erzählungen von den räuberiſchen und mörderiſchen
Ueberfällen beſtätigen gehört; aber meine furchtſamen Führer hatten den Glauben bei mir verloren. Faſt wär' ich
heute dafür geſtraft worden. Als wir nämlich gegen zehn
Uhr in ſchwarzer Nacht ſehr nahe bei einem großen Zelt-
lager von Beduinen vorbeizogen, waren wir plötzlich ſo
unfern von einem lebhaften Flintenfeuer daß uns einzelne
Kugeln um die Köpfe ſauf'ten. Da fehlte wenig, ich hätte
das himmliſche Jeruſalem anſtatt des irdiſchen begrüßt.
Unſer Zuſammentreffen mit dieſem feindſeligen Kugel-
wechſel war natürlich ein unglücklicher Zufall. Daß aber
die Beduinen, die uns hier in ihrer vollen Gewalt hatten,
einen gehörigen Tribut beanſpruchen würden, das war
mehr als wahrſcheinlich. Meine Führer waren lautlos;
das geringſte Geräuſch das die Kamele machten erhöhte
ihre Angſt. Ich ſelber nahm meinen mit franzöſiſchen
Goldſtücken gefüllten Gürtel in die Hand, um ihn ſogleich
in den Sand zu werfen. Wachtfeuer loderten in weiter
Strecke; die Hunde bellten. Demohngeachtet ſcheints als
ob man uns nicht bemerkt hat. Dafür ſah ich plötzlich,

I.   **19**

als wir kaum die Zeltlichter hinter den Hügeln aus den
Augen verloren hatten, auf fünfzehn Schritte vom Wege
zwei Männer, die platt auf der Erde lagen, aber sich jetzt
aufs Behutsamste erhoben und in scharfer Beobachtung
auf uns einige Schritte rückwärts thaten. Ich sprang
vom Kamel, eben so mein Dragoman; mit gezogenem
Säbel und gespanntem Hahn auf Flinte und Pistol, den
Blick nach der verdächtigen Stelle gerichtet, zogen wir
weiter. Gegen zwei Straßenräuber hätte es Gewalt ge=
golten; bei einem Angriffe der Beduinen hingegen, deren
Lager gewiß mehrere Tausend stark war, wäre unsere Waf=
fenrüstung lächerlich oder gar gefährlich, für uns selber
gewesen. Zwei Fußgänger, die sich seit einigen Stunden
an uns angeschlossen hatten, wurden verdächtig zu den
Gesellen am Wege zu gehören. Um so achtsamer und
entschlossener hielten wir uns selber, und gingen zu Fuß
bis Mitternacht, in der bezeichneten Bereitschaft zum An=
griffe. Gewiß war's weniger unsere Anzahl als unsere
Entschlossenheit, welche diese Straßendiebe zurückschreckte.
Obschon wir bei einem Dorfe hielten, so wacht' ich doch
abwechselnd mit meinem Dragoman bis zum Morgenlichte
des schwer gewonnenen Sonntags. Einen Dankgottes=
dienst feierte ich da im tiefsten Herzen.

In Jerusalem erfuhr ich, daß auch die Beduinen von
Bethlehem und die von Gaza aus Blutrache mit einander
im Kriege begriffen waren, und daß man deshalb unsern

eben zurückgelegten Weg allgemein für unsicher hielt. Der zuletzt ausgebliebene Cairiner Postreiter war wahrscheinlich erst zwischen Gaza und Ramleh in feindliche Hände gefallen. Von der Veranlassung dieser Blutrache erzählten mir zwei fränkische Reisende was sie mit eigenen Augen kurz vorher in Bethlehem gesehen hatten. Ein Gazaner kam daselbst an, indem er hinter sich am Zaume ein Dromedar führte, auf welchem ein Leichnam ruhte, gehüllt in ein weißes Tuch. Der Leichengeruch war bereits sehr stark. Die Bevölkerung strömte sogleich zusammen; schnell waren jammernd die Klageweiber da. Aber aus der Menge kam ein bejahrtes Weib zur Leiche herangeeilt und hob das Leichentuch, so daß man auch in der Ferne den schrecklich zerschmetterten Kopf der Leiche sah. Da riß die Frau in der Wuth des Schmerzes den Schleier vom Gesicht, raufte sich die Haare aus und schlug sich in lauter Wehklage die entblößten Brüste blutig. Plötzlich kam ein neuer Act zur Trauerscene. Durchs Gedränge brach sich Bahn ein junger rüstiger Mann; er schwang über der Leiche seinen Degen und gelobte feierlich, den Erschossenen zu rächen. Als kurz darauf die eigentlichen Begräbnißceremonien stattfanden, schwuren noch viele andere feierlich den Schwur der Rache. Uebrigens war der Getödtete in einem Liebeshandel gefallen.

Am siebenten Julius rastete ich zu Mittag vor den Mauern zu Ramleh, in einem großen Olivenhaine vor

der Stadt, dessen Boden aus grobem Sande bestand, mit
nichts als Disteln bewachsen. Die Stadt lag vor uns in
einer Entfernung von wenigen Minuten; von einem Con=
sulatsgebäude flatterte uns eine europäische Flagge entge=
gen. Fünf Minuten hinter unserem Lager stand eine merk=
würdige Ruine mit einem hohen Thurme. Je kürzer mein
Besuch in der Stadt war, um so länger war er auf dem
Thurme. Freilich scheint es als ob die Stadt anziehend
genug sein müßte, da Ramleh für das neutestamentliche
Arimathia, woher Nicodemus und Joseph, sowie für Rama,
Samuels Geburtsort, gehalten wird. Liegt doch sogar
das Kloster der Väter vom heiligen Grabe angeblich eben
da wo sein Haus der nächtliche, heilbegierige Freund des
Heilands gehabt. Allein der Zweifel am Rechte der Zu=
rückbeziehung Ramleh's auf Christi Zeit und Vorzeit hat
gewichtige Gründe, wenn auch immer das wahre Arima=
thia und Rama in großer Nähe davon gesucht werden
muß. Dagegen weiset sich Ramleh als eine der frühesten
Anlagen aus, welche die Sarazenen im gelobten Lande
gemacht. Nur gegen Ein Moment, das der gelehrte Ro=
binson für die Verschiedenheit von Rama und Ramleh
geltend macht, muß ich mich erklären; ich meine dasjenige
das er von der etymologischen Verschiedenheit der beiden
Namen hernimmt. Ramleh bedeutet „die sandige", Rama
eine Anhöhe. Allein Ramleh ist sandig und liegt zugleich
auf einer Anhöhe; recht wohl konnte aus den Trümmern

vom alten Rama das neue Ramleh hervorgehen. Die Verwandtschaft im Wortklange mußte die Hervorhebung des Sandigen um so mehr befördern da dasselbe in der That dieser Anhöhe einen unterscheidenden Charakter von der glücklichen Ebene gibt, die sich an sie anlehnt; ein Umstand der wahrscheinlich nicht schon in der ältesten Zeit obgewaltet hat.

Aber ich eile zur Ruine mit dem Thurme. Die histo= rische Beurtheilung hat ihre Schwierigkeit. Vermuthlich stand hier keine Kirche, etwa ein Denkmal von Helena's Frömmigkeit, wie fromme Mönche wollen, sondern ein großer prächtiger Moscheenbau. „Die weiße Moschee" zu Ramleh schildern arabische Schriftsteller als großartig und herrlich; ihren Ursprung führen sie auf die Gründung von Ramleh zu Anfang des achten Jahrhunderts zurück. Jetzt liegen nur noch wüste Umrisse des viereckigen Baues an Mauern und Säulen vor, doch hinreichend um die. ge= schwundene Pracht zu bezeugen. Von ganz besonderem Interesse ist das weite unterirdische Gewölbe, worin der Muhamedaner die vierzig Gefährten seines Propheten, der christliche Mönch seine vierzig Märtyrer, die von Se= baste in Armenien, begraben sein läßt. Daß es vielmehr, wie Robinson will, ursprünglich als Niederlage eines Khans gedient habe, ist mir nicht wahrscheinlich; auch hätte es als solche füglich bis heute fortbestehen müssen, da jetzt noch die großen Caravanenzüge ihren Weg über

Ramleh nehmen. Im steinernen viereckigen Thurme von
beträchtlicher Höhe* fand ich mit Robinson anstatt ver=
meintlicher Spuren eines christlichen Glockenthurms sichere
Kennzeichen eines türkischen Minarets.

Aber was soll ich von der Aussicht sagen, die ich von
oben herab mit glücklichem Auge genoß. Im Norden und
im Süden breitete unter mir die Ebene von Saron ihren
Reichthum aus. Wer sollte sie nicht kennen, die berühmte
Ebene, deren Schmuck Jesaias zugleich mit der Herrlich=
keit des Libanon preis't, deren Rosen eine die Geliebte
Salomo's „lieblich wie die Hütten Kedar's, wie des
Königes Teppiche", sich nennt.

Der Erntesegen lag jetzt aufgethürmt auf vielen Fel=
dern; andere Früchte standen noch fröhlich; die Fluren
waren grün und blumig. Aber umsonst sucht' ich nach
einem Röslein von Saron; die mochten längst vor der
Juliusgluth verblüht haben. Dennoch sah ich Ein Rös=
lein in diesem Augenblicke; es war mir so theuer wie dem
Salomo seine gefeierte Rose von Saron. Es war die an
die ich dachte, als ich nach Westen gar lange hinüber=
schweifte zu den silbernen Fluthen des Mittelmeers und
ihnen feurige Grüße zuwinkte für die fernen Länder der
Heimath. Dem Meere gegenüber, im Osten von uns,
begrenzten den Blick Juda's schroffe Gebirge; aber zu

---

* Robinson gibt die Höhe zu etwa hundertundzwanzig Fuß an.

ihren Füßen, näher zu uns heran, lagen auf den Hügeln in weitem Umkreise stattliche Dörfer, die sich mit ihren Olivenhainen und ihren Minarets fröhlich darstellten. Vor allen den andern fesselte mich das Diospolis der Römer, das biblische Lydda, wo einst Petrus den gichtbrüchigen Aeneas gesund machte. Sie lag dem Scheine nach vor meinen Augen noch näher als sie's wirklich war, diese uralte Stadt der Benjamiten, die in der christlichen Zeit am berühmtesten durch den heiligen Georg geworden. St. Georg soll nämlich aus Lydda stammen; daher ihm auch frühzeitig daselbst ein kostbares Grabmal und eine prachtvolle Kirche erbaut wurden, wovon noch heute viele und schöne Ruinen stehen.

Als wir gegen Abend noch eine Strecke weiter nach dem geliebten Ziele wanderten, winkte uns Lydda noch lange freundlich von seinem Hügel zu. Daß ich von Jerusalem träumte, als ich an diesem Sonntage eingeschlummert war, das darf die Feder nicht erst sagen.

Ankunft in Jerusalem.

Es graute der Morgen des achten Juli. Ich lagerte mit meinen Kamelen und Arabern unter einem vollbuschigen Olivenbaume im Thal Ajalon. Meine Araber liebten es seines frischen Quellwassers halber; ich versetzte mich in die Zeit Josua's zurück, der an diese Landschaft die Erinnerung seiner glorreichen Kriegsthaten geknüpft. Wer gedächte seiner Worte nicht: Sonne, steh still zu Gibeon, und Mond, im Thal Ajalon! Latrun, das seinen arabisirten Namen der alten Mönchsbezeichnung als domus boni latronis — als Heimathsort jenes begnadigten Schächers am Kreuze — verdankt, hängt südwestlich am Hügel. Ueber Latrun schaute noch westlicher vom runden Gipfel der Höhe eine Burgruine hernieder. Man konnte keine schönere Lage zu einer Wartburg wählen. Gehörte sie zu dem alten Emmaus (nicht dem neutestamentlichen), dem späteren Nikopolis, so mag sie wohl den Makkabäern vortrefflich gedient haben.

Wir ritten nun die Gebirge von Judäa hinan. Eine Strecke lang machte sich's malerisch genug; es fehlte nicht an Baumwuchs und an hohem Strauchwerk. Ich glaubte

im Charakter dieser Strecke etwas Aehnliches von unserem
Odenwalde zu erkennen; breite runde Hügel lagen neben
und über einander. Aber bald wurde es öder, felsiger,
steiler. Nach einem mehrstündigen mühsamen Ritte hielten
wir am Abfalle des Gebirges bei einer imposanten Ruine,
ich glaube einst Kirche der Templer. Ich besuchte das
Innere, wo noch viele mächtige Säulen stehen, auch einige
Malereien noch sichtbar sind. Sie liegt dicht bei dem
stattlich aus Steinen gebauten Kuryet el-Enab (Stadt
des Weins), worin man mit Robinson das alte berühmte
Kiriath Jearim (Stadt der Wälder) wieder erkennen will,
das zu Samuels Zeiten die Bundeslade aus den räu-
berischen Händen der Philister zu sich holte. Zu unserer Rechten sahen wir auf schöner Bergspitze thronend
Soba, das nach Robinson mit Samuels Geburtsort Rama
und mit dem Arimathia der Evangelien zusammenfallen
soll. Wir genossen eine Strecke Wegs lang diesen erhebenden Anblick.

Jetzt ritten wir von einem der höchsten Höhepunkte
so jäh abwärts, daß wir genöthigt waren abzusteigen.
Wir gelangten in ein fruchtbares enges Thal. Zur Linken
von uns präsentirten sich mehrere Bauwerke, auch eins
von hervorstechender Haltung; es war Kulonieh. Wenige
Schritte vor mir lief ein Reh den Rebenhügel hinan. Auf
dem Wege lag an einer aus alter zierlicher Steinumfas-
sung hervorbrechenden Quelle ein türkischer Schimmel,

seinen letzten Augenblicken nahe. Man hatte dem armen
Thiere noch die Mähne und den Schweif abgeschnitten;
reichliches Blut quoll ihm durch die Zähne. Unsere Kamele mußten darüber steigen. So grausam konnten es
gewiß nur Türken, keine Beduinen oder Araber, seinem
Tode überlassen. Unwillkürlich kam mir der, Gedanke,
diesen sterbenden Renner, wie er sich noch mehrmals
schnaubend emporraffte, aber immer vergeblich wieder nie-
derfank, als ein Bild von der Gegenwart des türkischen
Reichs zu nehmen.

Nachdem wir eine steinerne Brücke über einem rauschenden Waffer vorüber waren, während wir zu unserer
Rechten einen mit Feigen, mit Oliven und anderen Bäumen reichlich prangenden Garten bewunderten, bot sich
wieder eine sehr steile, felsige Höhe unsern Blicken dar.
Unsere Kamele erklommen sie erschöpft; die Sonne brannte
heiß; die Mittagsstunde war nahe. Wie klopfte mir das
Herz; bald, bald sollt' ich sie sehen, die Stadt Gottes mit
ihren heiligen Wohnungen. Freilich hatten wir um uns
kein Land das nach Milch und Honig aussah. Fast rings
umher war's wie in Malta, wo aus dem flach aufliegen-
den Erdreich oft genug der nackte Felsen hervorstarrt. Ich
fragte mich: Lagen diese Steinmaffen immer so offen da?
Sie sahen zum Theil von Regengüffen sehr abgespült
aus; gewiß waren sie einst da und dort von viel reich-
licherem Grün überwachsen. Fast zwei Stunden mochten

wir die Brücke im Thal von Kulonieh verlassen haben,
da sahen wir im Osten die kahle, sandröthliche Gebirgs=
kette, das Jordansgebirge, das Pisga der Schrift; zu
unserer Rechten erkannten wir zwischen frischen Bäumen
in grüner Landschaft ein Klostergebäude, das Kloster zum
heiligen Kreuze; jetzt erhob vor uns der Oelberg sein
olivenbekränztes Haupt sammt seinen heiligen Bauwerken;
im Norden von ihm stand ziemlich hoch eine Moschee, auf
dem Grunde des einstigen Silo. Noch einige Schritte
weiter, da sahen wir Mauern, Thürme und Kuppeln, wir
sahen Jerusalem. Welch unvergeßlicheren Augenblick hätt'
ich je gehabt in meinem Leben! Ich rief es aus vollstem
Herzen dem begeisterten David nach: Ich freue mich daß
ich werde ins Haus des Herrn gehen, daß meine Füße
stehen werden in deinen Thoren, Jerusalem!

Aber welchen Eindruck, wird man fragen, macht Jeru=
salem an sich, als bloße Stadt wie jede andere? Wer
möchte darauf genügend antworten. Ein Sohn der seiner
Mutter in die Arme stürzt, die er nie gesehen und doch
geliebt seit frühester Kindheit, wollen wir ihn fragen: Wie
gefällt dir deine Mutter? Die Pilgrime aus allen Him=
melsstrichen bekennen es heute wie vor Jahrhunderten:
ein tiefer, geheimnißvoller Zug von Melancholie ruht über
der heiligen Stadt; mit unaussprechlicher Wehmuth füllt
sie Herz und Auge. Die vielen Kuppeln über den platten
Dächern geben Jerusalem ein eigenthümliches Gepräge.

Durch seine graue Steinfarbe erinnerte es mich an italiä=
nische Städte und besonders an Avignon. Seine hohen
von mehreren Seiten den Blick begrenzenden Mauern
machten mir einen Eindruck wie das Catharinenkloster
des Sinai; gleich als wäre der Festungsbau am Fuße des
Mosisberges ein Jerusalem im Kleinen.

Das Pilger= oder Jaffathor winkte uns entgegen; zu
seiner Linken hat es, wie einen treuen sicheren Wächter,
die alte feste Burg der Stadt, aus deren Hintergrund eine
Gruppe freundlich grüner Bäume des armenischen Klo=
stergartens hervorschaut; zu seiner Rechten überrascht es
mit dem ersten Blicke auf die hohen Kuppeln der heiligen
Grabeskirche. Links und rechts haben wir Gräber; so
empfängt uns die heilige Stadt mit treuen Bildern ihres
Charakters. Links sind's die Gräber von Märtyrern
des Halbmonds; bald darauf rechts, im Thale Gihon,
ein türkischer Begräbnißplatz um einen viereckigen Teich
herum.

Dicht vor dem Pilgerthore hatten wir unsere Sanitäts=
bescheinigung aus der Quarantäne von Gaza abzugeben;
unterm Thore selbst stiegen wir ab. Es war eben Mittag
vorüber. Zudringlich wurden wir in ein neues erst kürz=
lich eingerichtetes italiänisches Gasthaus eingeladen; ich
zog es aber vor in die Casa nuova des lateinischen Klo=
sters zu gehen, wohin wir links vom Thore durch eine
lange enge aber reinliche Straße gelangten. Bald war

ich daselbst aufs Freundlichste empfangen; ein großes helles Zimmer des ersten Stockes nahm mich auf, in ein anderes Parterre ließ ich meinen Dragoman mit meinem Gepäcke einquartieren.

Jerusalem.

Wo soll ich anfangen, wo aufhören Jerusalem zu beschreiben? Was erzählen diese Steine, diese Berge, diese Thäler! Nennt man Rom die „ewige Stadt,“ wie will man Jerusalem heißen? Es ist als wäre die Menschheit geboren zu Jerusalem; die Züge einer trauten, heiligen Heimath sprechen einem Jeden daraus entgegen.

Schon Abraham hat es gesehen. Melchisedech, der König von Salem, segnete den Patriarchen wie er heimkehrte von seinen Heldenthaten. Was Josua's Schlachtheer, obschon es siegreich einzog, nicht vermochte, das Jebus durch Vertreibung der Jebusiter wieder zu Salem, zur Friedensstadt, zu machen: das gelang David. „Aus Zion bricht an der schöne Glanz Gottes,“ so durfte seine Seele singen, und weithin klang das Lied vom heiligen Berge. Salomo's prächtiger Tempelbau vollendete Davids Preisgesang; von nun an besaß für alle Zeiten die religiöse Anschauung so sehr als die politische des Volkes Israel in Jerusalem ihren Mittelpunkt.

Leider kam es bald zum Trauern und Klagen; feindliche Schwerter und Wagen überwältigten die Tochter

Zion, bis sie in Trümmern lag. Aber wie ewig grüne
Palmbäume mitten in der öden Wüste, so standen die
Propheten mit ihrem allgewaltigen Gotteseifer über den
Trümmern: „Mache dich auf, mache dich auf, Zion; ziehe
deine Stärke an, schmücke dich herrlich, du heilige Stadt
Jerusalem." Und nach den vielen Kämpfen, Mühsalen,
Verwüstungen erhob sich unter den heimgekehrten Gefan=
genen aus Babylon eine neue Stadt, ein neuer Tempel.
Zerubabel, Esra, Nehemia: so heißen die Namen des ed=
len Triumvirats, aus dessen Begeisterung die neue Schö=
pfung stammte. Der alte Glanz freilich kehrte niemals
wieder. Die Fremdherrschaft behauptete ihren festen Fuß;
Raub, Plünderung, Schmach und Unterdrückung waren
getreu in ihrem Gefolge. Auch Alexander der Große
trug seinen eisernen Fuß über den heiligen Boden. Die
kurze Freiheit, erkämpft durch die Heldenarme der Makka=
bäer, war eine schöne Blüthenkrone, entfaltet im Sturme,
im Sturme geschlossen. Pompejus pflanzte über der er=
oberten Stadt die römischen Adler auf; Crassus vergriff
sich mit frecher Habgier an den Schätzen des Heiligthums.
Nur Herodes der Große kleidete noch einmal in einen
neuen Prachtmantel die Lieblingstochter des Morgenlan=
des; so war sie zur rechten Stunde geschmückt wie eine
Braut. Denn da ging es wie ein großer letzter Festtag
auf über Jerusalem. Nein, sein letzter war es nicht; aber
es war sein größter. Das Licht kam.

Leider hallte umsonst der Tempel wieder von den ewigen Lebensworten; vom Oelberge erklang das Abschiedswort des verschmähten Retters an die Verlornen: „Jerusalem, du Prophetenmörderin, wie oft hab' ich deine Kinder versammeln wollen wie eine Henne versammelt ihre Küchlein unter ihre Flügel, und ihr habt nicht gewollt. Siehe, euer Haus soll euch wüste gelassen werden!" Und es ward wüste gelassen. Titus' Arm streckte sich wie zum Gericht aus über die Thore der Stadt. Aus einem einzigen der Thore trugen die fremden Sieger in den verhängnißschweren Sommertagen des Jahres 71. hundert funfzehn tausend achthundert achtzig Todte; wie zu einer bitteren Verspottung der Käufer des Gottessohnes um dreißig Silberlinge wurden an hundert tausend Gefangene je dreißig für einen Denar feilgeboten; rauchende Schutthaufen blieben der Million Leichen das einzige traurige Denkmal.

Aber das Heil der Völker war ausgegangen von Zion. Mochte die Stadt zertrümmert liegen: über den Schutthaufen stand in unverwelklicher Schöne der ewige Stern. Aelius Hadrian baute umsonst seine Aelia darüber und füllte sie mit heidnischen Götzentempeln: Jerusalem stand den christlichen Völkern des Erdkreises ins Herz geschrieben. Unter der frommen Helena und dem thatenfreudigen Constantin feierte Christus, auf dem Haupte Dornenkranz und Siegerkrone, seinen zweiten Einzug in die Gottesstadt.

Allein gleichwie ein Vorbild der streitenden Kirche auf Erden, sollte sie, die Vermittlerin des Friedens, den Frieden selber nicht finden unter der Sonne. Die falschen Propheten zogen als blutige Eroberer ein, der Halbmond verdrängte das Kreuz; wenn schon sowohl Israel als auch die Kirche, aller Grausamkeit der Barbaren ungeachtet, nie ganz gewichen sind aus den Mauern Jerusalems.

Was aber dem Christenthume der Osten, sein Vaterland, versagte, das hatte es nach einem Jahrtausend in der Fremde, im Norden gefunden: ganz Europa betete im Namen des Gekreuzigten. Da loderte plötzlich die Flamme einer schönen Begeisterung auf über die Länder des Nordens; der Glaube wohnte tief in den Herzen; das Feuer der Jugend floß in den Adern; das Ritterthum mit seinem Muthe und seiner Kraft brach auf aus seinen heimathlichen Burgen, das Kreuz auf der Brust. Jerusalem galt es; Jerusalem, das ewig alte, das ewig neue! Und Jerusalem sah noch einmal siegreich das Kreuz auf seinen Bergen stehen; die großen, heiligen Thaten der Vorzeit erwuchsen neu, groß und herrlich, wie die Cedern des Libanon.

Leider verschlang bald den kurzen Tag eine lange Nacht. Salaheddins Eroberung war dauernder denn die des edlen Gottfried. Seit dem Ende des dreizehnten Jahrhunderts behielt der Islam die Stadt Davids im festen Besitze.

Aber heilig steht sie dennoch da, fort und fort, wie
keine andere Stadt von Menschenhand. Denn auch den
Bekennern Mohammeds heißt sie el Kuds, die heilige; die
Christen von Nord und Süd haben in ihr ihre Heilig=
thümer und Klöster und Bethäuser; die verwaisten Kinder
Israels tragen zu ihr ohne Aufhören ihre Klagen, ihre
Schmerzen, ihre Thränen. Wer möchte sie zählen die
Thränen alle die geweint worden sind im Laufe dreier
Jahrtausende auf den Hügeln dieser Stadt. Wer möchte
es sagen wie viel Blut geflossen über die Steine dieser
Stadt. Wie ein großartiges ernstes Schicksal, wie ein
verkörpertes Weltgericht steht sie da. Wenngleich die
Welt unterginge — so sang einst der Sänger, von Gott
beseelt — wenngleich die Berge sänken mitten in's Meer:
so soll doch die Stadt Gottes sein lustig bleiben mit ihren
Brünnlein, da die heiligen Wohnungen des Höchsten sind.
Und geblieben ist sie, trotz allem was sank und stürzte,
ruht auch immer eine schwere Trauerwolke über ihrem
Freudenscheine.

Durchläuft man, wenn auch nur nach meinen schwa=
chen Andeutungen, die Kette der Ereignisse die über Je=
rusalem gekommen sind, so begreift sich's nur schwer wie
heute mit unserem Auge die Localitäten wieder zu erken=
nen sind, an die sich die großen Erinnerungen anknüpfen.
Hat doch das prophetische Wort fast seine volle Erfüllung
gefunden: Es wird hier kein Stein auf dem andern blei=

ben der nicht zerbrochen würde. Ohne im Geringsten
Skeptiker zu sein, wird man im Voraus mißtrauisch zwei=
feln an gar vielem was der fromme, glückliche Pilger noch
in unfern Tagen gesehen haben will. Deffenungeachtet
ist die Besonderheit der Lage Jerusalems von der Art, daß
sie viele Merkzeichen unaustilgbar bewahrt hat; wenn
auch schon sehr viele andere sogenannte heilige Oerter auf
einen höchst grundlosen Grund hin mit ihren Namen be=
zeichnet werden. Ich glaube nichts weniger als eine üble
Verdächtigung hervorzurufen, wenn ich mich gegen manche
der gewöhnlichen Annahmen von heiligen Oertern ohne
Rückhalt erkläre.

Jerusalem liegt wie Rom auf Hügeln; es läßt sich
am einfachsten sagen, daß es von zwei Hügelhöhen, einer
im Osten und einer im Westen, getragen wird. Beide
verbindet ein tiefes Thal, das mit ihnen selber von Nor=
den nach Süden läuft. Der Zion im Westen dehnt sich
weit nach Süden aus; was ich seine nördliche Hälfte
— es ist freilich eine abgetrennte Hälfte — nennen will,
ist man gewöhnt worden mit dem Namen Afra zu be=
zeichnen. Dem Zion liegt gegenüber im Osten Mor=
jah, der Tempelberg, der nach Süden wie einen Vor=
sprung den Hügel Ophla hat und nach Norden den Hü=
gel Bezetha oder, wie es wohl richtiger lautet, Afra.
Wie Jerusalem heute liegt, so lag's in der Hauptsache

20 *

schon vor den letztgeschwundenen achtzehnhundert Jahren und noch früher; nur daß des Zions südlichster Theil jetzt mit der Davidsburg und wenigen andern Bauten außerhalb der Mauer befindlich ist, während er zur Zeit Davids wie zur Zeit Christi den hauptsächlichsten Stadtbau trug, und daß im Norden eine weite Strecke jetzt leer und wüste liegt, welche von der dritten, zu den zwei früheren zehn Jahre nach Christus hinzugekommenen Mauer mit umschlossen ward.

Die unveränderlichsten Züge der Natur hat Jerusalem gegen Osten; da fällt der Morjah ziemlich steil ab ins Thal Josaphat mit dem Kibron, während ihm gegenüber der die Stadt und die Umgegend überragende Oelberg sich erhebt. Fast nicht weniger treu mußte sich das Terrän nach Süden und Westen bleiben. Im Südost erhebt sich als Nachbar vom Oelberg der Berg des Aergernisses, so genannt nach dem dort von Salomo geübten Cultus heidnischer Gottheiten. An seinem Fuße liegt, gerade im Angesichte des Hügels Ophla, der mit dem Morjah streng genommen nur ein Ganzes bildet, das uralte Dorf Siloam, dicht unter welchem das Thal Josaphat am engsten wird, bis sich beim berühmten Brunnen Rogel in einem spitzen Winkel ans Thal Josaphat das Thal Hinnom anschließt. In das Thal Hinnom fällt der ganze südliche Theil Jerusalems, das ist der Berg Zion ab. Ebendasselbe bildet im Westen, mit dem Anfange des Thales

Gihon gleichfalls eine nothwendige Grenze der Stadt, die
gerade hier durch den Hippicus, der ins jetzige Castell am
Jaffathore hineingebaut ist, einen überaus wichtigen An=
haltspunkt für die Wiedererkennung der Stadtgrenzen bie=
tet wie sie zur Zeit Christi und auch vor derselben waren.
Nur nach Norden hat das Terrän keine fire Naturgrenze;
im Nordwest liegt abstufiges Hügelland; den Norden sel=
ber bildet eine andauernde Flachhöhe.

Aus dem allen ergibt sich, daß man noch heute ohne
große Mühe den Gesammteindruck von der Lage des alten
Jerusalems empfängt. Vom Oelberg aus hat man ihn
am vollkommensten. Wer möchte je da gestanden haben
ohne die tiefste Bewegung seines Innern. Da stand der
Herr gewiß oft und sah zu seinen Füßen die heilige Stadt.
Wie sie damals vor seinen Blicken die östliche Mauer
begrenzte, so begrenzt sie dieselbe genau noch heute. Wo
die Moschee Omars nebst der el Afsa auf der weiten blan=
ken Area entgegentritt, da ragte unzweifelhaft damals em=
por der Tempel mit seiner Pracht. Vor allem erinnerte
ich mich auf meinen Wanderungen über den Oelberg wie
der Herr, als er von Jericho her zu seinem festlichen
Einzuge kam, „weinte über die Stadt als er sie von ferne
sah,“ und wie ihn die Jünger daselbst fragten nach der
schweren Stunde der Zukunft. Natürlich konnte auch
diese so weihevolle Stelle der Tradition nicht entgehen;
man nahm einen vorspringenden Fels dafür an und hatte

darauf auch eine Kapelle gegründet, von der jetzt nur
noch wenig Spuren übrig sind. Allein daß die Oertlich=
keit durchaus nicht genauer bestimmt werden kann, wo
der Heiland gesessen bei seiner ergreifenden Prophezeiung,
das eben läßt die Erinnerung in ihrer harmlosen Reinheit.

Der Oelberg bietet noch einen andern herrlichen
Standpunkt; er ist da wo man auf der nach Osten sich
neigenden Fläche seines Gipfels steht, ohne die Aussicht
auf die Stadt zu haben, die durch einige Baulichkeiten
benommen ist.* Da hat man vor sich das sandfarbige
Pisga, ernst und schroff; von dort — denn der Berg
Nebo gehört zum Gebirge Pisga — sah einst Moses das
gelobte Land. Unter dem Gebirge breitet das todte Meer
seinen Spiegel wie eine blendende Stahlplatte aus; rings=
um starrt in ihrer Nacktheit die Wüste. Nach Nordost
läßt sich der Lauf des Jordans am Grün und an den
Bäumen seines Ufers erkennen. Auch Ruinen glaubt'
ich zu unterscheiden, die mein Führer als Jericho bezeich=
nete. Nach Südsüdost liegt Bethanien; näher zu mir
heran sah ich Baureste die mir Bethphage genannt wur=
den. Wie gern mag der Herr mit seinen Jüngern in
dieser Gegend und bei diesem Anblicke verweilt haben. Ich
genoß hier unvergeßliche Stunden. Das todte Meer

---

* Ich muß noch erwähnen daß man von der Höhe des Minarets ne=
ben der Moschee die Aussicht nach Osten und nach Westen, auf Jerusa=
lem und aufs todte Meer, zugleich hat.

liegt da wie ein Immortellen-Vergißmeinnicht, wie ein
dunkles Blatt aus dem Buche des Weltgerichts. Seit
Jahrtausenden sieht es das Auge der wandelnden Men=
schen, der Phantasie des Beschauers schimmern die Zinnen
der verschlungenen Städte entgegen; aber es steigt kein
Todter aus der kalten Meeresgruft, und die Zweifel=
gedanken der ewig Blinden verlieren sich im trostlosen
Sande der Wüste. Im Norden nimmt das todte Meer
den Jordan auf; dicht bei seinem Einflusse taufte Jo=
hannes. Hier also schleuderte er seine aufschreckenden
Blitze in die Herzen der verstockten Pharisäer. Auch den
Heiland taufte er hier; noch alljährlich strömt die Schaar
der frommen Pilgrime hinzu um das Andenken daran zu
feiern. Aber umsonst fiel die Stimme vom Himmel auf
die Häupter der Ungläubigen; und so ward das Wort
des Heils zur Posaune des Gerichts.

Ich kehre in die Stadt zurück; der Weg führt mich
an Gethsemane vorüber. Am Fuße des Oelbergs liegt
es, von niederen leicht übersteiglichen Mauern eingefaßt,
die im Westen den Bach Kidron neben sich haben. Acht
Oelbäume stehen in seinem Umkreise; das hohe Alter hat
ihren Stamm ausgehöhlt; durch eingelegte Steine sind
sie gegen den Sturmwind gefestigt. Bereichert sich auch
gern der pilgernde Fremdling mit Blättern und einem
Zweiglein aus Gethsemane, so wachen doch Katholik und
Grieche sorgsam für die Erhaltung dieser ehrwürdigen

Bäume. Eine hervorstechende Abzeichnung hat dieser Raum zwar nicht die ihn als Gethsemane legitimirte; aber alles was wir aus den Evangelien wissen, harmonirt vollkommen mit der Localität. „Jesus ging hinaus mit seinen Jüngern an den Oelberg und kam an einen Hof, der hieß Gethsemane," sagt Matthäus; und Johannes sagt: „Jesus ging hinaus mit seinen Jüngern über den Bach Kidron; da war ein Garten, darein ging Jesus mit seinen Jüngern." Merkwürdig genug ist es, daß die genannten acht Oelbäume nachweislich schon zur Zeit der Eroberung Jerusalems durch die Türken gestanden haben; dennoch scheint ihr Bestehen nicht bis zur Zeit Christi selbst hinaufreichen zu können, da Josephus bezeugt daß Titus bei der Belagerung alle Bäume im Umkreise der Stadt bis auf eine Entfernung von hundert Stadien um= hauen ließ. Uebrigens hat sich gewiß die genaue Kennt= niß der Oertlichkeit von Gethsemane um so leichter erhal= ten, da sie nicht in die Hände eigentlicher Zerstörung fallen konnte.

Die Vereinigung des heutigen Gethsemane mit dem sogenannten Cönaculum, dem Saale der Einsetzung des Abendmahls, ist freilich unbequem; aber für die Aechtheit des Cönaculum spricht nicht die geringste Wahrscheinlich= keit, obschon es bereits vor Constantin nach Cyrills Zeug= nisse in dieser Verehrung gestanden haben kann. Freilich mag man es zu gewissen Zeiten recht gut gefunden haben, daß dieser große Saal gerade über dem Grabe Davids, voll von einer traurigen Oede, der Schauplatz eines Actes gewesen den man in schauerliche Opferbegriffe einzukleiden bemüht war.

In den Garten Gethsemane gelangt man noch heute kurz nach Ueberschreitung der Kibronsbrücke, wenn man sich rechts wendet; es schließen sich an seine Ummauerung nach dem Berge des Aergernisses zu andere ähnliche Gartenräume an, während links von der Brücke die in den Felsen hinein gehauene und größtentheils unterirdische Kirche Maria's steht, mit Maria's Grab und Andenken an die Eltern derselben, Anna und Joachim, sowie an Joseph. Gleich daneben wurde ich mit Lichtern in den Hintergrund einer Felsengrotte geführt, wo Christus seinen Kampf des blutigen Schweißes gekämpft haben soll. Jede andere Stelle des Oelbergs schien mir eher als diese der Schauplatz jener heiligen Stunde gewesen zu sein. Denn wie kann dieselbe nach dem Berichte der Evangelisten eine Grotte gewesen sein?

Ich gehe über die Kibronsbrücke in die Stadt zurück. Den kahlen steilen Berg hinauf haben wir zur Linken türkische Gräber, da wo so gern die türkischen Frauen knieen und sitzen, nicht blos um zu weinen und zu beten, sondern auch um sich gegenseitig gemüthlich auszutauschen. Nachdem wir durchs Stephansthor in die Stadt eingetreten sind, liegt fast unmittelbar zu unserer Linken der

ſogenannte Teich Bethesda, ein großes tiefes länglich
rundes Baſſin (nach Robinſons Meſſung dreihundertund=
ſechzig engliſche Fuß lang, hundertundbreißig breit, fünf=
undſiebenzig tief). Nach Norb und Weſt wird es von
Häuſern umgrenzt; im Süden liegt es an der Mauer der
Tempelarea; im Oſten bicht an der Stabtmauer. Im
Innern liegt viel Schutt aufgehäuft, namentlich in ſeiner
nörblichen Hälfte. Darüber grünen hochgewachſene wilde
Granatbäume. Robinſons Gründe gegen die Identität
dieſer Stelle mit dem bibliſchen Bethesda ſind ſehr ge=
wichtvoll, und zwar um ſo mehr, da noch vor wenigen
hundert Jahren ein anderer Teich für den bibliſchen ge=
halten worden iſt. Robinſon will in derſelben ein Stück
vom tiefen Feſtungsgraben der Burg Antonia erkennen.

Sehr viel Wahrſcheinlichkeit bleibt aber dafür daß
allerdings in der Nähe vom Stephansthore das bibliſche
Bethesda geweſen iſt, vielleicht eben da wo Felix Fabri
und noch frühere Reiſende es ſahen, nämlich bei der Kirche
der heiligen Anna. Was ſo entſchieden den Teich Be=
thesba hieher verſetzt, das iſt Folgendes. Das Schafthor,
an dem der Teich lag, muß jebenfalls ſo gut wie das
heutige Stephansthor ſehr nahe beim Tempel geſtanden
haben, da es die Prieſter waren die es unter Nehemias
errichteten, ſowie gleich baneben die Männer von Jericho
bauten, die doch gewiß da gebaut haben wo der Weg nach
Jericho führt.

Wie leicht aber wird durch das heutige Bethesda der
arglose Beschauer zum Glauben verführt! Nicht nur zeigen
sich unten an der südlichen Mauer, die an die Tempelarea
anstößt, kleine runde abgespülte Steine, die nothwendig
darauf führen, daß im Graben Wasser geflossen; sondern
im Westen oder fast Südwesten sieht man sogar zwei
offene Bogenwölbungen, die zu den fünf Hallen des biblischen Bethesda so gut zu passen scheinen. Aber weder
das Wasser in einem Festungsgraben hat etwas Ueberra-
schendes, noch die Bogengewölbe welche stützend die darüber errichteten Gebäude tragen.

Was die wunderbaren Eigenschaften des Teiches Bethesda betrifft, so hat neuerdings Robinson die merkwürdige Unregelmäßigkeit des Wasserzuflusses bei der Quelle
der Jungfrau im Thal Josaphat damit in Verbindung
zu bringen gesucht. Die Beobachtung ist nämlich keineswegs neu, obschon sie oft verabsäumt worden ist, daß
das Wasser der genannten Quelle, die sich durch einen
unterirdischen Canal auch dem Teiche Siloam mittheilt,
bisweilen plötzlich auf eine ungewöhnliche Weise hervor-
sprudelt und sichtlich steigt. Robinson fragt nun: Kann
nicht diese Quelle der Jungfrau Bethesda sein, da das
Schafthor nicht weit von dem Tempel gelegen zu haben
scheint und die Mauer der alten Stadt wahrscheinlich diesem Thale entlang lief? Mag aber auch diese Vermuthung schon dadurch ihre Bedeutung verlieren, daß die

alte Mauer schwerlich den von Robinson angedeuteten Gang verfolgte; so scheint mir doch ein Band zwischen dem biblischen Bethesda und diesem intermittirenden Quellwasser auffindbar, und zwar um so mehr, da von dem letzteren die Quelle unter der großen Moschee Zufluß erhalten soll, wodurch eine Vermittlung desselben bis zu dem wahrscheinlichsten Terrän Bethesda's, ein wenig nördlich vom Stephansthore, nahe genug gelegt wird.

Doch ich verspare mir alle weitern Mittheilungen von Jerusalem, und eile die via dolorosa hinauf, um nur noch einen Augenblick in der Kirche zum heiligen Grabe zu verweilen.

Ich trete von Süden herein, da wo die zwei Hauptportale sind, die von der Seite in die Kirche führen. Die hauptsächlichste Ausdehnung der Kirche geht von Westen nach Osten, so daß am westlichsten unter einer mächtigen Kuppel die Rotunde des heiligen Grabes steht, von da nach Osten in der Mitte des Gebäudes, die große längliche Kirche der Griechen, gleichfalls von einer Kuppel überragt, und am östlichsten in einem Vierecke die Kapelle der Helena nebst der Stelle der Kreuzesauffindung. Wir stehen nach dem Eintritte in einem länglichen Vorhofe, von welchem gleich rechts Golgatha liegt. Achtzehn Stufen führen hinauf; im Hintergrunde, nach Osten, haben wir den Standpunkt des Kreuzes Christi, worunter sehr merkwürdiger Weise und wohl mit übel angebrachtem Ei-

fer das Grab Adams, sowie die Stätte wo Abraham sei=
nen Sohn opfern wollte, gezeigt und verehrt wird. Links
vom Eingange treten wir nach Westen in die Rotunde
des heiligen Grabes ein, dessen Anlage die eines altjüdi=
schen Grabes ist, so daß aus einem Vorgemache eine nie=
drige Thür in den eigentlichen Gräberraum führt. Gerade
über dem Eingange zur Grabeskapelle hängt ein Bild von
der Auferstehung, das mit einem österreichischen Doppel=
adler gekrönt ist, der vielleicht nicht nach Jedermanns
Geschmacke hier angebracht sein möchte. Im Innersten
der Grabeskapelle liegt eine gespaltene Platte weißen
Marmors über dem für Christi Grab gehaltenen Raume.
Daneben steht ein Altar mit vielen unverlöschlich bren=
nenden Lampen. Außerdem ist Alles mit Marmor über=
kleidet und sonst mehrfach verziert. Hinter dem heiligen
Grabe zeigt man zwei Gräber als die des Nicodemus
und des Joseph von Arimathia, die man vielleicht mit
vollem Rechte jetzt noch als alte jüdische Felsengräber an=
erkennt. In der Gallerie, die im Norden um die präch=
tige Kirche der Griechen herumläuft, treffen wir einzelne
Stellen mit Erinnerungen an Thatsachen, die zu des Hei=
lands Leiden und Auferstehung gehören, wie ein Stück
der Säule woran Christus gegeißelt worden, die Stätte
der Loosung ums heilige Gewand. Aus dieser Gallerie
steigen wir nach Osten auf achtundzwanzig Stufen zur
Kapelle der Helena hinab, von welcher aus links andere

dreizehn Stufen dahin führen wo das Kreuz Christi auf=
gefunden worden ist.

Manches gibts was stört in diesen heiligen Räumen.
Abgesehen von den türkischen Wächtern, die mit ihren
Pfeifen und Caffeetassen im Vorhofe nach den beiden
Portalen liegen; abgesehen von den leicht sichtlichen ge=
genseitigen Beeinträchtigungen der Griechen, der Lateiner,
der Armenier, der Kopten, wovon gar viel zu klagen ist:
stört schon die mannigfaltige Pracht der Kapellen, der
Kirche und aller der verehrten Stätten gerade da wo man
die traurige Schädelstätte und das Felsengrab im Garten
wieder erkennen will. Auch ist die Identität dieser Oert=
lichkeiten mit den biblischen nach mehreren Seiten hin dem
Zweifel unterworfen, was ich später in weitere Unter=
suchung ziehen werde. Demohngeachtet schlägt das Herz
des Pilgrims in diesen geweihten Hallen mit einer In=
brunst, mit einer Rührung, mit einem Schauer, was un=
aussprechlich ist. Das Gebet, das hier auf die Lippe
tritt, das gleicht keinem anderen Gebete. Denn was bei
allen obwaltenden Zweifeln der heutigen Grabeskirche als
ein unantastbares theueres Eigenthum bleibt, das ist die
Verehrung, die sie seit Constantin und Helena von den
Pilgrimen aller christlichen Völker der Erde genossen hat
und noch genießt; das ist die alles aufopfernde Liebe, mit
der sich durch alle Verfolgungen und Bedrückungen der
Muhamedaner hindurch die Christen Jerusalems an die=

selbe fest angeklammert haben; das ist die Erinnerung an
so viel Herzeleid und so viel fromme Andacht die sie im
Laufe von anderthalb tausend Jahren geweckt und gese=
hen hat.

Druck von Bernh. Tauchnitz jun.

For EU product safety concerns, contact us at Calle de José Abascal, 56–1°,
28003 Madrid, Spain or eugpsr@cambridge.org.

www.ingramcontent.com/pod-product-compliance
Ingram Content Group UK Ltd.
Pitfield, Milton Keynes, MK11 3LW, UK
UKHW010349140625
459647UK00010B/950